Alice Jamieson

en Clifford Thurlow

Vandaag ben ik Alice

*Een autobiografie over een meervoudige
persoonlijkheidsstoornis*

D1718486

the house of books

Dit is een speciale uitgave in opdracht van V&D

Oorspronkelijke titel
Today I'm Alice
Uitgave
Sidgwick & Jackson, an imprint of Pan Macmillan Ltd
Copyright © Alice Jamieson and Clifford Thurlow 2009
Copyright voor het Nederlandse taalgebied © 2010 by The House of Books,
Vianen/Antwerpen

Vertaling
Lilian Caris
Omslagontwerp
Wil Immink Design
Omslagfoto
Imageselect
Opmaak binnenwerk
ZetSpiegel, Best

ISBN 978 90 443 3781 5
D/2010/8899/70
NUR 320

www.thehouseofbooks.com

Inhoud

Voor het personeel van de eerstehulpafdeling in mijn woonplaats, dat me altijd met respect heeft bejegend, uiterst professioneel heeft gehandeld en me nooit heeft veroordeeld wanneer ik onder hun zorg kwam te vallen omdat ik een overdosis had genomen of mezelf had verwond. Vooral twee verpleegkundigen, Dave en Chris, die me in januari 2008, samen met andere personeelsleden, letterlijk het leven hebben gered. Bedankt dat jullie zo voor mij hebben gevochten en ervoor hebben gezorgd dat ik het overleefd heb.

Sindsdien, op een onzeker uur,
Komt die doodsangst terug,
En tot mijn verschrikkelijke verhaal verteld is
Blijft dit hart in me branden

De ballade van de oude zeeman
Samuel Taylor Coleridge

Dankwoord

Mijn verhaal is geschreven in samenwerking met Clifford Thurlow, die met veel geduld mijn herinneringen uit me heeft getrokken. Het was voor mij gemakkelijk om samen te werken. Ik heb het grootste deel van mijn leven met de 'alters' moeten samenwerken.

Een heleboel mensen hebben me met dit boek geholpen. Ze weten wie ik bedoel en ik dank hen uit de grond van mijn hart.

Enkelen van hen wil ik hier mijn erkentelijkheid betuigen: in de allereerste plaats mijn beste vriend en zielsverwant Alec, voor zijn niet-aflatende steun.

Ook Iris Gioia, mijn vrienden Marie, Lynette, Vicky, Alison, Graham en Jeremy, omdat ze in me geloofden; gestalttherapeut Marsha Chase, voor haar wijze en professionele commentaar op het manuscript; psychiater dr. Joan Coleman van RAINS (Ritual Abuse Information Network & Support), die er altijd is wanneer ik steun nodig heb; analytisch psychotherapeut Remy Aquarone, secretaris van ESTD (European Society for Trauma and Dissociation) en voormalig internationaal directeur van ISST-D (International Society for the Study of Trauma and Dissociation); het team bij Sidgwick & Jackson onder leiding van mijn onverstoorbare redacteur Ingrid Connell, en onze agent Andrew Lownie, die de puzzel in elkaar heeft gezet.

Alice Jamieson
maart 2009

Voorwoord

In april 1993, ik was toen vierentwintig, werd bij mij de diagnose meervoudige persoonlijkheidsstoornis gesteld, ook wel dissociatieve identiteitsstoornis genoemd. Ik heb andere persoonlijkheden in me, die zich onverwacht en naar willekeur manifesteren en waardoor mijn karakter, stem en leeftijd veranderen. Ik raak tijd kwijt, en mezelf.

Mijn hele jeugd door ben ik seksueel misbruikt en lichamelijk en psychisch mishandeld. Ik heb het nooit aan iemand verteld. In dit boek wordt beschreven hoe ik als kind mechanismen heb ontwikkeld om het misbruik en de mishandeling het hoofd te bieden en hoe ik als volwassene heb geworsteld om tussen periodes van psychose, geestelijke inzinkingen, drugsverslaving en zelfverminking door een normaal leven te leiden. Ik verontschuldig me niet voor het directe taalgebruik en de onverbloemde waarheden die verteld moeten worden.

Kindermisbruik is onvoorstelbaar voor wie het niet heeft meegemaakt. Het is een hel voor degenen die te lijden hebben onder het dagelijkse gevoel van schaamte, de nachtelijke angst dat de deur zal opengaan en die man – het is vrijwel altijd een man – hun slaapkamer binnenkomt. Het misbruik vindt bijna altijd thuis plaats en er zijn gewoonlijk naaste verwanten – vaders, broers – en anderen bij betrokken.

Sinds in 1986 in het Verenigd Koninkrijk ChildLine in het

leven is geroepen, heeft deze organisatie duizenden kinderen geholpen die gebeld hebben over seksueel misbruik. In Nederland bestaat sinds 1975 de Kindertelefoon: 0800 0432. Maar de kinderen die opbellen vormen nog maar het topje van de ijsberg. De overgrote meerderheid is te beschadigd, te geïsoleerd of te bang om de telefoon te pakken. Geschat wordt dat negen op de tien misbruikte kinderen zich niet laten horen en ook als ze volwassen zijn blijven zwijgen (aldus Kevin Browne, professor in de kinderpsychologie aan de universiteit van Liverpool, in *The Guardian*, 27 september 2008).

Ik hoop dat mijn boek anderen die misbruikt zijn zal aanmoedigen om hun zwijgen te verbreken en meer inzicht zal bieden in de signalen van kindermisbruik, die sociaal werkers, leerkrachten, medewerkers in de gezondheidszorg en familieleden vaak ontgaan. Niets is erger dan kindermisbruik, en als dit boek maar één enkeling kan helpen, is het al de moeite waard geweest om mijn bijzonder pijnlijke herinneringen naar boven te halen en op te schrijven.

Namen en plaatsen zijn veranderd om anderen te beschermen. Maar het is een waar en zeer persoonlijk verslag van de gebeurtenissen in mijn jeugd en van de manier waarop die mijn leven als volwassene blijven beïnvloeden.

Hoofdstuk 1

Fragmenten van herinneringen

Mijn herinnering is als een grote vaas die uit het raam is gegooid. Alle scherven zijn er nog, sommige groot, andere klein, weer andere verpulverd. Als ik de stukjes aan elkaar probeer te leggen en de ene herinnering met de andere samenvoeg, worden delen van het verhaal helder en duidelijk, maar er blijven veel lege plekken en verdwenen tijd over. Mijn eerste schooldag? Weg. Gezinsvakanties? Niets. Mijn lievelingsboek? Wanneer ik leerde fietsen? Dat alles is onmogelijk te vinden tussen de lange, donkere schaduwen die zich over mijn jeugd uitstrekten.

Dit is wat ik me wel kan herinneren.

We waren een modelgezin: vader, moeder, mijn vier jaar oudere broer Clive en ik. Conservatief, welgemanierd, goed opgeleid, zuinig, ietwat ouderwets, naar buiten toe vriendelijk en aardig.

Ons huis had een oprit die in een cirkel om een reusachtige eik heen liep en lag in een welvarende streek in de Midlands, waar de buren elkaar 's ochtends groetten, kinderen zich beleefd gedroegen en de mensen hun honden onder controle hielden. Mijn vader werkte als advocaat in Birmingham. Hij ruilde jaarlijks zijn auto in voor een nieuwe: altijd het nieuwste model Rover, en hij ging elke zondagochtend golfen. Moeder werkte als secretaresse bij een makelaar en reed in een lichtblauwe Triumph-sportauto.

Het huis was gebouwd van lichte, zandkleurige baksteen. Het had een rood pannendak en openslaande deuren die op een stenen patio uitkwamen. Via de keuken kwam je in de ontbijtkamer; daarachter lag de diepe achtertuin. Hulstbomen benamen het zicht op de schuur, waar mijn vader spinnen hield in jampotjes. Boven waren vier slaapkamers, een grote badkamer en een aparte wc. We hadden allemaal een eigen kamer. De overloop was een soort grens: vader en Clive zaten aan de ene kant, de voorkant, en moeder en ik aan de achterkant, met vanuit de ramen uitzicht op de achtertuin.

Aan het einde van de overloop was de berging, die vanwege het sierlijke koepeldak de Vogelkooi werd genoemd. In die ruimte bewaarde ik mijn speelgoed en daar verschool ik me wanneer mijn ouders weer eens luid ruziemaakten. Toen ik een klein meisje was, leek de kamer een enorm poppenhuis, een betoverde plek waar ik in mijn eentje speelde. Andere keren was de Vogelkooi echt een kooi, en kon ik er niet uit wanneer ik de deur probeerde open te doen. De ruzies tussen mijn ouders hadden gewoonlijk als resultaat dat mijn moeder het huis uit stormde en ik in de berging opgesloten bleef tot ze weer thuiskwam. In de Vogelkooi bevond zich een ventilator om kookluchtjes uit de keuken te verwijderen. Nadat mijn moeder en hij ruzie hadden gemaakt, ging mijn vader vaak iets te eten maken.

Uit die tijd heb ik deze, bijzonder heldere herinnering: ik zit opgesloten in de Vogelkooi en de etensgeur maakt me hongerig. Ik klop en klop en klop op de dichte deur. 'Papa, ik heb honger; papa, ik heb honger.'

Mijn vader reageert door de deur open te doen en me een blik Spaghetti Hoops te geven alvorens me weer op te sluiten. Ik staar naar het blik, dat ik natuurlijk niet kan openmaken. Dat was mijn straf. Het was vast mijn schuld dat mijn ouders ruzie hadden. Ik werd gestraft omdat ik hen van streek had gemaakt. Opstandig sloeg ik een aantal keren met het blik tegen de muur.

Andere keren was ik echt stout en tekende ik op de muur. Voordat ik kon schrijven, krabbelde ik op het ongeschilderde pleisterwerk; berichten die voor mij iets betekenden en die nooit iemand las.

Moeder kwam weer thuis, vader bevrijdde me uit de Vogelkooi en dan werd alles weer normaal. Normaal was het wachtwoord. We waren per slot van rekening het volmaakte gezin, allemaal opgeborgen in onze eigen kamer.

Moeder was een tengere, knappe vrouw met blonde highlights in haar bruine haar en volle lippen waarop algauw een glimlach verscheen. Ze was, op haar manier, best aantrekkelijk, en wist dat ook. Ze was een sterke persoonlijkheid, sprak met een scherpe ondertoon en had de neiging haar eigen gang te gaan. Ze was impulsief, eerder een doener dan een denker, sportief in haar lichtblauwe auto. Daarbij was ze netjes en kritisch; ze liep met lange passen en had het altijd druk. Daardoor wekte ze soms een wat afstandelijke indruk, ondanks haar flamboyante blouses en designrokken, die ritmisch zwierden wanneer ze zich op haar hoge hakken voorbij haastte.

Ze besteedde 's ochtends wel een uur aan haar haar en make-up terwijl wij rondrenden om ontbijt te maken en ons best deden elkaar niet voor de voeten te lopen. Vader ging als eerste naar zijn werk. Dan vertrok Clive op de fiets naar school, en toen ik op mijn vijfde naar school ging, zette moeder me op weg naar kantoor daar af.

Op een ochtend zat ik op de tafel in de ontbijtkamer terwijl moeder heen en weer rende om haar spullen bij elkaar te zoeken, toen ze ineens ophield en vroeg: 'Denk je dat ik bij hem weg moet gaan?'

Ze had het over haar echtgenoot, mijn vader. Dat besefte ik, maar ik wist niet wat ik moest zeggen. Als je vijf jaar bent, leef je in je eigen wereld. De wereld van mama's en papa's gaat je begrip te boven. 'Ach, het doet er niet toe,' vervolgde moeder met een zucht van ongeduld, en we gingen verder, haastten ons naar de auto, ik met glimmend gepoetste schoenen, zij met haar door haarlak keurig zittende krullen.

Moeder en ik botsten. Ze noemde me een onmogelijk kind. Ik was een kletskous. Ik stelde te veel vragen. Ik was hyperactief, barstte van de energie, hunkerde altijd naar aandacht. Wanneer ze cakejes bakte, wat ze vaak deed toen ik klein was, klom ik op een stoel, vol verlangen om mee te mogen doen. 'Mammie, mag ik mixen? Mammie, mag ik de eieren breken? Mammie, mag ik de kom uitlikken?'

Ik was onmogelijk. Ze zette zich over het onmogelijke heen door me te laten helpen, maar een deel van mij voelde dat ik haar tot last was. Mijn moeder verborg haar gevoelens en ik, op mijn moeders knie, leerde de mijne te verbergen. Het ontbrak ons aan wezenlijke communicatie toen ik een klein meisje was; tegen de tijd dat ik puber werd had ik mijn eigen muur opgetrokken, een gevel die mijn wankele gevoel van eigenwaarde afschermde, waar moeder niet doorheen kon komen.

Mijn broer had zijn persoonlijkheid en vlugge, behendige bewegingen van mijn moeder en zijn uiterlijk van haar vader, onze grootvader. Clive ging op in zijn eigen wereld. Hij bracht zelden vrienden mee naar huis. Ik kan me niet herinneren dat hij ooit zijn stem verhief, boos werd of zijn muziek te hard zette. Hij was afstandelijk, behoedzaam, gereserveerd. Maar in de zomer, wanneer de lucht blauw was en het langer licht bleef, werd hij vriendelijker, en als oudere broers vriendelijk zijn, betekent dat plagen. Ik smachtte ernaar geplaagd te worden.

Clive wist dat ik dol was op mijn knuffels: de teddyberen, de grote zachte meneer Happy en mijn Snoopy met de brede grijns. Soms zat ik in de woonkamer te spelen en dan verscheen Snoopy voor het raam, bungelend aan een stuk touw vanuit mijn moeders slaapkamer. Dan rende ik naar boven, terwijl Clive Snoopy intussen had laten vallen en hem in de hal had verstopt. Wanneer ik mijn moeders slaapkamer binnenstormde, stond hij beneden bij de openslaande deuren en dreigde Snoopy een aframmeling te geven.

Ik krijste van plezier. Er was erg weinig voor nodig om mijn leven compleet te maken. Ik snakte naar een broer die altijd vriendelijk en speels was, maar moest genoegen nemen met af en toe wat geplaag. Nooit zwaaide Clive me aan zijn armen rond of nam hij me op de stang van zijn fiets mee voor een ritje. Hij had niet de broederlijke drang om me voor de televisie op zijn knie te zetten. Moeder ook niet. Dat was papa's taak.

Mijn vader was een lange man met geprononceerde gelaatstrekken, dikke, donkere wenkbrauwen en donker haar dat onder de laag Brylcreem glansde als steenkool. Er zat een scheiding in die langs een liniaal leek te zijn getrokken en hij had een kale plek op zijn kruin waaraan hij voortdurend zat te pulken, zodat er stukjes droge huid onder zijn nagel kwamen te zitten. Wanneer ik bij hem op schoot zat, terwijl we tv-keken of terwijl hij de krant las, krabde hij aan zijn hoofd en stak vervolgens zijn vinger in mijn mond, waar ik dan aan zoog.

Vader was vagelijk teleurgesteld en achtte zich beter dan de buren. Hij liet de mensen graag weten dat hij lid was van de meest vooraanstaande golfclub, ook al speelde hij maar eens per week. Soms keek hij smachtend naar het meer grootstedelijke leven van zijn broer, die effectenmakelaar was in Londen. Mijn vader reisde zelden, afgezien van de verre bestemmingen die hij bereikte met zijn kortegolfradio; de fluitende en gonzende geluiden ervan vormden de soundtrack van mijn jeugd.

Het is nu, als volwassene, eenvoudig te zien dat ik als klein meisje naar aandacht van mijn vader hunkerde. Ik was bang voor mijn vader, maar werd als een magneet door hem aangetrokken, net zoals kinderen de neiging hebben gevaarlijke hoogten op te zoeken of zonder uit te kijken de straat over te steken.

Wanneer mijn vader 's zomers in de tuin werkte, rende ik blootsvoets rond, in mijn slipje. Dan ving hij me op in zijn armen en droeg me naar de schuur, die naar zaagsel en gemaaid gras rook en waar het rustig en ordelijk was en het licht getemperd werd door de stoffige raampjes. Er hing allerlei gereedschap met houten handvatten aan haken en er stonden potjes met spijkers, schroeven, ringetjes en spinnen gerangschikt, met gaten in de deksels zodat de spinnen konden ademen.

Dan zette hij me op de bank neer en stak speels een vermanende vinger op. 'Waag het niet je te verroeren,' zei hij, en ik deed wat me werd gezegd. Ik bleef daar zitten, met stijve schouders, gekromde tenen en samengeknepen vuistjes.

Mijn vader was dol op dat spelletje en we deden het talloze keren. Ik was warm en bezweet van het heen en weer rennen en nu voelde ik koude angst als ijzige vingers langs mijn ruggengraat omhoog kruipen terwijl hij de enge kruipertjes uit hun potten haalde en op mijn buik legde. Verstijfd van angst zag ik hun harige pootjes over mijn huid kruipen. Ik probeerde niet te bewegen, maar de spinnen kriebelden en ik kon mezelf niet bedwingen. Ik wriemelde en kronkelde; 's nachts droomde ik dan steevast dat er iemand in mijn kamer was. Ze hadden de deur dichtgedaan, mijn knuffels van het bed gegooid, mijn beddengoed van me af getrokken en hun vingers als spinnenpoten over mijn lichaam laten lopen.

Spinnen doken vaak in mijn dromen op toen ik klein was, en toen ik groter werd, tot ongeveer mijn twaalfde, droomde ik vaak dat ik vlammen rond mijn voeten zag dansen, die mijn tenen verhitten zonder ze echt te verbranden. Ik ben naakt beneden mijn middel en lig plat op mijn rug als een baby met mijn voeten te trappelen.

Ik word badend in het koude zweet wakker en op dat moment van desoriëntatie weet ik vrijwel zeker dat ik een man zie die het vlammetje van een aansteker rond mijn tenen laat cirkelen. Het beeld is wazig en verdwijnt vlug. Wat overblijft is een chemische smaak in mijn mond, als zure melk. Ik doe mijn peignoir aan, sluit mezelf op in de badkamer en poets mijn tanden. Ik heb de schoonste tanden van alle twaalfjarige meisjes in Engeland.

Wanneer deze dromen als flitsen terugkwamen in mijn geest, kromp mijn maag ineen alsof mijn ingewanden door een hand werden samengeperst en kroop die bittere smaak als gal in mijn keel omhoog. Het sloeg vaak toe wanneer ik naar de wc ging, maar ik was eraan gewend; het gebeurde al van kleins af aan. Erger was de warrigheid in mijn hoofd, het gevoel dat er 's nachts een stukje van mezelf op een andere, verkeerde plaats was gezet, dat ik terwijl ik daar 's ochtends op de wc zat mezelf was, maar in mijn dromen iemand was die op me leek maar die ik niet was.

Het was erg verwarrend en ik wilde steeds mijn moeder vertellen over de aanstekerdroom. Ik wilde haar vragen wat het volgens haar betekende. Maar het was er nooit het goede moment voor. We hadden altijd haast. We praatten niet over persoonlijke dingen. Ik deed mijn best om de gedachten en beelden uit mijn hoofd te zetten door krampachtig actief te zijn.

Ik had de gewoonte ontwikkeld me van school naar huis te haasten en dan een uur in mijn slaapkamer huiswerk te maken onder het toeziend oog van de knuffels, die op het bed en de plank aan de muur zaten opgestapeld. Dan kookte ik voor Clive en mijn ouders en zorgde ervoor dat het eten klaar was als ze arriveerden. Ze kwamen niet tegelijk thuis en aten niet samen, dus maakte ik drie verschillende avondmaaltijden klaar; ik kookte en waste af en deed dat dan opnieuw.

Ik werd niet gedwongen om te koken. Ik deed het omdat ik het wilde. Om bezig te zijn. Huiswerk. Huishoudelijk werk. Tomaten snijden. Sla wassen. Eieren klutsen. Soms deed ik, terwijl ik een omelet voor mijn vader bakte, er steeds meer boter bij, zonder te weten waarom. Eigenlijk had ik soms het gevoel dat het niet mijn handen waren die de klonten boter afsneden, maar die van een vreemde.

Ik was elke seconde bezig, een stroom van activiteiten die

mijn nare dromen steeds verder wegduwden in de duisternis tot ze, net als schaduwen, elkaar opslorpten.

De vreselijke beelden die me obsedeerden staken af tegen het glanzende licht van de zondagmiddagen waarop mama Clive en mij meenam naar haar ouders in Erdington. Vader kwam zelden mee; zijn familie zagen we bijna nooit.

Het leek net alsof we op vakantie gingen wanneer we mijn grootouders bezochten. Erdington leek wel een ander land, bescheidener, op een bepaalde manier eerlijker. Ik ben ervan overtuigd dat mijn vader – als lid van de meest vooraanstaande golfclub, als advocaat, een vermogend man – de ouders van zijn vrouw in hun bescheiden halfvrijstaande huis enigszins onder zijn niveau achtte, net zoals hij op de buren neerkeek. Mijn grootvader van vaderskant was voor mijn geboorte gestorven. Mijn grootmoeder, zijn moeder, had toen ik net in de wieg lag en ze naar me kwam kijken, snuivend tegen mijn moeder gezegd: 'Dat moet wel een terugslag zijn van jouw kant van de familie.'

Die vrouw, die ik zelden zag, werd Granny genoemd.

Mijn oma was de moeder van mijn moeder, een levendige, bedrijvige vrouw die alleen gelukkig was als ze bezig kon zijn. Ze had springerige witte krullen, de heupen van een matrone en rode handen doordat ze er voortdurend mee in het water zat. Ze leek op de oma uit *Roodkapje*, met haar stevige neus en twinkelende ogen, die de indruk wekten dat ze meer wist dan ze liet merken. Ze werkte parttime in een warenhuis in Birmingham tot ze met pensioen ging. Ze breide vesten en kon goed met naald en draad overweg tot haar vingers knobbelig en krom werden door artritis.

Ze leerde ons hoe je toffees moest maken en gebakjes die er als pasteitjes uitzagen die ze appelflappen noemde. Dan was ze druk in de weer met tien dingen tegelijk: de theepot voorverwarmen, het gas onder de bakplaat met toffees lager draaien, de appelflappen op de schaaltjes met gouden randen van

Doulton-porselein leggen. Ik was niet langer voortdurend bezig de herinneringen aan mijn nare dromen te ontlopen en ik voelde me gelukkig in die keuken met de hoge ramen die uitkeken op de tuin met rozenstruiken en bloemperken. De tuin moet precies in de tegenovergestelde richting hebben gelegen als onze achtertuin, want hij was altijd overgoten met koperachtig licht.

Opa kwam binnen nadat hij onkruid had staan wieden. Hij grijnsde terwijl hij zijn werkschoenen uitdeed, in een paar glanzend gepoetste brogues stapte en zich naar me vooroverboog om me vluchtig op beide wangen te kussen. Ik adoreerde mijn oma, maar opa was mijn zielsverwant. Volgens de familielegende hield hij me na mijn geboorte in zijn armen, keek in mijn ogen en zei: 'Dit kleintje is hier eerder geweest.' Dit verhaal is me zo vaak verteld dat het geen folklore meer is maar een herinnering is geworden.

Mijn opa had helderblauwe ogen als een apostel, waarmee hij met zuivere, onvoorwaardelijke liefde naar me keek. Ik hoefde niets te doen of te zijn om opa's liefde te krijgen. Ik hoefde alleen mezelf te zijn, en dat was heel anders dan thuis, waar de loodzware taak om ons gezin bij elkaar te houden naar mijn gevoel op mij rustte. Ons huis, met de scheidslijnen en de dichte deuren, met de vier stoelen om de tafel in de ontbijtkamer waar altijd maar één persoon tegelijk zat te eten, leek op de Rubiks kubus waardoor mijn broer volledig in beslag werd genomen; een onuitstaanbare puzzel die, hoe je hem ook wendde of keerde, nooit kon worden rechtgezet.

Opa begon hardhorend te worden, maar daardoor werden zijn andere zintuigen des te scherper. Er scholen wijsheid en naar ik vermoed een glimp van droefheid in die opmerkzame blauwe ogen. Wanneer we weer naar huis gingen, hield hij me zo innig tegen zich aan dat het leek alsof hij me niet los wilde laten.

We waren een gezin dat persoonlijke onderwerpen uit de weg ging, typisch Engels met onze geheimen en de manier waarop we daarmee omgingen. Maar als ik terugkijk door de warrige, nevelige knoeiboel van mijn herinneringen, denk ik dat opa, pienter als hij was, wel had begrepen dat het niet allemaal koek en ei was achter het hoge houten hek thuis aan de chique kant van de Midlands.

Opa was tekenaar geweest. Toen hij op zijn vijfenzestigste met pensioen ging, nam hij een parttime baan bij een civieltechnisch bouwbedrijf om hun ontwerpen en tekeningen te catalogiseren. Hij had altijd kopergravures gemaakt en was een vaardig kunstenaar met een lichte toets en vaste hand.

Ik hoefde maar te zeggen: 'Opa, teken eens wat voor me', en dan pakte hij zijn schetsboek en tekende zoals een kind dat doet, natuurlijk en zonder voorbereiding, een impressionistisch landschap, dat tot leven kwam terwijl zijn penseel over het blaadje danste. Gedurende de jaren die verloren gingen aan drugs, psychiatrische ziekenhuizen, op sofa's in vergeten flats, in de huizen van vergeten vrienden, lukte het me het beeld vast te houden van opa's *Wuivende palmen op een tropisch eiland*. Het was een pentekening van twee palmen aan een verre horizon, en ik zie die twee palmen als opa en mij op een veilige, ver weg gelegen plek.

Opa behoorde tot het tijdperk waarin mannen ervoor zorgden dat ze een scherpe vouw in hun broek hadden, een schoon wit overhemd droegen en een stropdas met Windsorknoop. Hij had stapeltjes kleingeld op de toilettafel in zijn slaapkamer om gepast geld te hebben voor de busconducteur. Hij had geen auto en wilde er ook geen hebben. In de bus kon je met medepassagiers praten of, als je bovenin ging zitten, de wereld aan je voorbij zien trekken. Hij droeg pakken als hij uitging, maar gaf thuis de voorkeur aan oma's grofgebreide vesten, waarvan de zakken uitpuilden van stukjes bindgaren, snoepjes, een verfrommelde zakdoek en zijn pakje Senior Service. Hij tikte altijd met de sigaret op het pakje om de tabak in te klinken alvorens hem aan te steken, het aroma van die sterke zoete rook was de geur van opa.

Ik kan me niet herinneren dat opa ooit iets onaardigs over wie dan ook heeft gezegd. Hij glimlachte altijd en maakte me aan het brullen van het lachen wanneer hij zijn verhalen vertelde, hoe vaak ik ze ook al had gehoord.

Toen ik twaalf was, kreeg ik de gelegenheid om met een schoolreisje een cruise over de Middellandse Zee naar Israël te maken. Opa gaf me het geld voor de aanbetaling van tweehonderd pond. Toen hij me de cheque overhandigde, zakte hij voor de muur van de woonkamer op zijn knieën, wiegde naar voren en naar achteren en jammerde net als de gelovigen bij de beroemde Klaagmuur in Jeruzalem. Ik lachte tot de tranen over mijn wangen liepen.

We vertrokken per vliegtuig naar Split in het voormalige Joegoslavië, gingen toen aan boord van de SS Bolivia en zetten op de Egeïsche Zee bij windkracht 11 koers naar Haifa in Israël. De zee was erg ruw, het schip zwalkte van de ene kant naar de andere en we zagen vanuit onze kooien hoe onze bagage over de vloer van de slaapzaal heen en weer schoof. De meeste meisjes moesten overgeven, maar ik leek zeebenen te hebben en genoot van het avontuur, het gevoel dat het schip tegen de elementen vocht en dat we samen de storm zouden trotseren. Het was de eerste keer dat ik alleen van huis was en te midden van die woeste golven, terwijl de meisjes om me heen zeeziek en hysterisch werden, voelde ik me meer op mijn gemak dan ooit tevoren.

Aan boord van de Bolivia was er geen verleden, alleen het huidige moment. Mijn hoofd was helder. De nare dromen waren met de wind weggedreven en naar de bodem van de zee gezonken. Ik had het gevoel dat de tassen en rugzakken in de slaapzaal de gedachten waren die normaal gesproken in mijn hoofd rondtolden. Nu waren ze losgelaten en gleden vrijelijk over de vloer heen en weer. Ik gilde omdat alle meisjes gilden, dat doen meisjes nu eenmaal, maar heimelijk was ik echt gelukkig.

De zee leek mijn gedachten te weerspiegelen; toen het schip

op eerste kerstdag de haven van Haifa binnenliep, was hij kalm. We verdrongen ons om de wachtende reisleider en ik zag het Heilige Land voor mijn ogen opdoemen terwijl we de kronkelende weg door het oude landschap naar Jeruzalem volgden. De Klaagmuur kwam in beeld en ik moest gniffelen bij de gedachte aan opa die op zijn knieën zakte. Ik dacht vaak aan die dag terug en ik ontdekte dat mijn moeder ook gevoel voor humor had. Ze had net zo hard gelachen als ik wanneer haar vader de dwaas uithing, zoals zij het stelde, en ze bewonderde hem omdat hij zelfvertrouwen had en zichzelf durfde te zijn.

We reisden naar Bethlehem om de Geboortekerk te bezichtigen, de plaats waar Christus was geboren, keerden terug naar Jeruzalem om de zaal van het Laatste Avondmaal te zien en gingen toen op weg naar de kerk op de Calvarieberg, waar Jezus zou zijn gekruisigd. Na een ezelrit was ik uitgehongerd; we aten een late lunch op de Olijfberg, waar naar verluidt Jezus vijfduizend mensen te eten had gegeven met twee broden en vijf vissen.

We bevonden ons in de bakermat van de beschaving, met historische banden met de drie grote godsdiensten van de westerse wereld: het jodendom, het christendom en de islam. Als twaalfjarige vond ik het schokkend dat die heilige plaatsen door gewapende Israëlische soldaten werden bewaakt. Wereldaangelegenheden hadden me daarvoor nooit geraakt, maar reizen verruimt de geest en tijdens dat schoolreisje scheen het me toe dat hoe ruimer mijn geest was, hoe beter. Hoe meer informatie je verzamelde, hoe minder ruimte er overbleef voor nare dromen en vervormde herinneringen.

Ik telefoneerde met mijn ouders via de boordradio om ze een fijne kerst te wensen. Intussen zeilden we naar Rhodos, het eiland van de kruisvaarders, beroemd om de akropolis van Lindos, een stenen trap naar een hoogte van ruim honderd meter die in de heuvel boven de oude stad was uitgehouwen. Een uitzicht 'om nooit te vergeten', las ik in mijn reisgids. We staken de Middellandse Zee over naar Turkije, waar ik me volpropte met echt Turks fruit, gemaakt met rozenwater, bestoven met kopra, met munt-, pistache- en kaneelsmaak. De woorden en smaken waren nieuw voor me, net als de aanblik van gesluierde vrouwen in lange gewaden, de minaretten die uitrezen boven de moskeeën en de geluiden, zoals de kreet van de muezzin die de gelovigen oproept tot gebed. Die leek zo op de gereciteerde verzen bij de Klaagmuur dat het er de echo van kon zijn.

De enorme sirene van de Bolivia loeide en we koersten over kalme zee af op het eiland Santorini. In ganzenmars beklommen we een kronkelig pad, om gefascineerd naar de halvemaanvormige rand van de grootste krater van Europa te staren, de veronderstelde locatie van de verloren stad Atlantis. Op oudejaarsavond kwamen we aan in Heraklion op Kreta, waar we de dag doorbrachten met het verkennen van de ruïnes bij Knossos. En ik kocht er cadeautjes voor mijn familie: een geweven tas voor mama, een riem voor Clive, een asbak van keramiek voor opa, iets voor papa en iets voor oma.

Onze laatste stopplaats, op nieuwjaarsdag, was Valletta, een havenstad, de hoofdstad van Malta. Ik kwam thuis met een rugzak vol filmrolletjes en een hoofd dat gonsde van alle feiten en archeologische wonderen, en ik popelde om ze met opa te delen.

Glimlachend rende ik het huis in, maar mama zag eruit alsof ze weer een van haar buien had en zei in de keuken dat ik moest gaan zitten. Wat nu weer? dacht ik. Ze vertelde me dat opa op kerstavond een hartaanval had gekregen en nu voor zijn leven vocht.

'Waarom hebben jullie het me niet verteld?'

'Hadden we je vakantie dan moeten bederven?'

Ik barstte in tranen uit.

Opa vocht voor zijn leven. Dat klonk angstaanjagend; het was bijna ondraaglijk te moeten wachten tot we later op de dag in het ziekenhuis bij hem op bezoek konden gaan. Ik pakte mijn rugzak uit en toen ik ontdekte dat de asbak voor opa gebroken was, leek dat een slecht voorteken.

Zodra de dubbele deuren opengingen voor het bezoekuur, stoof ik de ziekenzaal in met een Turkse fez op. Opa was bleek en leek ouder, zoals hij daar lag in zijn gestreepte pyjama. Maar hij had me nog niet gezien of hij ging in bed overeind zitten, greep de rode fez en zette hem op zijn eigen hoofd. Hij pakte mijn hand. 'Wat zou ik zonder mijn popje moeten?' zei hij, en vanaf die dag was hij aan de beterende hand.

Hoofdstuk 2

Hardlopen en uithongeren

Het voelde vaak alsof we een rol speelden, alsof we allemaal personages waren in een televisiesoap: een vader die hard werkte om zijn gezin te onderhouden, een moeder die van haar man hield, evenwichtige kinderen die geen zorgen kenden. De kleine ups en downs veroorzaakten lichte aanvaringen die snel werden opgelost, en voerden het toneelstuk naar een onvermijdelijke maar onduidelijke afloop. Behalve tijdens de bezoekjes aan mijn grootouders, was mijn glimlach altijd nep. Ik hield mezelf altijd in de gaten, probeerde voortdurend mezelf te zien zoals de anderen me zagen. Ik gedroeg me nooit natuurlijk, het was altijd geveinsd, en de andere acteurs leken hun rol net zo goed te spelen als ik de mijne.

Het gezin dat we voorgaven te zijn was volkomen normaal, met verjaardagsfeestjes, samen televisiekijken, barbecueën in de tuin. In de zomer, tijdens Wimbledon, zette Clive met behulp van de waslijn een net op en tennisten we. Mijn vader leerde me hoe je moest serveren door me in de juiste positie te houden. 'Zo moet je het doen... nee, nee, nee, je moet de slag afmaken... Niet zo. Strek je arm. Maak je rug rond... Nee. Nee. Nee. Opnieuw.' Ik was gespitst op de geringste verandering van toon, de greep van mijn vaders handen op mijn armen, zijn lichaam dat tegen mijn rug duwde. Mama klikklakte dan op haar hoge hakken over het tuinpad met een dienblad vol glazen citroenlimonade waarin ijsblokjes rinkelden. We hielden pauze, hijgden staande uit en renden vervolgens weg om de kwijtgeraakte ballen te zoeken.

Maar iets voelde verkeerd. Er ontbrak iets. Dat wist ik en ik had het idee dat de rest van de familie dat ook wist.

Moeder leek gelukkig wanneer ze naar haar werk ging, tot het moment dat ze de oprijlaan weer opreed, de auto in de garage zette en het huis inkwam. Haar geluk lag buiten die vier muren. Vader leek altijd op het punt te staan om iets te gaan zeggen; en dat onderdrukte geluid in zijn keel zou uitlopen op een levensveranderende onthulling. Maar het beslissende moment bleef hangen in het luchtledige gewelf van zijn geest, waar het vervaagde en uiteindelijk verdween.

Nu Clive bijna zeventien was, ging hij niet zo vaak meer mee naar onze grootouders. Hij had dringender zaken te doen, met inbegrip van een vriendinnetje. Ik ging elke zondag en zou het voor geen tien vriendjes hebben willen missen; niet dat ik er zelfs maar eentje had. Opa herstelde. Het leek wel alsof hij gratie had gekregen, en ik ontkwam niet aan de gedachte dat mijn reis naar het Heilige Land een beschermengel tot actie had aangezet.

Na zijn hartaanval bleek opa diabetes te hebben en moest hij een dieet volgen. Oma hield op met appelflappen bakken. Ze maakte witte vis klaar, stopte de provisiekast vol met verse groenten en fruit en controleerde met een vergrootglas het calorie- en suikergehalte op het etiket van alle potjes. Zodra ik aankwam, bracht opa me meteen de tuin door om me te laten zien wat hij in de kas aan het kweken was. Dan deed hij de deur dicht en keek als een spion om zich heen voor hij een plak eigengemaakte toffee tevoorschijn haalde. Hij brak die in stukjes en nam er zelf ook wat van.

'Niet tegen oma zeggen,' zei hij dan.

'Maar dat mag niet, opa, het is tegen de regels.'

'Het leven is te kort voor zoveel regels,' bromde hij, en dan stonden we daar op onze toffee te zuigen.

Op zulke momenten leken de dromen die me plaagden bijzonder vreemd en weerzinwekkend. Ik zag altijd midden in de nacht een man mijn kamer in komen, die mijn kleren uitdeed en zijn handen over mijn lichaam liet glijden, aan mijn armen en benen trok en me aanraakte op plaatsen waar hij dat niet zou moeten doen. Wanneer ik 's ochtends oogknipperend ontwaakte, zag ik in die eerste, fragmentarische ogenblikken vluchtige, vage visioenen van dingen die zo afschuwelijk waren dat ik naar de douche vloog om de beelden uit mijn geest te verdrijven. Ik was een slecht persoon dat ik deze gedachten in mijn hoofd toeliet. In de kas probeerde ik opa over de vreselijke dingen die ik me herinnerde te vertellen, maar in dat ene opzicht leek ik op mijn vader en ik liet de woorden vervagen tot ze in mijn keel bleven steken.

Als ik eventjes somber leek, knuffelde opa me meteen. Lichamelijk contact, in welke vorm dan ook, zoals van schoolmeisjes die elkaar op de gang een arm geven, of een vreemde die in de bus te dicht op je zit, vond ik helemaal niet prettig. Ik kromp in elkaar en ontweek iedereen, behalve opa. Met zijn in de mouwen van een wollen vest gestoken armen om me heen voelde ik me veilig.

'Ben je gelukkig, popje?' vroeg hij dan.

'Ja, ja, heel gelukkig, opa.'

'Hier, neem nog een stukje toffee. Ik wil niet dat je wegkwijnt, je bent zo licht als een veertje.'

Ik grijnsde en at nog meer toffee. 'Ik ben altijd gelukkig als ik hier ben,' zei ik.

'Ja, dat weet ik, maar ben je de rest van de tijd ook gelukkig?'

'Ja, natuurlijk,' antwoordde ik.

'Dat mag ik graag horen. Je weet wat ik altijd zeg: zorg dat je niet verbitterd raakt door het leven, maar laat het je verrijken.'

Die woorden herinner ik me heel duidelijk.

Tijdens onze dagelijkse bezoekjes aan opa voor hij uit het ziekenhuis kwam, waren mama en ik nader tot elkaar gekomen en hoewel de nachtmerries vaker begonnen te komen en levendiger werden, wilde ik die intimiteit niet verstoren door te proberen erover te vertellen. Toen ik twaalf was, beschikte ik niet over de woorden om uit te leggen wat ik zag, omdat het om vluchtige, onscherpe beelden ging. Het was alsof je een prentenboek of stripverhaal doorbladerde en de plaatjes in elkaar overliepen. Als iemand had gevraagd wat ik had gezien, had ik niets afdoend kunnen beschrijven, hoogstens fragmenten, als bij een collage: een tong, een oog, een stel grote handen, een brandende aansteker die om mijn tenen cirkelde waardoor ze er in het donker lichtroze uitzagen.

Het was het beste om niets te zeggen. Misschien zou het allemaal vanzelf overgaan. Misschien hoorde het bij groot worden, bij de voorbereiding op de volwassen wereld. Vóór opa's hartaanval had moeder gedeprimeerd geleken, en als dat echt zo was geweest, dan was ze daar nu overheen en voelde ze zich tevredener. Ze kleedde zich met nog meer flair, in vrolijker kleuren, stadser, minder provinciaals dan ooit. Ze moedigde me aan dat ook te doen. We gingen winkelen en keken naar mooie jurken, hoewel een jurk aantrekken wel het laatste was waar ik behoefte aan had.

Ik werd dertien en dat gaf me het gevoel dat ik iets kwijtraakte, of dat ik iets wat ik al verloren had nooit meer terug zou krijgen. Ik verloor het besef van wie ik binnen mijn eigen lichaam was. Dat kon ik alleen nog enigszins onder controle houden door dat wat ik in mijn mond stopte, en dat werd steeds minder en uiteindelijk at ik bijna niets meer.

Een paar keer per dag stond ik ineens in mijn vaders kamer; normaal gesproken zou ik het niet in mijn hoofd halen naar die donkere, mannelijke plek toe te gaan. Maar om een of andere reden stond daar een personenweegschaal in de hoek, en ik keek naar het afleesvenster om er zeker van te zijn dat ik in de tussenliggende uren niet was aangekomen. Ik sloeg het ontbijt en de lunch over, afgezien van misschien wat fruit, en nam een broodje gezond zonder boter bij wijze van avondmaal.

Mama maakte zich er zorgen over dat ik zo mager was. Haar bezorgdheid sloeg om in angst toen een van haar vriendinnen, die op tv een spotje over drugs had gezien, opperde dat ik verslaafd was aan heroïne.

'Heroïne?' vroeg ik. 'Wat is dat?'

Daardoor kalmeerde mijn moeder, en ik verdween naar de badkamer, waar ik mezelf ongestoord kon uitkleden en in de grote spiegel bekijken om er zeker van te zijn dat ik niet onnodig was aangekomen. Op mijn dertiende begonnen mijn borsten te groeien, en een van de voordelen van anorexia is dat het proces van de puberteit wordt vertraagd. Ik menstrueerde al een jaar niet meer. Ik zag seksuele beelden in mijn dromen; ik wilde ze niet in de spiegel zien. Ik hulde mezelf in flodderige T-shirts en spijkerbroeken. Ik was een kei in hockey en joeg de bal als een bliksemschicht over de vleugel. Ik wilde supersnel worden en begon fanatiek hard te lopen.

Wat voor weer het ook was, ik stond elke ochtend om zeven uur op en denderde een uur lang over de straten. Daarna douchte ik me en schrokte een banaan en een appel naar binnen, dronk een heleboel water en stoof naar school, waar niemand me ooit hoefde te zeggen dat ik hard moest werken. Op Dane Hall Secondary was ik het slimme meisje, de studiebol, de prijswinnaar, die altijd jaloers was op de zorgeloze meisjes die het over vriendjes en popsterren hadden.

Dat betekende niet dat ik uit de pas liep. Wijde sweatshirts waren helemaal in. Ze stonden me goed. De hippe meisjes paradeerden rond in truien met beenwarmers in neonkleuren, de jongens in vlekkerig gebleekte spijkerbroeken, met de manchetten van hun blauwe schoolblazer omgeslagen om Don Johnson van *Miami Vice* na te doen. In de jaren tachtig luisterde iedereen naar Depeche Mode, Human League en Spandau Ballet, newwavebands die synthesizers en drummachines gebruikten.

Ik werd al voor excentriek gehouden en voor volkomen gestoord uitgemaakt omdat ik me aangetrokken voelde tot The

Who en Pink Floyd. Ik luisterde de hele tijd naar hun muziek op mijn walkman; het leek alsof die speciaal voor mij geschreven was.

Mijn familie had een wanhopige behoefte om zich ergens aan vast te klampen: vader aan zijn superioriteitsgevoel, moeder aan de lege huls van haar huwelijk, ik aan mijn verloren jeugd, opa aan het lieve leven. Ik vond het vreselijk om 's avonds naar bed te gaan, nare dromen te hebben, seksuele dromen, afschuwelijke dromen, de volgende morgen weer een dag ouder wakker te worden en bij het aanbreken van de dag hard te lopen en steeds verder te vermageren. Soms voelde ik me een schim die zou verdwijnen wanneer de zon boven de boomtoppen verscheen.

Dagen en maanden glipten voorbij in spiralen van in vergetelheid geraakte activiteiten: de 10+ voor een doorwrochte huiswerkopdracht, meteen vergeten; het gemaakte doelpunt bij hockey; de prijs die Clive won voor het uitgooien van drie tegenstanders in een schoolcricketwedstrijd. De tuin die aan het eind van de zomer van kleur veranderde. Met zorg gekochte kerstcadeautjes die met gekunstelde emoties werden uitgewisseld. De speciale seizoensaflevering van de soapserie werd uitgezonden.

Weer een verjaardag. Veertien. In bepaalde culturen zou ik een vrouw zijn. Ik voel me vrouw. Ik voel me kind. Ik voel me baby. Ik heb verschillende gevoelens op verschillende momenten en ik heb geen idee hoe ik me zou moeten voelen en welk gevoel hoort bij degene die ik echt ben.

Mijn vader was een volkomen vreemde voor me geworden en praatte alleen bij zeldzame gelegenheden met me, op een manier waardoor ik me ongemakkelijk voelde. Hij had de gewoonte aangenomen om, wanneer ik na schooltijd iets te doen had of er in het weekend een verjaardagsfeestje was, te vragen of ik er met iemand heen ging. 'Wat doe je op die feestjes? Heb je een vriendje? Kan hij goed zoenen?'

Dan mompelde ik gegeneerd een of ander antwoord. Als jonge tiener was seks het laatste waar ik aan dacht. Integendeel; terwijl andere meisjes geïnteresseerd raakten in make-up en jongens, wilde ik mezelf afschermen voor elke gedachte aan dat soort dingen. Ik vulde mijn leven met intensieve activiteit. Ik maakte nog steeds bijna elke dag het avondeten klaar. Ik werkte zo hard op school dat ik wel in alles de beste moest zijn. Ik las tot mijn ogen pijn deden en rende en hockeyde tot ik 's avonds uitgeput in bed viel in de hoop dat de dromen uitbleven en me met rust lieten.

Dat deden ze niet. De nachtmerries kwamen in cycli, verdwenen, en dan namen andere hun plaats in. Ik werd nog steeds wakker met een nare smaak in mijn mond en staarde naar de fles aftershave op de plank in de badkamer terwijl ik mijn tanden poetste. De geur van mijn vaders aftershave leek het hele huis te vervullen. Die drong door in mijn slaapkamer en bleef hangen in de vacht van de knuffels. Ik staarde naar die fles en had visioenen waarin ik hem stuksmeet in bad, maar natuurlijk deed ik dat nooit.

Vader bezocht het huis als een geest, kwam laat thuis en at alleen. Hij sloot zichzelf achter zijn slaapkamerdeur op met zijn kortegolfradio, waarvan het gefluit en gegons scènes in mijn hoofd opriepen die zo walgelijk en surrealistisch waren dat het muurschilderingen van Salvador Dalí hadden kunnen zijn. Bij vlagen had ik last van tegenstrijdige emoties. Ik voelde me begaan met mijn vader, die eenzaam en teruggetrokken leek te zijn. Maar ik werd overvallen door onverklaarbare haat wanneer ik 's nachts uit een nare droom ontwaakte, waarbij ik merkte dat ik een gebed prevelde: 'Ik wou dat je dood was. Ik wou dat je dood was. Ik wou dat je dood was.'

Op een zonnige dag eind mei viel slagbal uit en ging ik naar huis met de bedoeling om vroeg huiswerk te maken, om ervan af te zijn. Toen ik bij de voortuin aankwam, besefte ik dat ik mijn sleutel was vergeten. Er stond een auto op de oprijlaan, dus ik wist dat er iemand thuis was. Ik drukte op de bel. Er werd niet opengedaan. Ik belde opnieuw aan en hield mijn vinger op de bel. Na wat een eeuwigheid leek, maakte mama de deur open. Haar haar, altijd onberispelijk gekapt, zat in de war, haar ogen schitterden, en terwijl ze naar de ontbijtkamer liep, zag ik dat de rits van haar rok openstond.

'Ik had last van migraine. Stephen heeft me thuisgebracht,' zei ze luchtig. Stephen was haar baas. 'Hij zou me wat brieven gaan dicteren.'

Vreemde bezigheid voor iemand met migraine, dacht ik.

Op dat moment hoorde ik Stephen fluitend naar beneden komen. Hij stapte grijnzend de keuken binnen. Zijn haar was nat en achterovergekamd, en hij had zijn jasje niet aan en geen stropdas om.

'Hé, ben je thuis,' zei hij.

Ik gaf geen antwoord.

Ik liep de keuken uit, de trap op naar mijn moeders kamer. Het beddengoed lag opengeslagen. Ik streek met mijn hand over het onderlaken. Het was nog warm. Ik weet niet waarom ik dat deed. En ik weet ook niet waarom die ontdekking me misselijk maakte. Ik voelde me verraden. Sinds mijn vijfde had ik, diep vanbinnen, geweten dat mijn moeder een verhouding had. Maar het voelde verkeerd om er op deze manier achter te komen, haar te zien met de rits van haar rok open, de warmte aan mijn hand te voelen toen ik over het laken streek. Het gaf me eerder het gevoel dat mijn moeder mij bedroog dan mijn vader.

In mijn slaapkamer spreidde ik mijn boeken uit op het bed en schreef een opstel over de verovering door de Romeinen. Hardlopen. Uithongeren. Zorgen dat ik omkwam in het werk. Ik beschikte over een heel arsenaal van manieren om mezelf te verhinderen aan het heden te denken of bij het verleden stil te staan. Ik leefde in mijn hoofd, strafte mijn lichaam, rende, zo leek het, in cirkels rond zonder ooit ergens aan te komen.

Toen Stephen wegging, kwam moeder de trap op getrippeld en klopte op mijn deur voor ze binnenstapte.

'Alles in orde?'

'Waarom zou het dat niet zijn?'

'Je lijkt vandaag jezelf niet.'

'Ik ben nooit mezelf,' zei ik.

Ze zuchtte ongeduldig, zoals moeders van tienerdochters dat doen, en toen ze de kamer uit ging, dacht ik na over dat gesprekje.

'Je lijkt vandaag jezelf niet.'

'Ik ben nooit mezelf.'

Het was het eerlijkste wat we allebei ooit tegen elkaar hadden gezegd. En het was mijn 'zelf' dat ik probeerde te vinden. Soms sloot ik mijn ogen en deed alsof ik iemand anders was die de taak had de krochten van mijn geest te verkennen, op zoek naar oplossingen voor duistere raadsels, de oorsprong en betekenis van mijn dromen, die helderder werden, minder fragmentarisch; de stukjes film raakten vervlochten tot een verhaal. Ik verfoeide mijn moeder, niet omdat ze met Stephen vrijde, maar omdat daardoor het schrikbeeld van seks zijn intrede had gedaan, de trap op was gekomen en in haar bed was beland. Seks was afstotend, weerzinwekkend, afschuwelijk, verschrikkelijk; het was het spook dat niemand ooit had gezien, maar waarvan iedereen voelde dat het er was.

Het volgende weekend werd ik weer door seks gekweld. Mijn vader had een vriend die elke keer kwam opdagen wanneer hij een nieuwe auto had gekocht. Ik had moeder horen zeggen dat hij een asociale patser was; ze mocht hem niet. Maar mijn vader was van hem onder de indruk. Hij was directeur van een plaatselijke onderneming en lid van dezelfde golfclub.

Ze hadden buiten naar de chique, gestroomlijnde zwarte Jaguar staan kijken. Ik zat in de zitkamer en toen ze binnenkwamen, liet mijn vader me alleen met zijn vriend terwijl hij iets ging halen. De man was een en al glimlach, luidruchtig en zelfingenomen. Hij kwam naar me toe om me te begroeten, waarbij hij meteen zijn arm om me heen sloeg en mijn borst streelde.

Mama kwam toevallig op dat moment binnen en schoot bliksemsnel de kamer door.

'Hé, jij daar, handen thuis!' schreeuwde ze.

Hij lachte maar wat en deed een stapje terug. Ik rende de trap op en deed iets wat ik lang niet meer had gedaan. Ik verstopte me in de Vogelkooi.

Die avond at ik niets. De volgende ochtend haalde ik, nadat ik had gerend en mama zich boven klaarmaakte om naar haar werk te gaan, een beker met een schroefdeksel uit de keuken. Ik vulde hem met een mengsel van whisky, gin, wodka en cognac – ik nam van alles uit de drankkast een beetje, zodat niemand zou merken dat er iets uit was. Mijn hart klopte als een razende. Een zenuwtrek in mijn nek speelde op. Ik had op tv gezien dat slachtoffers na een ongeluk whisky of cognac nodig hadden om te kalmeren, en dat was precies wat ik nodig had om de dag door te komen.

Op school nam ik slokjes van mijn geheime brouwsel en dat gaf een bedwelmend gevoel. Mijn verstand was verdoofd. Ik voelde me gelukkig. Thuis leek ik omgeven door alles wat ranzig en obsceen was. Vrouwen op de televisie wiegelden met opvallend decolleté over het scherm. Er waren spotjes over de nieuwe film *Splash* die een nagenoeg naakte Daryl Hannah lieten zien. Het vriendinnetje van Clive kwam zomaar ineens langs en klopte op mijn deur gekleed in een strak topje op een spijkerbroek waarin haar achterwerk goed uitkwam.

'Wat is er mis met jou?' vroeg ze.

'Met mij is er niks mis. Wat is er mis met jou?'

'Waarom eet je niet fatsoenlijk?'

'Waarom bemoei je je niet met je eigen zaken?'

Het was een gesprek vol vragen zonder antwoorden. Ze draaide zich om en wiebelde met haar schattige figuurtje mijn kamer uit; ik bleef in de hoek zitten met meneer Happy en voelde me allerminst happy.

Seks was overal, in de onafgewerkte beelden die in mijn dromen rondwaarden, in de herinnering aan mijn moeder die door het huis dartelde met de rits van haar rok open, van Stephen met zijn natte haar die opgewekt liep te fluiten. De combinatie van die scènes, samen met de spanningen van de puberteit en anorexia, veroorzaakte een permanent gevoel van verwarring en verdriet.

Alcohol verlichtte die pijn. De volgende dag vulde ik de beker weer. En de volgende. En de daaropvolgende. Tijd is voor mij altijd vaag, grillig en onvoorspelbaar. Dat is altijd zo geweest, niet een continue stroom, meer als eb en vloed, onmogelijk te controleren of te meten. Ik nam kleine hoeveelheden; ik zag het peil dalen en, abracadabra, de gebruikte flessen verdwenen, er verschenen nieuwe, en niemand betrapte me ooit terwijl ik met mijn plastic beker de drankkast in dook.

Alle goede dingen hebben nadelen. Bij drinken waren het de katers. Vrienden en leraren roken de alcohol in mijn adem en merkten dat ik vaak teruggetrokken en gedeprimeerd was. Een ander probleem van drank is dat je er slaperig van wordt; bij één gelegenheid werd de veelgeprezen leerlinge betrapt op snurken onder de wiskundeles.

Net als tankers op zee reageert een school traag, maar na een paar weken ontbood meneer Keating, de conrector, me op zijn kantoor en gaf me een knipsel uit de plaatselijke krant over kinderen met ouders met een drankprobleem. Hij had aangenomen dat ik mijn ouders nadeed; de eerste verkeerde veronderstelling van een periode vol onjuiste vermoedens, foute diagnoses, en de plank misslaan.

Meneer Keating maakte een afspraak voor me met een klinisch psycholoog en begeleidde me naar de afdeling voor Kind en Gezin van de Naydon-kliniek, een dependance van het ziekenhuis voor volwassenen. Ik vertelde mijn ouders niets over die afspraak. En ik had er geen zin in mijn kersverse voorkeur voor alcohol te verklaren aan de psycholoog, een lange bleke vrouw die er in haar kantoortje met laag plafond met het winterlicht achter haar uitzag als een geestverschijning. Meneer Keating bleef er in het begin bij, maar toen vroeg de lange vrouw hem weg te gaan, zodat ze me onder vier ogen vragen kon stellen.

Ze zette haar vingers tegen elkaar terwijl ik in een lage stoel, met mijn donkerblauwe schoolrok over mijn knieën, aan de blauwe en rode strepen van mijn Dane Hall-das zat te plukken. De vrouw wilde een familiestamboom maken en ik keek toe terwijl ze een ingewikkelde serie cirkels en pijlen tekende die een of andere diepe, donkere verborgen herinnering raakte en me een ongemakkelijk gevoel gaf. Ze gebruikte haar vingers om aan te geven waarover ze me wilde laten praten:

mijn relatie met mijn moeder en vader;
wat ik voor hen voelde;
wat zij volgens mij voor me voelden;
en, het belangrijkste: wat ik van mezelf vond.

Het was belachelijk. Ik had die vragen sinds mijn geboorte geprobeerd te beantwoorden en kon niet zomaar ineens orde scheppen in de warboel in mijn hoofd. Ze vroeg me naar mijn dromen. Alleen al het feit dat ze erover begón was zo angstwekkend dat ik haar vertelde dat ik zo iemand was die helemaal nooit droomde.

'O, maar iedereen droomt.'

'Maar niet iedereen kan het zich herinneren.'

'Of wil het zich herinneren.'

'Ja, dat klopt,' zei ik.

Ik maakte nog een afspraak, die ik niet nakwam. Ik vond de hele onderneming energieverspilling en was niet van plan terug te gaan.

Wat de psycholoog niet wist, en nooit te weten zou komen omdat ik het haar nooit zou vertellen, was dat haar vragen onbedoeld het licht in mijn hoofd hadden aangeknipt. Die avond, toen ik in bed met meneer Happy lag te knuffelen, lichtte de aanstekerdroom op in mijn herinnering.

Ik ben twee jaar. De deur van de slaapkamer gaat open en in het zwakke schijnsel van het nachtlampje zie ik een man mijn kamer binnenkomen. Hij trekt het beddengoed van me af, houdt zijn vinger op mijn lippen en draait met zijn andere hand aan het radertje van mijn moeders sigarettenaansteker. Hij brengt het vlammetje bij mijn tenen. Ik trappel en wriemel wanneer hij dat doet, ik wil weg, maar dat kan niet. Hij is te groot, te sterk, zijn grote vinger drukt op mijn lippen. Hij buigt voorover en in de gloed van het blauwe vlammetje herken ik, voor het eerst, het gezicht van mijn vader. Het vreemde is dat ik niet verrast of geschrokken ben. Een gevoel van vertrouwdheid werkt troostend.

Als hij de aansteker weglegt, glimlacht hij. Ik lach terug. Hij doet mijn pyjama uit en speelt met me, kietelt me. Hij maakt zijn vinger nat en steekt hem tussen mijn schaamlippen. Dan doet hij de rits van zijn broek open en haalt zijn piemel eruit. Hij ondersteunt de achterkant van mijn hoofd. Ik doe mijn mond open zonder dat me dat gezegd is en hij stopt zijn piemel in mijn mond. Hij beweegt hem heen en weer en vult mijn mond met bitter vocht dat naar zure melk smaakt.

Ik zie die scène heel duidelijk. Ik voel dat het op de een of andere manier vertrouwd is, dat het vaak is gebeurd, met slechts lichte variaties. Soms stopt hij zijn piemel in mijn mond om hem nat te maken en komt dan in mijn bed en duwt zijn piemel in de ingang van mijn vagina. Soms draait hij me op mijn buik en steekt hij zijn piemel in mijn achterste. Dat doet echt pijn. Mijn gezicht is in het kussen gedrukt. Ik probeer niet te schreeuwen, want ik wil mijn papa niet ongelukkig maken.

De daaropvolgende weken bleef ik de droom waarin hij naar mijn kamer komt deconstrueren. Dat leek op het verschuiven van de vormen in een caleidoscoop: het patroon veranderen, de delen analyseren en samenvoegen, in de hoop dat het een ander plaatje oplevert. Want nu, voor het eerst, begon ik me af te vragen of het wel dromen waren geweest. Was dit soms echt gebeurd?

Ik probeerde houvast te vinden, iets tastbaars, iets wat meer was dan een gevoel, maar hoe meer ik mijn best deed, hoe meer het verzinsels leken. Als die dingen waren gebeurd, hoe kon ik ze dan zijn vergeten? Zoiets vergeet je niet. Dat is onmogelijk. Ik zei keer op keer tegen mezelf dat het niet waar was.

Hoofdstuk 3

Vier gezichten

Op 3 maart 1985 werd ik vroeg in de ochtend wakker van de telefoon.

Deuren gingen open en dicht. Het licht van de overloop scheen door de kier onder mijn slaapkamerdeur. Ik stond op en wierp een blik uit mijn kamer; mama kwam de badkamer uit terwijl ze haar haar borstelde.

'Het is opa,' zei ze, en ze haastte zich de trap af. 'Ik ga naar het ziekenhuis.'

'Wacht op mij,' riep ik.

'Daar is geen tijd voor, Alice.'

De voordeur sloeg met een klap dicht. Ik hoorde haar auto de oprijlaan af rijden en lag nog steeds wakker toen ze een uur later terugkwam. Ik hoorde de sleutel omdraaien in het slot. Mijn hart bonkte toen ze de trap op liep. Ze kon maar even in het ziekenhuis zijn geweest. Dat betekende ofwel goed nieuws, ofwel slecht nieuws; ik bleef in bed en probeerde uit te maken wat het was.

Toen ik uiteindelijk naar haar kamer ging, lag mama al in bed. Ze leek uitgeput. Haar ogen waren opgezwollen en ze droeg geen make-up. Ze sloeg het beddengoed terug. Ik stond onbeweeglijk in haar slaapkamerdeur over dit plotselinge vertoon van affectie na te denken en besefte wat het moest betekenen.

'Kom,' zei ze.

Ik bleef maar staan.

Ik kreeg plotseling pijn in mijn buik. Het duizelde me.

Moeder glimlachte zwakjes. Ze klopte met haar hand op het bed en ik kroop tussen de warmte van haar lakens. Ze sloeg haar armen om me heen en hield me stevig vast. Ik wist niet of ze dat voor mij deed of voor zichzelf. Ik voelde de vorm en warmte van haar lichaam. Ik woog nog maar 38 kilo en voelde me als een baby die terugkeerde in de moederschoot, een baby-kangoeroe die zich in de buidel van haar moeder nestelde. Het was moeilijk om op dat moment aan opa te denken.

'Hij heeft weer een hartaanval gehad,' fluisterde ze. 'Het is snel gegaan.'

'Snel?'

'Opa is dood.'

'Opa is dood. Opa is dood. Opa is dood.'

Ik zei de woorden bij mezelf alsof het Franse werkwoorden waren, om ze te laten bezinken.

Tranen liepen over mijn wangen en het kussen werd nat. Had ik opa de afgelopen weken verwaarloosd? Er was geen tijd geweest om afscheid te nemen. Geen laatste omhelzing. 'Zorg dat je niet verbitterd raakt door het leven, maar laat het je verrijken.' Dat was opa. Ik denk dat iedereen een mengelmoes is van goede en slechte eigenschappen. Er zijn psychopaten en pedofielen onder ons, maar weinig mensen zijn door en door slecht, en weinigen zijn volkomen goed. Ik denk dat mijn grootvader een van de weinige volkomen goede mensen was. Hij was mijn vangnet, bij hem voelde ik me op mijn gemak. Ik was afhankelijk geworden van zijn bestaan en nu was hij er niet meer.

Ik huilde en huilde. Ik huilde tot mijn ogen rood en gezwollen waren. Toen ik naar de begrafenis ging, waren er geen tranen meer over. Ik had mezelf leeg gehuild en de tranen die ik op die bittere ochtend in maart, een paar maanden na mijn zestiende verjaardag, probeerde te forceren, waren nep, omdat het erbij hoorde. Ik rouwde niet. Ik kon niet rouwen.

We gingen met oma naar Erdington. Moeder droeg een zwarte hoed met voile, zorgvuldig uitgezocht. Vader stond aan de andere kant van de kamer in zijn zwarte pak een sandwich met ei en waterkers te eten. Hij zag eruit als een begrafenisondernemer. Dat gold ook voor Clive in zijn donkere pak met universiteitsdas; hij leek ineens erg volwassen, erg serieus. Hij studeerde rechten in Bristol en had ervoor gekozen naar het zuidwesten te gaan 'om zo ver mogelijk van mijn familie te zijn'.

Oma had appelflappen gebakken, die ik niet aanraakte. Van de geur alleen al werd ik misselijk. Ik had een pijnlijke knoop in mijn maag en voelde de zenuw in mijn nek kloppen. Ik keek het huis rond en het leek of opa er nooit was geweest, dat hij nooit had bestaan, dat de man naast oma op de foto's op de plank een vreemde was.

Ik dacht terug aan de herfstdagen dat we in de kas toffee stonden te eten; dat voelde als een valse herinnering, iets wat ik in een boek had gelezen of gewoon maar verzonnen had. En als ik herinneringen aan opa had verzonnen, dan konden wat soms herinneringen leken aan mijn vader die mijn slaapkamer binnenkwam en me misbruikte net zo gemakkelijk fictief zijn. Ik wilde ontzettend graag weten wat ik moest geloven, iets vinden wat me houvast gaf.

Op een dag, niet lang na de dood van opa, ging ik op zoek naar aanwijzingen.

Omdat ik het zo moeilijk vond het verschil te zien tussen dromen en herinneringen, was ik gaan twijfelen aan de herinnering dat mijn vader me een blik Spaghetti Hoops gaf nadat hij ruzie had gehad met mijn moeder. Had hij dat wel gedaan? Waarom zou hij dat doen?

Ik ging naar de Vogelkooi en vond krassen op de muur en deuken die konden zijn gemaakt door een kind dat met een blikje tegen het pleisterwerk sloeg. Ik ging naar beneden, naar de keuken, en kwam terug met een blik Spaghetti Hoops. Het lipje van het blik paste precies in de deuken. Ik deed de deur dicht, ging in de hoek zitten en staarde naar het gebogen glas van de koepel alsof ik een glimp van het verleden zou kunnen opvangen. Er stonden dozen waarin wat van mijn oude speelgoed zat gepakt: puzzels, spelletjes, boeken, dingen die niet langer vertrouwd waren en van iemand anders konden zijn geweest.

Ik besteedde te veel tijd aan het uitpluizen van het verleden. Ik benijdde mensen die geloofden dat alleen het huidige moment telt, dat het verleden misschien wel nooit heeft bestaan en dat de toekomst een voorstelling is van wat je vandaag denkt, nu, terwijl ik daar zat met die troosteloze voorwerpen verspreid over de vloer om me heen. Ik deed mijn ogen dicht. Ik had het vage gevoel dat ik ergens op wachtte, waarop wist ik niet, misschien op volwassen worden, want ik nam aan dat alles dan duidelijk zou worden. Ik stopte het speelgoed en de puzzels terug in de dozen, deed de deur achter me dicht en ging de Vogelkooi nooit meer in.

Het volgende onderdeel van mijn onderzoek bracht me naar de schuur. De tuin was troosteloos en modderig. Er hing mist om de hulstbomen, waar een paartje roodborstjes een nest had gebouwd. Elk jaar zag ik hoe ze met takjes en twijgjes rondvlogen om een veilig thuis te creëren voor de lichtblauwe eitjes die als bij toverslag in het vroege voorjaar verschenen. Als ik eraan dacht, strooide ik broodkruimels en zette ik water neer, dat een schijfje ijs werd op het schoteltje wanneer het vroor.

Mijn adem maakte een dampspoor toen ik over het pad rende. De schuurdeur klemde en de scharnieren kraakten toen ik hem openduwde. Het was een gure dag en binnen in de schuur leek het zelfs nog kouder, een kou waardoor je je in jezelf terugtrekt als een schildpad in zijn schild. De lucht was statisch als in een dichte doos. Ik had het gevoel dat er in geen jaren iemand in de schuur was geweest. De ramen waren bedekt met spinnenwebben. Het houtachtige aroma van zaagsel dat ik me herinnerde van zomers van lang geleden was vervangen door de zurige geur van vocht dat de metalen delen van schroevendraaiers en beitels die aan de muur hingen had aangetast. De bouten en moeren die wachtten tot ze nodig waren voor een of ander dringend klusje lagen te verroesten. Ik blies het stof van een leeg potje met gaatjes in het deksel.

Waartoe zouden die gaatjes anders hebben kunnen dienen dan om ervoor te zorgen dat insecten lucht kregen? Door de huivering in mijn botten wist ik dat mijn vader me op de hoge houten bank had neergezet en spinnen over mijn buik had laten lopen. Ik herinnerde me dat ik mijn vuistjes had samengeknepen. Ik herinnerde me het gevoel van de pootjes die over mijn blote huid kropen. Ik herinnerde me dat ik probeerde niet te gillen omdat dat het spel zou bederven en mijn vader dan boos zou worden. Was dat één keer gebeurd? Of vaak? Als het maar één keer was geweest, was het dan slechts een onschuldig voorval, niets sinisters?

Ik schroefde het deksel met gaatjes van de lege jampot en keek erin. Niets. Geen spoor. Geen aanknopingspunt. Geen verschrompelde lijfjes van al jaren dode insecten. Mijn herinnering aan die zomerdagen van misschien wel tien of twaalf jaar terug was fragmentarisch. De stukjes lagen in me begraven als de scherven van de pijnlijk nauwkeurig in elkaar gezette oude potten die ik in het museum in Knossos had gezien; gereconstrueerde urnen of kruiken met een patroon van vlekken en barsten.

Ik trok de deur met een doffe klap achter me dicht. Het klonk alsof ik het deksel op een luchtdichte doos deed, net als de deur van de Vogelkooi, als een deel van mijn verleden dat diep onder water lag. Ik had geen bewijs gevonden; toch bonkte mijn hart en was mijn voorhoofd klam van het koude zweet toen ik naar mijn kamer terugging. Ik deed de deur dicht – alle deuren aan de overloop waren altijd dicht – en ik had het eigenaardige gevoel dat ik terugkeerde naar een plaats delict zonder te weten of ik het slachtoffer of de dader was.

De knuffels waren op het kussen neergezet als voor een groepsfoto. Ik kon me niet herinneren dat ik ze daar had neergezet en vroeg me af of ze een geheim pact hadden gesloten om uit hun ballingschap op de plank te worden teruggebracht naar hun knusse plaatsje op het bed. Als ze met iemand een pact hadden gesloten, met wie dan, als ik het niet was? Het huis was leeg.

De knuffelbeesten grijnsden uitdagend en hun glazen ogen glinsterden in het winterlicht alsof ze iets wisten wat ik niet wist. De teddyberen, meneer Happy, het hondje Snoopy en de rest van de bende, boden troost, maar waren soms ook een molensteen, een herinnering aan mijn leven in die slaapkamer in de tijd dat ik opgroeide, een bedekte toespeling dat ik op mijn zestiende kinderachtig vermaak achter me moest laten. Je kunt in een gedachtepatroon verzeild raken dat in je hoofd ronddraait als metalen plaatjes rond een magneet. Ik was er-van overtuigd dat als je het patroon kon doorbreken, dat je dan die persoon met zijn gedachten achter je kon laten en in de huid van een ander kruipen, een andere versie van jezelf met andere gedachten.

Ik zette de bende terug op de plank in twee rijen boven el-kaar, de grootste in het midden. 'Waag het niet je te verroeren,' zei ik.

Ik keek naar mezelf in de spiegel. Mijn ogen waren zwarte gaten die opgehouden waren licht te reflecteren. Ik had buik-pijn en voelde me vies door het rondrommelen in de schuur.

Na een lange sessie in de badkamer voelde ik me beter en maakte een maaltijd voor mama klaar toen ze van haar werk thuiskwam. Op een tegenstrijdige manier voelde ik me onge-woon zelfverzekerd wanneer ik door de keuken beende en met bonzend hart en tintelende vingers aan het snijden en roeren was en met potten en pannen rammelde.

'Ik ga mijn knuffels in een doos stoppen en in de Vogelkooi zetten,' zei ik terwijl mama zat te eten.

'Dat werd tijd,' antwoordde ze. 'Je zult wel gauw je bed de-len met een man.'

Ik liet een bord vallen; het brak.

'Mam!'

'Wacht maar af,' zei ze. 'Je bent zestien, Alice. Als je maar wat zwaarder werd, zou je heel knap zijn.'

'Dat is het laatste wat ik wil,' liet ik haar weten.

'Vergeet niet dat ik ook een meisje ben geweest. Ik ken dat.'

'Mij ken je niet,' zei ik.

'Natuurlijk ken ik jou.'

'Mam, je dénkt dat je me kent. Ik ken mezelf niet eens.'

Ze zuchtte en ik liet haar verder alleen eten. Een hele tijd later zou ik lezen dat samen eten in een gezin het belangrijkste is; in ons gezin gebeurde dat bijna nooit.

Ik trok me trillend terug in mijn slaapkamer. Praten over seks was bij ons thuis altijd taboe geweest. Daarom was ik zo van streek geraakt toen ik mama en Stephen praktisch op heterdaad had betrapt. Ik wilde niet weten wat er in de slaapkamer tussen man en vrouw gebeurde. Het hele onderwerp was weerzinwekkend, en wanneer het op school aan de orde kwam – zij doet het met hem; zij is zwanger; hij is homo – werd ik zo misselijk van wat de kinderen zeiden dat ik mijn koptelefoon opzette, een slok uit de beker nam en het volume van mijn walkman omhoog draaide.

Mijn lichaam was een doos van Pandora vol pijntjes en kwaaltjes. Toen opa stierf, staken alle aandoeningen de kop op. Ik trilde en beefde voortdurend. Mijn keel deed altijd zeer en ik had moeite met slikken, behalve wanneer ik slokjes van mijn illegale cocktail nam. Ik zat constant verstopt, hield alles vast – een stoornis die was begonnen toen ik twee was. Wanneer ik moest plassen, had ik een branderig gevoel en ik had vaak zware migraine, soms zo hevig dat ik het idee had dat ik blind werd.

Wanneer ik rende, voerde mijn route me langs een lange rechte laan met kale bomen. De weg werd een tunnel die in het niets verdween; ik ging steeds harder lopen terwijl ik me afvroeg of ik op een dag bij het verdwijnpunt zou komen.

Dan had ik het gevoel dat ik een blaadje was dat die winter van een boom viel. Mijn gedachten dwarrelden rond op de wind. Net zoals ik me soms afvroeg of opa wel ooit had bestaan, vroeg ik me af en toe af of ik zelf wel echt bestond. Tijdens het hardlopen zag ik mezelf van buitenaf: een mager meisje in een wapperende korte broek en een te wijd T-shirt, dat altijd de andere meisjes op school gadesloeg. Een meisje in een roze slaapkamer dat met een boek op schoot zat en de woorden die ze las in zich opnam, waarvan sommige bleven hangen, alsof er lijm aan zat, en nooit zouden worden vergeten, terwijl andere direct verdwenen. Ik herinnerde me alles en niets. Het kon gebeuren dat ik een film zag en me elke scène voor de geest kon halen alsof ik het script zelf geschreven had, en dan op een andere dag weer een film keek en dat me na afloop niets was bijgebleven.

Mijn hardloopschoenen hadden profielzolen en waren vanboven wit. Ik maakte ze elke dag schoon. Ik gebruikte daar speciale schoencrème voor en poetste ze tot ze net zo glansden als de deur van de koelkast. Eerst boende ik ze af met een borstel, dan ging ik eroverheen met een geel doekje; daarna trok ik ze aan, bond de veters met een even aantal lussen vast en wreef de neuzen. Als ik uitging, perste ik een messcherpe vouw in mijn spijkerbroek die me herinnerde aan de in de vergetelheid geraakte broeken van mijn opa. Ik rangschikte de knuffelbeesten op de plank naar grootte. Wanneer ik uit school kwam, sloot ik mezelf op in de badkamer, schrobde mezelf schoon in het bad, nam een douche en schrobde me weer af. Mama stond dan vaak op de overloop te zuchten. Vader kwam thuis van zijn werk en moeder zei hem dat hij ervoor moest zorgen dat ik eruit kwam en dan klopte hij aarzelend op de deur zonder te weten wat hij moest zeggen. Hij besefte kennelijk dat hij het best helemaal niets kon zeggen.

Wanneer ik liep, werden die obsessies opgeslokt door de herhaalde beweging. Ik glipte bij het krieken van de dag het stille huis uit en luisterde naar het geluid waarmee mijn loopschoenen een pad in de weg uitsleten, rook de winterse geur van verandering in de lucht, hoorde het stampen van mijn voeten op het ritme van mijn hartslag. Mijn voetafdrukken op de vochtige bestrating vervaagden wanneer de zon als een niets-ziend oog boven de boomtoppen opkwam en zijn licht deed schijnen over de ramen van de huizen met hun geheimen en onvrede. Auto's zoefden voorbij over de gladde, natgeregende straten, vormden het slagwerk bij het pats, pats, pats van mijn loopschoenen.

Op dit uur in de ontwakende straten voelde ik me vredig en op mijn gemak; mijn lichaam, dat ik verafschuwde, werkte als een machine. Ik was high, buiten mezelf getreden, de uitdruk-king waarmee mijn vrienden op school hun eerste experimen-ten met marihuana en drank beschreven. Die kreet gaf precies een beeld in mijn hoofd weer van mij, Alice, die als een ballon vlak onder het plafond zweefde en naar haar eigen smalle bed keek waarop een grote man zwaar boven op een klein meisje lag dat ik niet goed kon zien of herkennen. Dat was ik niet. Ik was buiten mezelf getreden en naar het plafond gezweefd.

Datzelfde gevoel had ik wanneer ik voor mijn vader kookte, wat ik nog steeds deed, hoewel minder vaak. Ik maakte na-tuurlijk omeletten. Ik brak een stel eieren boven een kom, en wanneer ik de botervloot pakte, had ik altijd een vreemd ge-voel in mijn handen en armen. Mijn vingers prikten; het leek alsof niet ik maar iemand anders een flinke klont vette boter afsneed en in de pan gooide.

Ik deed er altijd een heleboel zout bij – ik wist welke gevol-gen dat had voor je bloeddruk en ik mompelde verwensingen terwijl ik het brouwsel klutste. Wanneer ik de smurrie in de hete boter goot en de koekenpan boven de brander heen en weer bewoog, leek het niet mijn hand die de steel van de pan vasthield, en ik weet zeker dat het de ogen van iemand anders waren die de eieren zagen bubbelen en gaar worden. Terwijl ik twee sneden volkorenbrood in de broodrooster stopte, zag ik mezelf vanaf de andere kant van de kamer; met tintelende handen greep ik de spatel en vouwde de omelet dubbel, zodat hij op een appelflap leek. Mijn niet-eigen handen schoven de omelet op een bord en ik smeerde de rest van de boter op de geroosterde boterhammen zodra ze in de rooster omhoogkwamen. 'Heerlijk,' zei hij altijd, nog voor hij er ook maar van geproefd had.

Terwijl hij at, trok hij zich in zijn waas van Brylcreem en aftershave terug achter de *Daily Mail* en trok ik me terug in de bijkeuken. Daar schrobde ik de modder van de zolen van mijn loopschoenen en vette de leren bovenkant in terwijl mijn handen prikten alsof er spelden in werden gestoken. Datzelfde prikkende gevoel had ik wanneer we op school huishoudkunde hadden en ik me een fraudeur voelde als de docent vol lof was over mijn kookkunst.

Mijn obsessie met het extra vet maken van mijn vaders omeletten, met het persen van mijn broeken, het eten van twee snoepjes en nooit één of drie, mijn poetsmanie en al die lange douchepartijen, begonnen mama zorgen te baren. Dus nam ze me mee naar onze huisarts. Dokter Bradshaw verklaarde dat ik aan een obsessief-compulsieve stoornis, een dwangneurose, leed: Obsessive Compulsion Disorder oftewel OCD: weer een kwaal die aan mijn lijst kon worden toegevoegd.

Het was zinnig om dit nieuwe etiket te hebben dat ze op me konden plakken, alsof met de afkorting OCD alles duidelijk werd. De eerstvolgende keer dat Clive in de vakantie thuiskwam, bracht hij een nieuw vriendinnetje mee, dat er een hele show van maakte en in elkaar kromp als ze me in haar minirokje voorbijliep. 'Blijf uit mijn buurt, malloot,' siste ze, en mijn broer grijnsde maar wat. Het kind heette zoiets als Lucy of Emma of Gemma, dat weet ik niet meer precies. Maar ik herinner me wijd uit elkaar staande blauwe ogen, een keurig klein neusje, een waterval van glanzend blond haar en volmaakte lippen die ze verwrong zodra ze me zag, alsof ze op een stukje citroen had gezogen.

'Blijf uit mijn buurt, malloot.'

Knappe, zelfverzekerde meisjes hebben geen idee wat voor effect ze hebben op gewone stervelingen, van het verdriet dat hun sluwe schimpscheuten veroorzaken. Het was simpel om Lucy of Emma of Gemma als leeghoofd te bestempelen, maar wanneer mensen maar blijven zeggen dat je gek bent, werkt dat bijna als een zichzelf waarmakende voorspelling omdat je er zoveel aan denkt dat het onvermijdelijk ook gebeurt. Ik keek naar mezelf in de spiegel.

'Wat mankeert je, Alice? Wat mankeert je?'

Dan deed ik mijn ogen dicht en schudde mijn hoofd, in een poging de herinneringen eruit te schudden en met de stukjes in de caleidoscoop een nieuw patroon te maken. Was ik gek? Had ik waanideeën? Ik had niet het gevoel dat dat zo was. En toch: waarom zag ik dat trillende, onheldere beeld van een klein meisje dat eruitzag als ik, maar dat ik – in mijn gedachten – niet was, en dat daar in die roze slaapkamer lag met mijn vaders penis in haar mond? Het was alsof je naar fragmenten en flashbacks van een film keek, heel werkelijk, maar onwaarschijnlijk. Mijn vader kon zulke dingen niet hebben gedaan. Het was onmogelijk. Het was mijn eigen vreselijke verbeelding en ik probeerde de hele tijd die gedachten uit mijn hoofd te zetten. Ik rende, hongerde mezelf uit, schrobde me schoon en studeerde, in een aanhoudende poging de huiveringwekkende beelden, die ik niet kon verwoorden, te onderdrukken.

Mama en ik waren sinds opa's dood nader tot elkaar gekomen. De dood zet je aan het denken over het leven. Ze rouwde om haar vader, maar dacht ook aan haar eigen toekomst. Ze had me laten weten dat ze verliefd was op Stephen en van plan was, wanneer het juiste moment aanbrak, bij mijn vader weg te gaan. Ze besteedde ook meer aandacht aan mij.

Als ik geld nodig had voor cassettebandjes of nieuwe loop-schoenen, trok ze meteen haar portemonnee. Maar ik had nog steeds niet het gevoel dat ze me begreep. Als ik piekerde over een nare droom of als mijn hockeyteam een wedstrijd verloren had, wat belangrijk is als je zestien bent, probeerde ze me met grapjes op te vrolijken. Zet het van je af, zei ze dan. Ga huiswerk maken. Laat je niet ontmoedigen. Mama probeerde te klinken als opa, maar opa had een innerlijke vrede, een rust die hij niet via zijn genen aan haar, en al helemaal niet aan mij, had doorgegeven.

Ze legde haar duim en wijsvinger om mijn spichtige polsen, ze hield mijn magere wangen tegen het licht en maakte een afspraak voor me bij dokter Bradshaw om te proberen te achterhalen wat er nu precies was met mijn 'eetstoornis'. Die term had zijn intrede in ons huisvocabulaire gedaan nadat roddelende buren hadden gemerkt hoe mager ik was geworden. Dokter Bradshaw gaf mama het advies ervoor te zorgen dat ik regelmatig at, ook al was het elke keer maar een beetje. Ik vond het idee op deze manier gecontroleerd te worden maar niets en werd als reactie daarop vegetariër en natuurvoedingsfanaat.

Bij mijn volgende afspraak kreeg ik te maken met dokter Robinson, die in dokter Bradshaws praktijk was komen werken. Ik begon dokter Robinson dokter Bobby, of gewoon Bobby, te noemen, hoewel het er bij die eerste kennismaking allemaal erg formeel aan toe ging. Daar deed ik met mama mijn eetgewoonten, mijn hardloopobsessie en schoonmaakdrang uit de doeken. Dokter Bobby was jong en aantrekkelijk en ik was van hem onder de indruk omdat hij de marathon van Londen had gelopen om geld in te zamelen voor een goed doel. Hij keek een hele tijd naar me zonder iets te zeggen en ik weet zeker dat ik bloosde toen hij eindelijk begon te praten.

'Zeg eens, Alice, is er iets wat je dwarszit?'

Ik schudde mijn hoofd.

'Is er iets wat je dokter Bradshaw niet hebt verteld?'

Hij keek me met zijn grote bruine ogen aan. Ik schudde weer mijn hoofd en staarde naar de neus van mijn sportschoenen.

'Weet je dat zeker, Alice?'

De volgende woorden vormden zich in mijn hoofd: ik denk dat toen ik een klein meisje was, mijn vader mijn kamer binnenkwam en zijn piemel in mijn mond stopte.

Maar dat kon ik niet zeggen. Ik wist niet zeker of ik het wel geloofde. We zaten daar zwijgend, terwijl mijn gedachten als vlaggetjes in de wind wapperden: papa die steeds zijn piemel in al mijn lichaamsopeningen stak. Papa die in de schuur in de tuin spinnen op mijn buik zette.

Het klonk als een onbeschaamde leugen; iets wat een meisje zou kunnen zeggen om de aandacht op zichzelf te vestigen. Het vunzige zware gevoel in mijn maag was een grof schandaal. Het was alsof het mijn eigen schuld was wat mij was overkomen. En als het níét was gebeurd, was het mijn schuld dat ik zulke verderfelijke gedachten had. Als je zestien bent, is alles beschamend. Je praat nergens over, zeker niet over zulke dingen. Je gaat ze uit de weg. Je giechelt en haalt je schouders op. Het was onmogelijk om iemand iets te vertellen. Ik zat daar in de spreekkamer en wenste dat ik buiten in de wachtkamer met de Lego kon spelen.

Dokter Robinson zat naar me te staren en ik zat te wensen dat ik ergens anders was. De stilte bleef maar duren. Mama pakte mijn hand, wat fijn was. De dokter maakte voor de volgende week een afspraak voor me met een klinisch psycholoog. Ik had die onderzoeksroute al eens verworpen, maar ik wilde de opgewekte jonge dokter niet teleurstellen en besloot het nog eens te proberen.

De afspraak was bij de Naydon-kliniek, waar ik eerder bij de lange, bleke psycholoog was geweest die zonder het te weten het licht in de kinderslaapkamer van mijn afschuwelijke verleden had aangedaan.

Ik nam die middag vrij van school en zat boven in de bus bij wijze van lunch een appel te eten, en ademhalingsoefeningen te doen. Ik wilde een kalme, ontspannen Alice zijn om te laten zien dat er niets mis met mij was. Het is onmogelijk een definitie te geven van 'normaal', maar wat het ook betekent, dat was wat ik wilde zijn, dat was het beeld dat ik de wereld wilde tonen.

Het had bijna de hele ochtend geregend. Maar nu was de zon doorgebroken. Het voorjaar zat in de lucht. De roodborstjes waren thuis in de tuin druk bezig. De bermen stonden vol met narcissen. Toen ik naar de ingang van de kliniek liep, zag ik een man een parkeerbon verscheuren. 'Klootzakken,' gromde hij, en ik herinnerde me dat opa ooit had gezegd dat het verspilde moeite was om je boos te maken over het verleden of iets wat onvermijdelijk was. Ik vond altijd dat het niet zo makkelijk was om die houding in praktijk te brengen.

Ik liep door de blauwe poort aan de zijkant de kliniek in. Ik wist waar ik zijn moest en het ritme van mijn schoenen weerklonk op de plavuizen in de gang. Het was een herhaling van mijn eerdere bezoek. Maar ik herinnerde het me niet op de gewone manier, het was meer als een déjà vu. Ziekenhuizen en dergelijke hebben dat effect op me. De citroengeur en de zweem van zwavel zou ik gaan associëren met de hel op aarde. Je ziet stervende en lijdende mensen voor je. Iedereen haast zich. Je weet niet waarheen of waarom. Ik hoorde mijn schoolrok ruisen, mijn schoenen weergalmen, en ineens wist ik niet meer of deze scène deel uitmaakte van de herinnering aan mijn laatste bezoek of van een droom over dat bezoek. Het kwam ook in me op dat ik op dat moment misschien wel droomde en plotseling ergens anders wakker zou kunnen worden.

Dat was me een paar keer overkomen. Ik kon me herinneren dat ik het ene moment in mijn slaapkamer huiswerk zat te maken en het volgende door het winkelcentrum liep terwijl er muziek in mijn oren blèrde. Het leek soms of mijn twee hersenhelften, de linker en de rechter, met elkaar in verbinding stonden via een deur die uit eigen beweging openzwaaide.

Ik zocht informatie op over de werking van de linker- en rechterhersenhelft en ontdekte dat de twee helften verantwoordelijk zijn voor verschillende manieren van denken. De linkerhelft is logisch, samenhangend, analytisch en objectief en richt zich op specifieke onderdelen. De rechterhelft werkt willekeurig, intuïtief, voegt samen, is subjectief en kijkt naar het grote geheel. De meeste mensen neigen naar de ene of de andere helft; andere zijn in beide hemisferen even goed thuis. Scholen zijn eerder geneigd het logische, analytische, accurate denken van de linkerhersenhelft te bevorderen dan de gerichtheid van de rechterhelft op esthetiek, gevoelens en creativiteit.

Het was voor mij lastig uit te vinden in welke hersenhelft ik zat. Ik leefde volkomen in mijn linkerhelft wanneer ik studeerde, maar vergrendelde de deur achter me wanneer ik de rechterhelft binnenstapte, waar ik alle gevoel voor tijd en logica verloor. Mijn gedachten werden irrationeel, volledig in beslag genomen en geobsedeerd door dat onheilspellende gevoel van déjà vu – het gevoel dat me als een mokerslag trof toen ik om drie uur 's middags de kamer van de psycholoog binnenstapte en de lange vrouw die ik eerder had gesproken als een lange dunne schaduw oprees en me gebaarde te gaan zitten.

'Ah, Alice, daar ben je,' zei ze.

Is dat zo? vroeg ik me af.

Ze stelde me voor aan dokter Jane Purvis, een kinderpsychiater, een vrouw van vijftig, maar meisjesachtig in een fleurige rok en blouse. Ze zat wat afzijdig, als een verpleegster bij een gynaecologisch onderzoek. Dat gevoel had ik, alsof hun vragen sondes waren waarmee ze tot me door probeerden te dringen. We kletsten net zoals mijn ouders deden wanneer we met Kerstmis bij elkaar zaten en wilden praten, maar elkaar niets te zeggen hadden. Ondoorgrondelijk huiveringwekkende scènes schoten dagelijks door mijn hoofd, maar ik kon ze niet beschrijven. Ik wilde het niet eens proberen.

Het kan zijn dat de psycholoog dr. Flowers heette, maar het kan ook zijn dat ik haar zo noemde vanwege het bloemetjesbehang op de muren en de bloemen in de vaas die wat kleur brachten in het naargeestige kantoortje. De psycholoog keek in haar aantekeningen en we richtten ons op mijn anorexia.

'Ben je bang om aan te komen, Alice?'
'Niet speciaal.'
'Vind je dat je dik bent?'
'Nee, ik vind dat ik dun ben.'
'Weeg je je eten voordat je het opeet?'
'Nee.'
'Tel je de calorieën?'
'Nee.'
'Heb je vreetbuien en wil je daarna overgeven?'

Ik aarzelde. Dat is natuurlijk verkeerd. Je moet nooit aarzelen, want dat geeft die kwakzalvers iets om over te denken, iets om neer te krabbelen op hun gelinieerde blocnotes. In werkelijkheid had ik vreetbuien, maar daarbij had ik altijd het gevoel dat niet ik degene was die at, maar iets of iemand anders – die zwarte plek in mijn binnenste – iets wat wel met mij te maken had maar wat ik niet zelf was. Die zwarte plek was wat me in leven hield.

De vragen gingen over en weer als bij een partijtje tafeltennis – pingpong, pingpong. Uiteindelijk kwamen de twee vrouwen, de psycholoog en de psychiater, tot de conclusie dat ik, voor wat er afgezien van de onmiskenbare anorexia met me aan de hand was, voortaan naar dokter Purvis toe zou moeten. Dat deed ik de rest van het schooljaar terwijl ik aan mijn examenvakken werkte, en gedurende het volgende jaar tot ik zeventien werd en niet langer onder haar competentie viel.

Ik smeekte mama geen mens te vertellen dat ik naar een psychiater ging. Iedereen vond me raar; ik wilde niet dat ze me ook nog voor gek verklaarden. Eigenlijk was, nu ik een behandeling onderging, het gespreksonderwerp op de traditionele manier onder het tapijt geveegd. Mama zorgde ervoor dat ik mijn afspraken nakwam, maar vroeg niet wat er in de spreekkamer van dokter Purvis gebeurde.

Vader wist niet eens van de sessies. Mama praatte niet met hem en ik vertelde het hem zeker niet. Ik kookte steeds minder vaak voor hem en ging hem meer en meer uit de weg. Hij was ouder, donkerder en magerder geworden, een wandelende tak die op dezelfde moeizame manier door het huis kroop als de spinnen dat in de schuur achter in de tuin op mijn buik hadden gedaan. Er was een vraag die elke keer wanneer onze wegen elkaar kruisten op mijn tong lag: heb jij slechte dingen met me gedaan toen ik klein was?

Die vraag was er altijd, als een brok in mijn keel. Ik kon hem niet uitspugen. Ik kauwde erop en liet hem door mijn mond gaan, maar hij stierf weg voor hij over mijn lippen kwam. We creëren patronen en herhalen die. Ik in elk geval wel. Ik ging elke week naar dokter Purvis en elke keer deed ik dezelfde cassette in mijn walkman: *Quadrophenia* van The Who. Dan zette ik het volume op z'n hardst, alsof ik wilde zeggen: ik wil hier niet zijn.

Maar ik was er wel. Uiteindelijk had ik de reis naar de kliniek ondernomen. Ik had mezelf erheen gebracht alsof de liedjes die Pete Townsend had geschreven precies de woorden en boodschappen bevatten die ik aan dokter Purvis moest overbrengen. Zag zij hoe ik echt was? Wie was ik? Ik bedoel, wie precies? In mijn hoofd leken een heleboel mensen rond te stommelen. Maar ik was mezelf kwijtgeraakt en bevond me in mijn eentje in de menigte, op zoek naar mezelf.

Pas wanneer ik de spreekkamer inging, zette ik de muziek uit. Eerst doorliepen we het ritueel van het wegen – obsessief, dwangmatig, woog ik altijd precies 38 kilo. Dan gingen we verder met het gebruikelijke geklets over dingen waarover we het de week ervoor hadden gehad en waarover we het de volgende week weer zouden hebben.

Ik was zestien. Ik wist dat ik gestoord was. Ik probeerde uit te leggen dat ik me eenzaam voelde, maar ik voelde me niet op de gewone manier eenzaam, op de manier waarop massa's tieners zich eenzaam voelen. Ik voelde me eenzaam in de zin dat ik me van de rest van de wereld afgescheiden voelde, maar niet eenzaam in mijn hoofd. Net als bij het liedje 'Four Faces' waren er daarbinnen andere zelven bezig het dunne laagje vernis van mijn gezondheid af te krabben om naar buiten te komen. Ik probeerde uit alle macht te ontdekken wie ik was, en was er niet zeker van of ik degene was die tegenover dokter Purvis zat, of een van de anderen die op het punt stonden tevoorschijn te komen.

Hoofdstuk 4

De stemmen

De eerste keer dat ik stemmen hoorde, was in mijn slaapkamer. Dire Straits speelde zachtjes op de achtergrond terwijl ik huiswerk maakte. Toen hoorde ik het.

Voor je opa, om hem trots te maken.

De stem barstte uit in de kamer. Het was alsof iemand van dichtbij stond te schreeuwen. Ik sprong bijna uit mijn vel. Ik keek rond. De deur was dicht. Er was niemand.

Zonder dat ben je waardeloos, meisje.

Daar was het weer. Ik zette de muziek af en bleef trillend naast mijn bed staan. Ik wist precies waar de stem op doelde. Het ging over mijn examenvakken. Om een heleboel redenen wilde ik goed presteren.

Wat volgde, was verbijsterend.

Je bent niets waard. Je moet dood.

Ik zette Dire Straits weer op. Het liedje heette 'Money for Nothing' en ik zette het op z'n hardst. Het maakte niet uit. Mijn hersenen werden gebombardeerd met stemmen, niet eentje, maar twee of drie, of meer, een kleine menigte die zich had verzameld om de spot met me te drijven.

Je kunt maar beter zorgen dat je opa trots op je kan zijn, anders houdt hij niet meer van je.

Opa is naar de hemel gegaan, dus er is weinig kans dat je hem weerziet.

Jij gaat naar de hel.

Ik gaf mezelf een klap tegen de zijkant van mijn hoofd en kreeg een vreemd beeld van mezelf terwijl ik dat deed. Ik zag eruit als iemand die gek was.

'Hou op. Hou op. Hou op. Laat me met rust.'

De stemmen bleven maar tegen me, met me en over me praten. En het angstaanjagende was dat de stemmen zo gewoon waren, niet bizar of overdreven, alleen maar duister en bedreigend. De meeste waren mannenstemmen, maar er waren ook vrouwen; sommige stemmen klonken luid, alsof ze dichtbij waren, andere bleven in de verte, afgescheiden; ze verzamelden zich als een bende, of stierven weg alsof ze alleen tegen elkaar praatten.

Ik pakte een armvol knuffels en begroef mezelf onder het kussen. De stemmen kletsten door. Ik luisterde er niet naar. Ik zong teksten van Mark Knopfler in mezelf, tegen de stemmen vechtend tot ze stil werden. Ik baadde in het zweet en was volkomen uitgeput. Mijn hoofd bonkte. Ik sliep onrustig en zag in mijn dromen flakkerende schaduwen en kleine kinderen.

Het was nog donker toen ik wakker werd. Ik heb mijn hele leven nooit goed geslapen zonder medicijnen. Ik trok mijn joggingpak aan en strikte de veters van mijn loopschoenen met nauwkeurige lussen. De groene cijfers op de digitale klok sprongen op vijf uur toen ik de trap afsloop en door de lege straten begon te rennen.

Ik zong terwijl ik de vijftien kilometer lange route liep, mijn oren gespitst op stemmen, en voelde me dankbaar dat ze weg waren.

Het was het begin van een periode van schipperen en onderhandelingen met de stemmen. Gedurende de maanden die volgden, terwijl ik examens deed, waren de stemmen er met tussenpozen; soms mompelden ze onsamenhangend, soms schreeuwden ze.

Probeerde mijn brein me te laten geloven dat ik stemmen hoorde die er niet waren?

Nee. De stemmen waren echt. Ze waren er echt. Ik kon ze van elkaar onderscheiden. De stemmen kwamen van buiten mijn hoofd, niet van binnen. Toen ze voor het eerst opdoken, was ik er zeker van dat andere mensen ze ook hoorden, en ik werd paranoïde toen ik ontdekte dat dat niet zo was.

Tussen de stemmen zat het norse, dominante geluid van iemand die bekendstond als 'de professor'. Ik heb hem die naam niet gegeven. Hij dook op met die naam, misschien omdat híj dacht dat hij over supericure kennis en verstand beschikte. De professor voer tegen me uit en en moedigde me aan hard te werken voor opa. Niet dat dat nodig was. Niemand was er zich meer van bewust dan ik dat ik ernstige problemen had. Goede prestaties vormden een manier om te laten zien dat ik dan misschien wel raar was, maar bepaald geen idioot.

Dokter Purvis keek me bij onze wekelijkse ontmoetingen met haar grote meisjesachtige ogen onderzoekend aan en zei: 'Er is nog iets anders, Alice. Iets wat je me niet vertelt.'

Dan vermeed ik het om antwoord te geven. Ik dacht: leuk geprobeerd. Je had me bijna te pakken. Dan keek ik naar haar fleurige rok en blouse. Ik staarde haar aan. Haar ogen glansden achter een grote bril die ze voortdurend op en af zette, alsof die handeling als een generator werkte, die een lege accu oplaadde die plotseling een uitbarsting van verloren herinneringen en bekentenissen zou produceren.

De bril ging op en af, op en af, sterretjes van gereflecteerd licht dansten over de sombere muren. Ze droeg groene blouses op rokken met een patroon van zonnebloemen, rode op oranje rokken, een lichtblauwe in de kleur van haar ogen bij een rok zo donkerblauw als de lucht voor het gaat regenen. Ik kende Jane Purvis' garderobe net zo goed als zijzelf, maar bood haar nooit toegang tot de mijne. Daar was geen ruimte voor, niet met al die lijken in de kast.

Ik deed zo mijn best om dokter Purvis niet te vertellen dat ik stemmen hoorde dat de sessie waarin ze op een dag naar mijn vader vroeg, een heel nieuwe wending betekende die ik niet meer in de hand had.

'Vertel me eens wat over je vader, Alice.'

'Mijn vader?'

'Ja. Je hebt het nooit over hem.'

'O, hij is vreselijk belangrijk, althans, dat denkt hij,' zei ik.

'Hij is advocaat?' vroeg ze.

'En hij speelt golf,' antwoordde ik.

'Kun je goed met hem opschieten?'

'Ik zie hem bijna nooit. Hij heeft het heel druk.'

'Kon je als kind goed met hem overweg?' vervolgde ze.

'Ik denk het.'

'Hield hij van je?'

'Wat? Natuurlijk...'

Ze boog voorover en deed haar bril af. 'Heeft hij je ooit op een of andere manier misbruikt, Alice?'

De vraag kwam rechtstreeks uit het linkerdeel en ik viel bijna van mijn stoel. Ik gaf geen antwoord. Ik wist niet wat ik moest zeggen. Dokter Purvis drong aan.

'Heeft hij je misbruikt?'

'Nee. Nee, dat heeft hij niet gedaan. Ik weet niet waarom u zulke dingen zegt.'

Ik voelde me gepakt, beetgenomen, betrapt. Ik wilde haar vertellen over mijn dromen over de man die nachten achtereen naar mijn kamer kwam, maar de woorden bleven in mijn keel steken. Als het waar was; als die man, die alleen maar mijn vader kon zijn, naar mijn kamer was gekomen, waarom herinnerde ik het me dan niet? En als het niet waar was, waarom zaten die dingen dan in mijn hoofd? Was ik slecht? Een slet? Was het allemaal mijn schuld?

Alles wat ik met dokter Purvis zou moeten bespreken, hield ik binnen. Ik geneerde me te veel voor wat er al dan niet in mijn slaapkamer zou kunnen zijn gebeurd. Ik dacht ook dat de stemmen, als ik haar daarover zou vertellen, als ik daar te veel aandacht aan zou schenken, machtiger en zelfverzekerder zouden worden. Dan zouden ze de beelden die zolang ik me kon herinneren in mijn hoofd hadden rondgespookt van geluid gaan voorzien. Ik had op mijn manier met de filmbeelden afgerekend. Nu zou ik slag leveren met de stemmen.

Ik liep de spreekkamer uit, hoorde mijn schoenen de gang door roffelen en stond eenzaam en gedeprimeerd bij de bushalte. Op je zestiende wil je net zo zijn als alle anderen. Ik voelde me anders, geïsoleerd, abnormaal. Ik deed alsof, deed altijd alsof alles oké was terwijl meneer Keating, de conrector, dokter Purvis, mijn vrienden en mijn moeder wel beter wisten. Niet veel mensen hebben, behalve in Amerikaanse films, op hun zestiende een psychiater. Daardoor voelde ik me niet bepaald bevoorrecht, eerder vervreemd en droefgeestig.

Ik concentreerde me op hardlopen, cocktails mixen, lezen tot mijn ogen brandden, mijn geest vullen met de woorden en gedachten van schrijvers. Ik wist nooit wanneer de stemmen zouden komen, wat ze zouden zeggen of hoelang ze in mijn hoofd zouden blijven kletsen. Ik voelde me als een portier van een nachtclub die de controle kwijt was. Ik was niet meer in staat te bepalen wie mijn hoofd binnenkwam en wie daar mocht blijven. Als ik mijn waakzaamheid liet verslappen, zouden ze allemaal komen binnenstormen en beginnen te ouwehoeren.

Je bent waardeloos.

Je denkt dat goede cijfers helpen.

Dat is niet zo, stomme trut.

Dood ga je toch.

Doe het dan. Doe het. Ik daag je uit. Doe het nu. Je wilt dood.

Ik herinner me dat ik bij een examen, waarschijnlijk geschiedenis, even talmde om een datum naar boven te halen en de professor zich deed gelden.

Je denkt dat je het goede antwoord vindt. Dat vind je nooit.

Ik sloeg tegen de zijkant van mijn hoofd. 'Niet nu. Ga weg,' siste ik.

'Ssst,' zei de surveillant.

De kinderen om me heen trokken hun wenkbrauwen op en schudden hun hoofd. Ach, het is Alice maar! Mijn klasgenoten dachten waarschijnlijk dat ik op aandacht uit was en hadden er geen idee van dat dat het laatste was wat ik wilde. Het kost enorm veel moeite om de hele tijd te doen alsof alles gladjes verloopt terwijl dat niet zo is. Mijn leven was een leugen, voor de wereld en voor mezelf. Op het eerste gezicht moet ik het gelukkige meisje hebben geleken uit het leuke gezin in het mooie huis met de roodborstjes in de tuin. Dat was een droombeeld, niet de werkelijkheid. Het was nooit de werkelijkheid. We kijken naar andere mensen en denken dat we ze kennen. We kennen hen niet. Het is onmogelijk hen te kennen. Iedereen is een raadsel. Ik was een raadsel voor mezelf.

Elke dag had ik zin mijn examenvakken te laten barsten, maar eigenlijk was het niet ik die zich zo voelde, de ik die ik – Alice – ben. Het was een ander deel van mij, een duiveltje dat ondeugend van mijn linkerhersenhelft naar de rechter wipte.

Geef het op. Geef het op. Doe iedereen een plezier. Knoop jezelf op, Alice.

De professor en zijn trawanten bleven maar kabaal maken, en ik wilde het niet horen.

'Hou je kop. Hou je kop. Hou je kop. Ga weg. Laat me met rust.'

Ik weigerde te luisteren. Ik rende, ik schrokte eten naar binnen, ik hongerde mezelf uit en bleef manisch doorwerken tot mama in paniek raakte en me omkocht om kalmer aan te doen door in juli een vakantie van een week voor ons tweeën te boeken in Venetië. Ik maakte mijn negen examenvakken af en liep op de laatste schooldag met verende tred het hek van Dane Hall door. Ik had ze verslagen.

Mama was nog steeds van slag door de dood van opa en het was de bedoeling dat we wat qualitytime met elkaar zouden doorbrengen terwijl zij, zoals ze het stelde, haar joie de vivre herwon. In feite was ze bezig met de laatste voorbereidingen om bij mijn vader weg te gaan. Op een ochtend toen we onder het ontbijt zaten te kijken naar de gondels die in het Canal Grande voorbijgleden, bracht ze het onderwerp aarzelend ter sprake.

'Ik weet niet of ik het nog erg lang in dat huis uithoud,' zei ze.

'Je bedoelt met papa?'

Ze knikte.

'Ik ook niet,' antwoordde ik, en ze trok haar mondhoeken op.

'We vinden wel een flat of zoiets,' vervolgde ze. 'Dan zal het allemaal wel beter gaan, denk je niet?'

'Mama, weggaan zal het beste zijn wat je ooit hebt gedaan.'

Ze keek opgelucht; in het ochtendlicht zag ze er ineens stralend uit. Door haar bezorgdheid had ze een verstarde uitdrukking gekregen, maar nu kwam haar ware gezicht weer tevoorschijn. Mijn handen tintelden, trilden. Het gaf een vreemd gevoel zo eerlijk te zijn. Het voelde goed. Mama pakte over het witlinnen tafelkleed mijn hand vast en de Italiaanse ober glimlachte vrolijk terwijl hij de koffie inschonk uit een zilveren pot.

Venetië was de volmaakte omgeving voor deze korte scène, en de ideale keuze voor onze vakantie. Het was de eerste keer dat we samen weg waren, wij met z'n tweeën, en ik genoot ervan mijn kennis te laten blijken terwijl we de musea en galerieën bezochten.

Op reis voelde ik me een ander mens. Écht een ander mens. De Alice thuis was altijd wel ergens over aan het piekeren. De Alice in het buitenland kon vrij ademhalen. De stemmen raakten op een afstand. Alice kon een boek lezen zonder precies aan het einde van een hoofdstuk op te moeten houden. De avontuurlijke Alice vergat de betekenis van woorden als slapeloosheid en nachtmerrie. Ze beende door het wisselende getij van grijze duiven op het San Marcoplein naar de basiliek, waar de klokken in de *campanile* luidden. Met zijn paleizen en kunstgalerieën, zijn bruggen en zilverachtige licht had Venetië voor mij en deze zelfverzekerde Alice precies de juiste omvang voor een stad – klein genoeg om lopend te verkennen en groot genoeg om op een verrassing te stuiten wanneer je de volgende hoek om ging.

Algauw nadat we uit Italië waren teruggekomen, ging ik logeren bij de Timmins, familie van moederszijde, die in Zwitserland woonden. In de twee weken dat ik hun gast was, deed ik een dappere poging om Duits te leren en zoog ik de hele geschiedenis en typische architectuur van Zürich in me op. Ook at ik zoveel chocola dat ik er misselijk van werd en kocht een koekoeksklok.

Men was het erover eens dat ik tot op het bot verwend was door al deze vakanties. Dus zodra ik uit Zwitserland terugkwam, kreeg ik een baantje voor drie avonden per week bij de windhondenrenbaan, waar ik lege glazen ophaalde en tafels schoonmaakte. Ik hield vaak op om naar de wedstrijden te kijken, zag hoe de honden zich opstelden in hun veelkleurige jasjes voordat ze zonder die ooit te vangen achter de elektrische haas aan renden. Het deed me denken aan mezelf als ik bij het hardlopen mijn schaduw najaagde.

Als gevolg van mijn obsessie met hardlopen maakte ik nu goede tijden en trainde ik voor de Brum Fun Run, de jaarlijkse halve marathon die door de gemeenteraad van Birmingham werd georganiseerd. Over een lange afstand hardlopen geeft een weldadig gevoel. De vrijgekomen endorfine werkt als een natuurlijke pijnstiller en de kick gaf me het lef om mijn traject langer te maken door het afgelegen weggetje in het bosgebied in de buurt van ons huis erin op te nemen.

Ik vond dat pad eng en was er jaren niet geweest. Nu sprintte ik onder de overhangende bomen door en stelde mijn moed op de proef.

Heldere, duidelijke beelden doken op. Ik zag een zomerdag waarop de vriend van mijn vader, de man die zo graag met zijn flitsende auto's pronkte en die mijn beginnende borsten had betast toen ik veertien was, naar ons huis was gekomen in een nieuwe Rolls Royce Cabriolet. Die was wit en de kap was opengeslagen.

Moeder was boven in haar kamer aan de achterkant van het huis. Op de oprijlaan speelde een klein meisje van ongeveer zeven met een rokje en een topje aan. Toen de man haar vroeg of ze een ritje in zijn auto wilde maken, zei ze natuurlijk ja en stapte in. De andere man, mijn vader, deed de deur dicht en de man reed de oprijlaan af, sloeg linksaf en meteen weer rechts, en stopte op het afgelegen weggetje vlak bij het bos.

Hij legde zijn arm om het meisje heen. 'Kom, geef me eens een kus,' zei hij.

Hij liet zijn hand in haar broekje glijden en wrong zijn vinger bij haar naar binnen. 'Dat vind je fijn, toch?' voegde hij eraan toe, en hij stak zijn tong in haar mond.

Ze hield hem niet tegen. Ze verzette zich niet. Ze maakte geen bezwaar. Dit was normaal. Die man had dit eerder bij haar gedaan. Ze herinnerde zich niet waar of wanneer, maar ze had een mistige herinnering aan een groot gebouw dat op een kasteel leek, en een heleboel trappen die naar de kerker gingen, waar blote kinderen en geklede volwassenen tussen de bewegende schaduwen rondliepen.

'Doe je billen omhoog,' zei hij, en terwijl ik het pad af rende zag ik voor mijn geestesoog dat kleine meisje dat haar billen omhoog deed zodat hij haar broekje omlaag kon trekken.

'Zo, is dat niet beter?'

Hij spreidde haar benen, wurmde zijn vinger in haar voorste gaatje en stak zijn tong weer in haar mond.

De auto stond geparkeerd in de schaduw van een hoge boom; in het licht dat door de bladeren filterde leek het alsof het glasscherfjes regende. De man was sterk. Hij had behaarde armen en ook haar op de rug van zijn hand en vingers. Het kleine meisje wist niet waarom de man haar broekje had uitgetrokken, maar dat deden ze altijd. Ze stelde zich voor dat dit was wat mama's en papa's deden. Ze vond het niet leuk, maar ze voelde zich bijzonder dat ze met die belangrijke man in zijn grote auto zat.

'Vind je dit fijn?'

Ze knikte en zette een glimlach op. Ze vond het niet fijn. Het deed pijn. Maar ze wilde het fijn vinden. Ze wilde het fijn vinden voor de vriend van papa. Ze staarde naar de hoge takken van de boom en wanneer ze spleetjes maakte van haar ogen, zag ze elfjes met transparante vleugeltjes door de zonnestralen heen schieten.

Het kussen en friemelen stopte. Ze ging op de stoel staan en de man hield haar broekje voor haar omhoog zodat ze erin kon stappen. Hij hees het op en ze ging weer zitten. Hij gaf een kusje op zijn vingertop en legde die op haar lippen.

'Weet je, Alice, je bent echt geweldig,' zei hij.

Ze grijnsde. Hij begon zachter te praten. 'Dit is ons geheimpje.'

De motor bromde toen de auto startte en het was alsof ze op de lucht dreven toen ze het rondje afmaakten en weer naar huis reden.

Moeder stond op de oprijlaan, met haar handen op haar heupen. Vader stond in de schaduw van het portiek.

'Wat is hier verdomme aan de hand?' wilde ze weten.

'We zijn gewoon een eindje wezen rijden, Jenny. Kom eens kijken naar mijn nieuwe wagen,' antwoordde de man.

Mama hees het meisje van de passagiersstoel en droeg haar snel het huis in.

'Blijf bij die man uit de buurt,' zei ze. 'Ik mag hem niet.'

Haar gezicht was rood, ze hield haar tanden op elkaar geklemd. Ze zette het meisje niet al te zachtzinnig neer en dat ging op een holletje naar boven en verstopte zich in de Vogelkooi.

Het kleine meisje wist niet wat ze had gedaan waardoor haar moeder zo van streek was geraakt, maar wat het ook was, ze wist zeker dat het haar schuld was. Dat ze boos was, kwam door haar. Ze wilde het niet nog erger maken door de man ook boos te maken. Daar zou papa woedend van worden. 'Het is ons geheimpje,' had de man gezegd. Geheimen moet je bewaren. Als papa en andere mannen dat kleine meisje wilden aanraken en kussen, zou mama boos worden. Ze wist niet precies waarom, maar ze besefte dat mama het nooit te weten mocht komen.

Terwijl ik onder de bomen door rende, herinnerde ik me de scène in de Rolls Royce helemaal; de beelden liepen als bij een film in elkaar over en versprongen van de rechterhersenhelft naar de linker. De feiten waren duidelijk, maar het voorval leek denkbeeldig, net als de herinnering aan een nare droom of een televisieprogramma.

Ik vond het moeilijk me te vereenzelvigen met het kleine meisje dat daar op die leren stoel in die auto zat. Ik kon me haar voor de geest halen. Ik zag wat er gebeurde door haar ogen: de man die zei dat ze haar billen omhoog moest doen zodat hij haar broekje uit kon trekken; de ruisende takken boven de open wagen, de feeërieke schitterlichtjes. Ik observeerde het kleine meisje alsof ik heimelijk van achter een scherm stond te kijken. Het kleine meisje was geen illusie, geen verschijning; ze was geen denkbeeldig vriendinnetje. Ik zou het wel fijn hebben gevonden om een denkbeeldig vriendinnetje te hebben, maar ik heb er nooit eentje gehad. Het meisje in de auto was niet denkbeeldig. Ze was bijzonder echt. Ik zag haar, ze zag eruit als ik, en toch wist ik zeker dat ík niet dat kleine meisje was.

Maar als ik het niet was, wie dan wel?

En waarom had ik die weerzinwekkende herinnering? Ik vond het vreselijk en verafschuwde het om aan seks te denken, maar het was overal. Tegen de tijd dat ik van school ging, hadden de meeste meisjes een vriendje en hadden ze het er voortdurend over hoe ze zoenden en hoever ze van plan waren te gaan, een onderwerp waarvan ik ging blozen van schaamte.

Vind je... Mark leuk, of Gary, of Greg?

Nee, ik vond niemand leuk... Mark niet, Gary niet en Greg

71

niet. Maar ik moest het spelletje meespelen om erbij te horen. Mijn baantje bij de hondenrenbaan leverde me wat extra geld op, maar het was belangrijker als een manier om eruit te zijn en normale dingen te doen. Zoals in winkels rondhangen, over boybands praten en op vrijdagavond naar de kroeg gaan, waar ik mijn minderjarige vrienden ontmoette en bier dronk, wat op mij ongeveer net zoveel effect had als een glas melk.

Ik deed voortdurend mijn best om normaal te zijn. Niet dat ik enig idee had wat normaal zijn betekende. Een zestienjarig meisje uit mijn klas ging naar een feestje in een adembenemende sexy jurk. Ze dronk een halve fles wodka en ging met twee jongens tegelijk naar bed omdat ze altijd al een triootje had gewild. Was dat normaal? Een ander meisje trok na haar eindexamen in bij een leraar die vijfentwintig jaar ouder was dan zij. Was dat normaal? Een meisje, Hasna, dat dicht bij ons woonde, ging die zomer naar Pakistan om familie te bezoeken en was ineens getrouwd met de broer van haar vader. Was dat normaal?

Als ik op vrijdag te horen had gekregen dat ik een opstel moest schrijven, zat ik zaterdagochtend drie uur in de bibliotheek. Was dat normaal?

Ik wist het niet.

Wat ik wél wist, was dat ik me minder depressief en normaler voelde wanneer ik door Venetië wandelde of in Zürich naar het meer zat te staren. Thuis had ik voortdurend met buien te kampen. De zwarte plek in me vrat als een rat aan mijn gevoel van eigenwaarde en aan mijn zelfvertrouwen. Ik voelde dat er ook een gelukkig iemand in mij school, die van het leven wilde genieten en normaal wilde zijn. Maar mijn gevoelens van zelfverachting en het diepe wantrouwen dat ik tegen mijn vader koesterde lieten niet toe dat die zonnige figuur naar buiten kwam.

Wanneer de zwarte plek me in zijn ijzeren greep had, kon ik niet eens naar mijn vader kijken. Heb jij slechte dingen met me gedaan toen ik klein was?

Net als een zin uit een liedje die in je hoofd blijft hangen, gingen die woorden door me heen en kwamen nooit mijn mond uit. Niet dat ik er behoefte aan had te zeggen wat ik dacht. Ik was ervan overtuigd dat vader mijn gedachten kon aflezen aan mijn stemmingen, aan de lege, dode blik in mijn ogen.

Het was nauwelijks verrassend dat er altijd een atmosfeer van spanning en gêne in huis hing, en het lag altijd aan mij: Alice met haar buien, Alice met haar anorexia, Alice met haar geringe gevoel van eigenwaarde; Alice met haar onontkoombare gevoel van verlies en leegte.

Ik liep dat jaar de halve marathon van de Fun Run in één uur en veertig minuten, waarmee ik twaalf minuten van mijn beste tijd afknabbelde, en ging toen door met trainen, maar waarvoor, dat wist ik niet zo goed. Ik zette mijn muziek hard genoeg om de maar raak kletsende stemmen in mijn hoofd af te schrikken. Ik studeerde alles: Frans, Engelse literatuur, geschiedenis, data, feiten, statistieken, al dat soort stof waarvoor de linkerhersenhelft gevoelig is, druk, druk, druk, en vulde mijn tijd met beweging en activiteit.

Maar de zwarte plek was er altijd: een niet-aflatend gevoel van doem en akelige voorgevoelens, een allesverterende ellende die me als een draaikolk naar beneden trok waar alles verloren ging, zinloos, hopeloos. Het voelde alsof ik midden in de mist zat. Het omhulde me als een lijkwade, liet mijn schouders hangen en drukte zwaar op me.

Tegen het einde van de zomer was moeder over het ergste verdriet om opa heen en hervond ze haar joie de vivre. Ik was nog steeds niet in staat om te rouwen. Opa had me een gevoel van evenwicht gegeven. Toen hij leefde, was ik nog een kind – veilig, beschermd, geborgen. Accepteren dat hij dood was, betekende accepteren dat ik groot was geworden, dat ik Snoopy en meneer Happy in de container voor Oxfam moest gooien en halfnaakt naar feestjes moest gaan. In plaats van verdriet te hebben om opa, stapelde ik al mijn herinneringen liever netjes op en borg ze weg op een hoge plank in een donker hoekje van mijn hersenen. Ik was bang dat ik, als ik dat bestand van de plank haalde en het van al te dichtbij bekeek, zo diep in die maalstroom van depressiviteit zou zakken dat ik er nooit meer uit zou komen.

Wanneer de zwarte plek op z'n ergst was, als de illegale cocktails en de vijftien kilometer lange hardlooprondes niet werkten, voelde ik me verdoofd, onbereikbaar voor de wereld. Dan bewoog ik me zonder het te merken, met zware ledematen, als een zombie uit een griezelfilm. Dan voelde ik diep vanbinnen een zo hevige, aanhoudende pijn dat ik het hakmes uit de keuken wilde pakken om die zwarte plek eruit te snijden. Dan lag ik op mijn bed naar het plafond te staren en aan dat mes te denken en moest ik me met mijn volledige, beperkte zelfbeheersing ervan weerhouden naar beneden te gaan om het te halen.

Als de slaap kwam, had ik nare dromen. Niet de droom van de peuter en de grote man met de aansteker. Een andere droom. De droom over het kasteel.

Een klein meisje van zes dat eruitziet als ik, maar dat ik niet ben, is blij als ze met haar papa uit de auto stapt. Ze gaan het kasteel binnen en lopen de trap af naar de kerker, waar mensen als schaduwen bewegen in het schijnsel van brandende kaarsen. Er hangen kleden en grappige plaatjes aan de muren. Sommige mensen hebben lange gewaden aan met capuchons. Soms reciteren ze met galmende stem en maken ze het kleine meisje bang. Er zijn andere kinderen, van wie sommige helemaal geen kleren aanhebben. Er is een altaar, zoals het altaar in de St. Mildredkerk. De kinderen liggen om beurten op dat altaar, zodat de mensen, voornamelijk mannen, maar ook enkele vrouwen, hun geslachtsdeel kunnen kussen en likken. De vader houdt de hand van het kleine meisje stevig vast. Ze kijkt naar hem op en glimlacht. Het kleine meisje vindt het leuk om met haar vader op stap te gaan.

Ik wilde dokter Purvis over die dromen vertellen, maar ik wilde niet dat ze zou denken dat ik gek was en daarom hield ik ze voor me. De psychiater was wijzer dan ik in die tijd kon waarderen; zestienjarigen denken dat ze slimmer zijn dan ze werkelijk zijn. Dokter Purvis wist dat ik als kind psychische schade had opgelopen, daarom maakte ze elke week weer een nieuwe afspraak. Maar ik was niet in staat haar de middelen en de aanwijzingen te geven om te ontdekken wat er precies was gebeurd.

Ze probeerde te introduceren wat ze een 'freudiaans element' noemde. Met andere woorden, seks.

'Heb je ooit je ouders met elkaar zien vrijen, of je dat voorgesteld?'

'Nee.'

'Heb je je ooit voorgesteld dat jij daarbij je moeders plaats innam?'

Mijn mond viel open en ik staarde haar alleen maar aan.

'Als je terugkijkt, wat herinner je je dan over je ouders?'

'Ik herinner me dat ik boven aan de trap door de spijlen zat te kijken terwijl ze tegen elkaar schreeuwden.'

'Waar ging het over?'

'Dat weet ik niet zeker, maar ik dacht altijd dat het over mij ging, of dat het mijn schuld was.'

'Het was nooit de schuld van je broer?'

'Nee. Altijd mijn schuld.'

'Was je stout geweest?'

'Ik denk niet dat ik ooit stout ben geweest.'

'Wilde je een braaf meisje zijn, Alice?'

Geen antwoord.

Ik dacht: ha, ha, Jane, daar had je me bijna te pakken. Het was een spel. Er waren dingen die dokter Purvis moest weten als ze iets aan mijn probleem (wat dat ook mocht zijn) wilde doen, en als tiener wilde ik het spel graag winnen, dus vertelde ik haar zo weinig mogelijk.

Mijn reactie op de vragen was niet altijd dezelfde. Het hing van mijn stemming af, waarbij deze niet zozeer aangaf wat ik voelde, maar welke karaktertrek op dat moment de overhand had. Ik kon het bedeesde zesjarige meisje zijn dat die trap naar de kerker af liep. Ik kon extravert en zelfverzekerd zijn, wanneer ik aan het koken was, en ook bij andere gelegenheden: onder het hardlopen op een zonnige dag. Of wanneer ik met mijn vriendin Karen in het winkelcentrum had afgesproken om een nieuw cassettebandje te kopen, bij het bezoek aan oma, waarbij we herinneringen ophaalden aan de prachtige verhalen die opa altijd vertelde. Op die zondagmiddagen na opa's dood was opa voor mij niet dood, hij was er alleen even niet.

Mijn stemming was in principe onverstoorbaar. Maar dan, ineens, zonder duidelijke reden, kwam daar verandering in, en ik wist niet waarom of waardoor dat gebeurde. Het was alsof er een wolk voor de zon schoof, of dat de cassette onverwachts op een ander liedje overging. Ik vertelde dokter Purvis eens dat ik me voelde als de Hulk uit de op dat moment populaire tv-serie. Die ging over een man met een geheugenbeschadiging die onder stress van een gewoon mens in een groot groen monster verandert. Ik veranderde van een gewoon meisje dat binnenkort naar de bovenbouw van het vwo ging in een klein kind dat in elkaar gedoken op bed onbedaarlijk lag te snikken.

'Wat is er aan de hand, Alice?' vraagt mama.

Ik geef geen antwoord. Ik weet het niet. Ik ben Alice niet.

In mijn versplinterde geheugen bevindt zich een vage herinnering aan een keer dat ik dokter Purvis vertelde dat ik in een identiteitscrisis zat. Ze droeg een strakke blauwe blouse met roze strepen. Ik kan me die blouse nog herinneren. Het was een van haar favoriete kledingstukken. Ze maakte aantekeningen van wat ik had verteld en ging weer over op haar oerdaadfixatie.

We praatten over het meisje van school dat een triootje had gewild; het meisje dat met de oudere man samenwoonde; het meisje dat gedwongen was met haar oom te trouwen. Alle psychologische en psychiatrische problemen leken uit seks voort te komen. Seks hing als een overheersende geur in de lucht en een zweem daarvan maakte al dat ik me ellendig voelde.

'Vind je het niet prettig om hierover te praten, Alice?'

'Nee.'

'Waardoor komt dat, denk je?'

'U bent de psychiater.'

'Dat is geen antwoord op mijn vraag.'

'Wat was de vraag?'

Pingpong. Pingpong.

Tegenover dokter Purvis gedroeg ik me gewoonlijk afwijzend. Van thuis had ik meegekregen dat je niet over persoonlijke dingen praatte. Nu ik de gelegenheid had om mijn problemen uit te zoeken, liet ik de kans lopen in een moeras van onduidelijkheid en halve waarheden.

Wanneer ik van de kliniek terugging naar huis, zat ik boven in de bus uit het raam te kijken en voelde ik me van alles en iedereen afgesneden. Hoe meer tijd je in je eentje doorbrengt, hoe meer je je geïsoleerd gaat voelen, en hoe moeilijker het wordt om weer verbinding te krijgen. In die zwarte periode ga je alles uitkauwen waardoor je je geïsoleerd en gedeprimeerd voelt. Hoe meer je je geïsoleerd en gedeprimeerd voelt, hoe meer je geïsoleerd en gedeprimeerd raakt. Je begint blijken van minachting te zien waar ze niet zijn. Als je je naar voelt, lijken andere mensen gemeen en onverschillig. Als je het goede in mensen zoekt, zoals opa altijd deed, geeft dat ook een goed gevoel over jezelf. Dat wist ik. Ik had in de bibliotheek honderden boeken gelezen. Maar als je gedeprimeerd bent, zie je overal alleen de donkere kant van. Daar kun je niets aan doen.

Depressie is de ergste vijand die je kunt hebben. Na een depressieve, met alcohol overgoten periode haalde ik maar een zeven voor een opdracht. Daar werd ik nog depressiever van, en de depressie weerhield me ervan weer op het oude regime over te stappen om dat bij de volgende toets te compenseren. Je denkt: Waarom? Waarom? Waarom? Je neemt weer een slok en doet niets. Het verlamt je geest en put je volkomen uit. Hardlopen geeft energie. Depressie zuigt je leeg. Als tijd de essentie van het leven is, was ik de mijne aan het verspillen door me depressief te voelen.

Hoofdstuk 5

De streken van de tijd

Mijn eindexamenresultaten kwamen om zeven uur 's ochtends in een stijve bruine envelop. Toen ik hem op de deurmat zag liggen, kreeg ik een droge keel en klamme handen. Ik droeg de envelop als een relikwie uit een Egyptische graftombe naar boven en zette hem op de plank bij de knuffels om te kijken of die er enig idee van hadden wat erin stond. Ze gaven geen kik. Ik had niks aan ze.

Ik pakte de envelop weer van ze af, ging terug naar beneden en liep de tuin in. Het had 's nachts geregend en de bloemen stonden er triest en geknakt bij. Ik ging onder de hulstbomen zitten en keek naar een langstrekkende colonne mieren. Ik bedacht dat het best prettig moest zijn om een mier te zijn en te weten wat er van je werd verwacht en wat je moest doen om de goedkeuring van de anderen te verdienen.

Mijn ochtendjas werd vochtig terwijl ik op het gras zat. Ik ging kijken bij de schuur, een bouwval vol herinneringen die net zo verrot waren als de deur en de kozijnen. Een van de ramen was gebroken, en door het gat in de ruit zag ik spinnenwebben aan het plafond en de muren hangen, een zwakke basis om de schuur bij elkaar te houden.

Terwijl ik terugliep naar de bijkeuken, schudde ik de envelop, zoals ik soms mijn hoofd schudde om de inhoud te herschikken. Ik deed een schietgebedje, een beetje brutaal, want ik wist niet zeker of ik wel gelovig was. De cijfers stonden al zwart op wit, dus het was te laat om een beroep op de Voorzienigheid te doen om ze te veranderen. De messen aan het magnetische rek leken glinsterend te glimlachen. Ik pakte het grote voorsnijmes, sneed de envelop open en schudde er twee blaadjes papier uit. Ik deed mijn ogen dicht, hield mijn adem in en vouwde de bladen open terwijl ik mijn ogen weer opendeed.

Ik was met voornamelijk negens en tienen voor mijn eindexamen geslaagd en was een van de beste van mijn jaargenoten op Dane Hall. Ik liet mama de lijst zien. Ze omhelsde me, wat niet vaak voorkwam, en zei dat ze trots op me was, maar voor mij betekenden de cijfers een persoonlijke rechtvaardiging. Waarvan, dat wist ik niet precies, maar ik had me tegenover mezelf bewezen.

Ik luisterde of ik de stemmen hoorde. De professor en zijn bende hielden zich koest.

Nou, daar hebben jullie niet van terug!

Ik pakte mijn fiets en terwijl ik de straat door reed had ik het gevoel dat ik alles voor het eerst zag: huizen die ik niet kende; een gele Lotus op een oprijlaan die gewassen werd door een vrouw in bikini – iets wat in onze buurt ongekend was. Wanneer ik hardliep had ik oogkleppen op, richtte me op de weg voor me, op een punt aan de horizon. Nu kon ik om me heen kijken. Ik rook de bomen, zwaar van hun zomerlast; ik keek lange oprijlanen naar de huizen in hun groene haven in.

Na enkele minuten kwam ik langs de St. Mildredschool, mijn basisschool. Mama had me er altijd met de auto heen gebracht toen ik klein was, maar toen ik acht werd kon ik zelf veilig naar huis lopen. Ik herinnerde me mijn schooluniform: een blauw met wit geruite jurk met een strohoed in de zomer, en 's winters een donkerblauwe rok met blazer met een insigne waarop St. Mildred in een cirkel van licht stond afgebeeld.

Toen ik bij mijn oude basisschool links afsloeg, zag ik Dane Hall in de verte. Ik dacht er op dat moment alleen maar aan dat ik nooit meer dat hek door zou gaan. Ik zou de routine gaan missen, het vertrouwde, het gevoel er een van velen te zijn, net als mieren, allemaal in hetzelfde uniform. Mijn leraren en klasgenoten hadden mijn buien getolereerd: de gelukkige Alice die vrienden was met iedereen, de chagrijnige Alice die geen woord zei. Niemand wist ooit met welke Alice ze te maken zouden krijgen. Ik wist het zelf niet eens. Mijn buien konden als een knip met een schakelaar van licht overgaan in diepe duisternis.

De fiets zoefde voort met zijn eigen mysterieuze doel en ik kwam terecht op het afgelegen pad waar de vriend van mijn vader het kleine meisje mee naartoe had genomen in zijn Rolls Royce.

De pedalen draaiden steeds sneller rond. Ik probeerde me in het zweet te werken, in de endorfineroes te komen, maar zodra er één naar beeld in me opkwam, riep dat weer andere op, allemaal apart maar ondeelbaar, een eindeloze opeenvolging van zelfkwelling en pijniging die de vreemde eigenschap had tegelijkertijd onwerkelijk en verschrikkelijk echt te lijken.

Ineens was ik weer in de tuin op een zomerse dag waarop we het opblaasbare zwembadje met de tuinslang hadden laten vollopen. Ik zag een klein meisje genieten van de zon op haar blote huid en het contrast met het koude water wanneer ze erin sprong en er weer uit kwam. Papa pakte haar op en droeg haar naar de schuur, waar het blauwe plastic zeil dat de messen van de grasmaaier had bedekt op de bank was gelegd. Hij zette haar neer en pakte de jampotjes met de gaatjes in de deksels.

Het was weer dat spelletje. Hij vond het leuk, en die dag kreeg het een andere wending. Hij hield haar onder haar oksels vast, tilde haar op, stak zijn hand tussen het elastiek van haar slipje en trok het langs haar benen omlaag.

'Kijk eens wat je hebt gedaan, het is helemaal nat,' zei hij.

Hij glimlachte. Het was maar een spelletje. Ze was ongeveer vier, een klein meisje dat daar achterovergeleund op dat plastic zeil zat en toekeek terwijl papa het deksel van een van de potjes schroefde en de spinnen over haar buik liet lopen. Ze

kropen over haar schoot, over haar vagina, langs de binnenkant van haar benen.

'Verroer je niet.'

Ze verroerde zich niet. Ze kromde haar vingers. Ze trilde.
Toen ontspande ze zich. Het trillen hield op. Haar vingers
werden weer recht.

Papa glimlachte en het kleine meisje dat op het blauwe plastic zeil zat lachte terug.

Die scène zag ik die dag volkomen helder voor me terwijl ik
onder de dichtbebladerde bomen door over het landweggetje
fietste. Het kleine meisje dat daar met haar benen wijd zat en
de drie spinnen over haar buik, haar geslachtsdeel en langs
haar dijen liet lopen, over het plastic zeil. Zij keek naar de
spinnen en ik keek naar haar vanaf een vliegend tapijt dat net
onder het plafond zweefde. Er was een televisieshow die *The
Phoenix and the Magic Carpet* (De feniks en het vliegende tapijt) heette. Ik wist alles van vliegende tapijten, ik zat op dat
kortdurende moment op zo'n kleedje en voelde me vrij zweven
in de warme lucht, ver van het kleine meisje dat naar de spinnen keek.

Ik herinnerde me alle details – de kleuren, de geur van gemaaid gras. Er zat een donkergroene vlek in een hoek van het
blauwe zeil. De glazen potten op de plank en de beitels en
schroevendraaiers aan de muur glansden in de stroom licht die
door de open deur naar binnen viel. Het kleine meisje had
modderige voeten. Haar roze slipje lag over de rug van de
bank naast de lege jampot waarin de spinnen woonden. Haar
papa keek toe, een grote man met vettig donker haar met een
kale plek.

Toen de spinnen wegrenden om zich te verschuilen, liet hij
zijn vingers als spinnenpoten over haar blote huid lopen. Hij
liet zijn vingertop in de gleuf van haar voorste gaatje glijden.

'Kietelt dat?'

Ze glimlacht en knikt van ja.

Hij kijkt door de open deur de lege tuin in. Hij tilt het onderlijf van het kleine meisje op, buigt zijn hoofd om haar vagina nat te maken en wurmt zijn tong naar binnen. Ik kan het allemaal zien vanaf mijn vliegende tapijt: het hoofd van papa dat knikt als een reuzenvogel, het kleine meisje dat met haar benen op zijn schouders rust en naar het in het zonlicht dansende toverpoeder staart.

Mijn herinnering aan die scène was volkomen helder, maar stond los van mij. Het was het andere, kleine meisje in de tuinschuur die dag, dus waarom was ik, Alice, degene die de kou door haar botten voelde trekken terwijl ik daar op mijn fiets reed? Mijn maag keerde zich om, ik proefde gal, en de gewaarwording die ik toen had, al die jaren geleden, beleef ik nu, op ditzelfde moment, opnieuw.

Toen was ik, net als nu, in staat die scènes te analyseren met de afstandelijkheid die verscheen op momenten dat ik me niet 'mezelf' – het meisje dat stemmen hoorde – voelde, maar een andere kant van mezelf. Dat was de 'ik' die kookte en wijn dronk en meezong met de liedjes van The Who en Pink Floyd.

Ik concentreerde me op die afstandelijke houding. Ik liet het afgelegen weggetje achter me en toen ik bij het open veld verderop kwam, bande ik de herinnering aan dat andere kleine meisje uit mijn gedachten en richtte me op het simpele geluksgevoel van een zestienjarige met een hele toekomst voor zich. Ik was voor negen examenvakken geslaagd. Opa zou trots op me zijn.

In september begonnen mijn lessen op het hoogste niveau in de bovenbouw van het vwo, op een nieuwe school met zes etages waar je geen uniform hoefde te dragen. Ik schoot een spijkerbroek aan en droeg zo'n vijf jaar lang geen rok meer. Ik bleef dicht in de buurt van Lisa Wainwright van Dane Hall toen we de lange gangen en de wirwar van trappen verkenden.

Ik besloot psychologie en sociologie te kiezen, met twee extra vakken op examenniveau, biologie en psychologie van de mens, en de ontwikkeling van het kind. Die onderwerpen koos ik alleen maar omdat ze me interessant leken. Het kwam in die tijd niet bij me op dat ik me in de menselijke geest en het lichaam verdiepte op zoek naar iets fundamentelers dan uit pure dorst naar kennis. De vakken op examenniveau waren de eerste test van ons academisch potentieel geweest en de resultaten hadden mijn zelfvertrouwen flink opgevijzeld. Ik wist dat er ups en downs zouden zijn, dagen van euforie en depressiviteit. Ik kende mezelf niet zo goed, maar ik kende mezelf goed genoeg om in het najaar van 1985 het gevoel te hebben dat ik te veel tijd had verspild met chagrijnig zijn, en ik besloot mijn best te doen om me aan te passen.

Toen ik vijf was, had mama me gevraagd of ze bij vader weg moest gaan. Na zo'n jaar of tien aarzelen liepen de omstandigheden zo dat ze uiteindelijk weg kon gaan als de benadeelde partij.

Mijn ouders hadden, zolang ik het me kon herinneren, altijd tegen elkaar geschreeuwd en met deuren geslagen als ze in een boze bui wegliepen. Toen ik klein was, had ik aangenomen dat het mijn schuld was. Nu maakten ze ruzie over geld en voelde ik me vrij van blaam en raakte het me niet als hun stemmen naar de overloop opstegen.

Op een dag zocht mama naar een bankafschrift in papa's kamer en vond ze in de sokkenla een stel gebruikte condooms en tijdschriften waarin prostituees hun diensten aanboden. Sommige advertenties waren omcirkeld met commentaar in de kantlijn. Mijn vader was duidelijk naar die vrouwen geweest, maar ontkende alles. Hij kwam zelfs naar mijn kamer om me te vragen bij moeder een goed woordje voor hem te doen – om mijnentwille, omwille van ons gezin. Hij had niets verkeerds gedaan. Het was allemaal een misverstand. De tranen biggelden over zijn ingevallen wangen en ik kon een vaag gevoel van triomf niet onderdrukken. Er viel een last van mijn gebogen schouders en ik zag hoe alle knuffels op de plank achter hem stuk voor stuk overdreven begonnen te glimlachen.

Mama pakte haar spullen en verhuisde naar een bescheiden halfvrijstaand huis in een deel van de stad waar buren elkaar zelden groetten en er niet veel dure auto's op de oprit stonden. Nu Clive op de universiteit zat, ging ik met mama mee en liet papa als een broeierige dracula in zijn kasteel achter.

Stephen was al bij zijn vrouw weg en woonde in een flat in de buurt. Hij kwam elke avond en trok zijn overall aan. Terwijl mijn vader elke avond in zijn auto langsreed om het huis in de gaten te houden, hielp Stephen mama met schilderen en behangen. Ik ontwikkelde de gewoonte om voor het eten te zorgen en terwijl ik kookte, hoorde ik mama en Stephen giechelen als een stelletje kinderen. Ik mocht Stephen. Hij maakte mama gelukkig. Hij maakte mij gelukkig.

Wanneer ik kookte, genoot ik van de gewaarwording dat ik uit mezelf trad. De handeling van groente snijden en olie verhitten deed mijn handen tintelen en liet mijn gedachten naar een andere hemisfeer verhuizen, van de rechterhersenhelft naar de linker, of andersom. In mijn hoofd waren vele ruimtes, en net zoals ik nog steeds verdwaalde in het labyrint van gangen op school, ontdekte ik vaak, met een gevoel van déjà vu, dat ik verdwaald was in een of ander duister deel van mijn cerebrale cortex, het deel van de hersenen dat een sleutelrol speelt op het gebied van visuele waarneming, aandacht en geheugen. Alles wat ik had meegemaakt, of me had verbeeld of had gedroomd, leek te zijn vastgelegd in een videoclip en daarna te zijn verspreid over die vreemde ruimtes. Ik kon op elk soort scène stuiten, van weerzinwekkende, wrede en pijnlijke seksuele griezelfilmbeelden tot opnamen van opa die zijn schoenen poetste.

Mama en Stephen dronken altijd wijn bij het eten. Ik trok een fles open om hem te laten chambreren en schonk mezelf in. Ik probeerde mezelf te analyseren terwijl ik dat deed. Ik vond wijn niet lekker en zou er anders nooit over hebben gepiekerd het te drinken. Ik nam sterkedrank wanneer ik depressief was, maar als ik kookte was ik nooit depressief. Ik nam slokjes van de wijn terwijl ik zelfverzekerd het eten klaarmaakte. Ik voelde me op mijn gemak, maar ik voelde me niet echt mezelf, mij, Alice.

'Je drinkt toch niet?' vroeg Stephen de eerste keer dat hij me zag.

'Nee, Stephen, dat verbeeld je je maar.'

Hij lachte terwijl hij de kwasten uitspoelde.

'Niet daar, in 's hemelsnaam. Doe dat buiten, ik sta op het punt het eten op te dienen.'

Ik leek mijn moeder wel.

We gingen samen zitten eten. We praatten zelfs. De vreemde gewaarwording die ik onder het koken had duurde vaak voort tijdens het eten en loste op wanneer ik naar boven ging. Dan liep ik mijn kamer in en merkte dat de schoolboeken die ik op het bed had laten liggen in mijn rugzak waren verdwenen. Dan keek ik in mijn boeken en kwam met een schok tot de ontdekking dat mijn huiswerk al af was. Soms was het goed gemaakt, andere keren met de Franse slag, in een slordig handschrift. Wel mijn eigen handschrift, maar dwars over de bladzijde gekrabbeld.

Terwijl ik het huiswerk doorkeek, kreeg ik het griezelige gevoel dat er iemand naar me zat te kijken. Dan draaide ik me vlug om, om ze te betrappen, maar de deur was dicht. Er was nooit iemand. Alleen ik. Ik kreeg een droge keel. Mijn schouders voelden verlamd. De zenuwtrek in mijn nek begon op te spelen alsof er een insect onder mijn huid zat te wroeten. De symptomen verhevigden tot migraineaanvallen, die dagen aanhielden en waar geen behandeling of medicijn tegen werkte. De aanval kwam als een storm plotseling op, barstte willekeurig los of verdween onverwachts.

Er raakten herhaaldelijk dingen zoek: een lievelingspen, een cassettebandje, geld. Meestal doken ze weer op, maar als er geld was verdwenen, was dat echt weg. Dan ontdekte ik later vaak in de ladekast een T-shirt waarvan ik me niet kon herinneren dat ik het had gekocht, een cassettebandje van Depeche Mode waar ik niks aan vond, een doos tekenpotloden, of Lego.

Eerst dacht ik dat Stephen me aan het plagen was toen er dingen begonnen te verdwijnen. Maar ik besefte algauw dat Stephen dat niet deed. Ik besloot het komen en gaan van mijn spullen toe te voegen aan de lijst in mijn hoofd met dingen waar ik niet aan wilde denken, die ik ergens ver weg had gestopt.

Mijn slaapkamer in het nieuwe huis was kleiner dan de oude. Er was niet genoeg ruimte voor alle spullen die ik had meegenomen en het teveel stond in vuilniszakken tegen de muur opgestapeld. Op een dag merkte mama dat de zakken weg waren.

'Eindelijk heb je die ouwe troep weggedaan,' zei ze.

Had ik dat wel gedaan?

Ik kon het me niet herinneren en ik vond het vreemd, want Alice is een verzamelaarster. Ik moet de zakken naar de kringloopwinkel hebben gebracht, maar kon het me niet herinneren. Ik raakte er bedreven in mijn sporen na te gaan, de hiaten op te vullen. Soms bleven er leemten bestaan. Het kon ook gebeuren dat ik me als in een droom plaatsen herinnerde waar ik was geweest of dingen die ik had gedaan. Daardoor leken de opnamen van mijn vader en andere mannen die me misbruikten net zo onwerkelijk, fantasieën die ontsproten waren aan mijn verbeelding, niet aan mijn herinnering. Misschien aan andermans herinnering. Ik had niet het idee dat ik iemand was met psychische problemen. Op je zestiende denk je daar niet aan. Ik dacht dat ik apart was, erg gespannen en wispelturig.

De depressie die ik tijdens mijn eindexamen had gehad, was weggeëbd. In die maanden had ik vaak het gevoel gehad dat ik me op dat vliegende tapijt door het leven bewoog en niet leefde, maar het doorstond. Het was beter in het nieuwe huis, weg van mijn vader. En net zoals ik de periodieke onderbrekingen van de professor & co had ingepast, behandelde ik de spelingen en streken van de hiaten in de tijd als de grillen van de dubbelgangster Alice met de beschadigde jeugd. Dat meisje dat verband met mij hield maar dat niet de ik was die in een nieuwe Levi's-spijkerbroek en Che Guevara-T-shirt voor de spiegel in de deur van de garderobekast poseerde.

Ik had een vreemde verhouding met die spiegel en staarde er tijdenlang in om te kijken wie daar stond. Soms leek ik het te zijn. Andere keren zag ik in het spiegelbeeld iemand die er hetzelfde uitzag maar toch anders was. Een enkele keer merkte ik halverwege het staren de verandering; mijn gelaatsuitdrukking vervormde als smeltend rubber, de lijnen en trekken van mijn gezicht verzachtten of verhardden tot de mutatie was voltooid. Van Jekyll in Hyde, of van Hyde in Jekyll. Tegelijkertijd voelde ik mijn innerlijke wezen veranderen. Ik voelde me zelfverzekerder of juist minder zeker, volwassen of kinderlijk; ik had het ijskoud of juist snikheet, een toestand waar mama gek van werd omdat ik naar de badkamer vluchtte, waar ik twee uur lang mijn huid tot bloedens toe schrobde.

De verandering werd door verschillende emoties aangewakkerd: het horen van bepaalde muziek; de aanblik van mijn vader; de geur van zijn aftershave. Ik kon een boek oppakken in de zekerheid dat ik het nog niet gelezen had en dan de woorden terwijl ik ze las als een echo in mijn hoofd horen. Net als Alice in het verhaal van Lewis Carroll gleed ik de diepten van de spiegel in en wist ik niet of ikzelf degene was die daar stond of dat het een bedriegster was, een dubbelgangster.

Het grootste deel van de tijd voelde ik me wakker, maar soms had ik wanneer ik wakker was het gevoel dat ik droomde. In die droomtoestand voelde ik me niet mezelf, mijn echte zelf. Ik voelde me verdoofd. Mijn vingers prikten. Mijn ogen in het spiegelbeeld stonden star, als de ogen van een etalagepop; ze hadden de kleur, de vorm van de mijne, maar zonder licht of richting. Die veranderingen werden door dokter Purvis aangeduid als stemmingswisselingen en door mijn moeder als buien, maar ik wist wel beter. Alle tieners hebben zo hun buien als het ze uitkomt. De wisselingen bij mij vonden ook plaats wanneer ik alleen was en daarbij kon ik van een opgewekte, huiswerkmakende zestienjarige veranderen in een snikkend kind dat opgekruld op bed naar de muur lag te staren.

De huilbui ging over en dan sleepte ik me weer naar de spiegel, in de verwachting een kinderversie van mezelf te zien. 'Wie ben je?' vroeg ik dan. Ik hoorde de woorden, het klonk alsof ik het was, maar ik was het niet. Ik zag mijn lippen bewegen en het weer zeggen: 'Wie ben je?'

Gelukkig gebruikten de stemmen dit niet als een excuus om hun mening te geven. Ze hielden zich gedurende de twee jaar bovenbouw grotendeels stil. Toen de stemmen terugkwamen, was het alsof er een hond blafte in het huis van de buren, hoorbaar maar van buitenaf. Ik schonk meer aandacht aan de intonatie dan aan de woorden, maar het was duidelijk dat ze doorgingen met hun akelige schimpscheuten.

Maak jezelf van kant, Alice.

Niemand vindt je aardig.

Doe de wereld een plezier en knoop jezelf op.

De terugkeer van de stemmen liep uit op een migraineaanval die door mijn hele lichaam bonkte. Ik kon alleen maar in een verduisterde kamer liggen wachten tot de stemmen last kregen van de pijn in mijn hoofd en afdropen.

Het besef dat ik anders was met mijn dwangneurose, anorexia en de stemmen, die verder niemand leek te horen, maakte dat ik me geïsoleerd voelde, afgesneden. Ik nam alles te serieus. Ik analyseerde alles dood. Ik wikte en woog elk woord, en de intonatie van elk woord, telkens weer in mijn hoofd. Ik wilde erachter komen wat het precies betekende, of er een diepere betekenis was, of het onderhuidse kritiek bevatte. Ik probeerde me de gezichtsuitdrukkingen van de mensen voor de geest te halen, hoe hun expressie veranderde en wat ze bedoelden. Of hun woorden en hun blik wel met elkaar in overeenstemming waren en dus echt waren, of dat het geveinsd was, een vriendelijk woord dat was aangetast door ironie of sarcasme, een meewarige glimlach.

Wanneer mensen me beter bekeken, zagen ze dan in mijn

hoofd het kleine meisje dat werd misbruikt in die pornografische filmfragmenten die achter mijn ogen geprojecteerd werden?

Daar dacht ik vaak aan en zulke gedachten vraten aan de façade van zelfvertrouwen die ik voortdurend optrok en herstelde. Ik moest negens en tienen halen voor mijn toetsen. Ik moest rennen als de wind om de sluipende depressieve stroom die me in gevoelens van wanhoop en zelfhaat dreigde te verdrinken, voor te blijven.

Een slechte dag – wanneer ik mijn vader zag, een zeven kreeg voor een toets, de stemmen wrede taal uitsloegen – deed me in een neerwaartse spiraal belanden die wel een week kon duren. Dat waren verloren dagen waarop ik terugviel in mijn oude routine van uithongeren, overeten, tot in de late uurtjes lezen en hardlopen tot de straten dreunden onder het gestamp van mijn loopschoenen. Vijftien kilometer was een makkie. Ik kon na school een halve marathon lopen en ook nog koken voordat Stephen kwam aanzetten met een nieuw blik verf. Volgende halte: 42 kilometer en 195 meter, de afstand die de Griekse soldaat Pheidippides zonder te stoppen hardlopend aflegde van Marathon naar Athene om het bericht over te brengen dat de Perzen waren verslagen. Hij stormde de senaat binnen, riep uit: 'We hebben gewonnen!' Waarna hij ter plekke dood neerviel.

Dokter Purvis leek onder de indruk dat ik voor de marathon trainde en zag het als een goed teken. Ik wist dat dokter Purvis me graag mocht. Ik trok naar iedereen toe die me aardig vond, dus beschouwde ik onze wekelijkse samenkomst in de Naydon-kliniek eerder als een soort afspraakje met een vriendin dan als een consult bij een psychiater.

Soms ging ik naar die afspraken met een zen-achtige rust, maar kwam er, met de lange tocht door de gang in het vooruitzicht, wanhopig en moe weer vandaan. Ik hield een dagboek bij, een heleboel dagboeken, waarvan de meeste nu weg zijn, maar ik bezit nog wat velletjes papier die het overleefd hebben. Wanneer ik ze lees, is het alsof ik naar oude foto's kijk waarop een eendimensionale herinnering is vastgelegd van wat je ooit bent geweest. Dit is afkomstig uit iets wat ik schreef toen ik zeventien was:

Het is lastig je gesteund te voelen als je mensen niet alles kunt vertellen. Ze hebben er geen idee van hoe het is. Het is lastig om iemand te vertrouwen. Het is lastig om te geloven dat mensen je niet zullen laten barsten. Ik heb het gevoel dat ik moet huilen. Mijn lichaam voelt hol aan. Leeg. Ik voel me niet alsof ik zeventien ben. Ik voel me veel jonger. Ik weet niet precies hoe oud, misschien tien jaar. Het is lastig te accepteren dat ik niet alle steun die ik nodig heb van één persoon kan krijgen. Van wie dan ook. Het is lastig dat niemand het helemaal begrijpt. Het is lastig voor me om toe te geven dat ik me vanbinnen volkomen eenzaam voel. Wat moet ik doen om op dit moment voor mezelf te zorgen? Nou, ik heb er behoefte aan met mijn speelgoedbeesten te knuffelen – het klinkt stom, maar ik heb behoefte aan troost...

Ik knuffelde nog met speelgoedbeesten toen ik met jongens had moeten knuffelen. De zieke voorstellingswereld in mijn geest had, in plaats van me seksueel actief te maken, die deur helemaal gesloten.

En mijn nachtmerries hielden aan: mijn voeten die in brand stonden, het monster dat naar mijn bedje kwam. Plus de droom waarin ik in een kamer ben met andere kinderen, van wie sommige bloot zijn en andere aangekleed. Een man in een witte auto komt ons afhalen en we binden elkaar aan stoelen vast zodat hij ons niet kan meenemen. In die droom ben ik over mijn toeren. Mijn vingers zijn plakkerig en kunnen niet coördineren. Ik ben niet bang om misbruikt te worden. Ik ben bang dat de man in de witte auto me dood zal maken. Angst overspoelt me en ik word, badend in het koude zweet, gedesoriënteerd wakker, terwijl er op de achtergrond stemmen murmelen. Als ik mijn ogen opendoe, weet ik niet of ik de zeventienjarige Alice ben of de zevenjarige.

Dokter Purvis, in een citroengele blouse met rode bloemen en een heldergele rok met bijpassende pumps, luisterde en maakte aantekeningen van deze droom bij een van onze laatste afspraken. Ik kan me haar analyse niet herinneren, alleen het geluid van haar balpen die over de gelinieerde blocnote kraste, de lichtstraal van haar bril, de schaduwlijnen die de zon door de luxaflex maakte.

Mijn tijd liep ten einde. Met zeventien was ik te oud voor knuffels en viel ik buiten dokter Purvis' competentie. Ik was volwassen; op mezelf aangewezen, en toen de dagen korter werden en de nachten donkerder, begon ik mijn loopschoenen met nieuw elan te poetsen. Ik sloot mezelf steeds langer op in de badkamer en at zo weinig dat ik in mijn eigen kleren verdween.

Het was nauwelijks een verrassing dat ik aan het einde van mijn eerste jaar op de bovenbouw weer een lijst met negens en tienen had. In de herfst kwam ik terug met het gevoel dat er niets veranderd was, dat er een cyclus ten einde was gekomen en er een nieuwe was begonnen zonder de olie van plezier en goede herinneringen die de radertjes draaiende houdt.

Hoofdstuk 6

Eerste liefde

Het afdelingshoofd van de bovenbouw stelde mama voor dat ik aan de universiteit van Liverpool sociologie en sociale politiek zou gaan studeren. Ik bekeek verscheidene andere prospectussen, maar volgde uiteindelijk het advies op en deed mijn examens met het gevoel dat het lot mijn toekomst zou bepalen.

Ik moest twee maanden op de uitslag wachten en besloot in Israël in een kibboets te gaan werken. Mama hielp om alles te regelen en nam een ochtend vrij om me naar het station te brengen. Toen de trein naar Londen arriveerde, hielp ze me de enorme rugzak vast te snoeren, waarin genoeg 'noodzakelijkheden' zaten om de Mount Everest te beklimmen. Ik moest nog leren dat de eerste regel van het reizen is dat je dat met lichte bepakking doet. Nog een laatste omhelzing en toen hoorde ik mama's hoge hakken monter over het perron klikken.

Op Gatwick voegde ik me bij een groep vrijwilligers en terwijl we wachtten tot de vliegreis begon, wisselden we namen uit. Dit was mijn eerste soloavontuur en ik had voor Israël gekozen omdat ik op school een Joodse leraar had gehad, die me een beeld van een Bijbels paradijs had voorgeschilderd, wat het in juli 1987 bepaald niet was. Israël en Libanon hadden oorlog gevoerd en hadden net een stroef vredesakkoord gesloten, waardoor miljoenen Palestijnen in vluchtelingenkampen terecht waren gekomen, van waaruit de sjiitische Hezbollah-militie een guerrillaverzetscampagne was begonnen.

We kwamen 's nachts aan op Ben Goerion, het vliegveld van Tel Aviv, en het eerste wat me opviel was dat de lucht warm en drukkend was, alsof het gewicht van de geschiedenis zich in het oude stof had genesteld. We stapten in de blauwe bus en reden weg onder een hemel die zo vol sterren stond dat ik de Drie Koningen erom bewonderde dat ze de juiste naar Bethlehem hadden weten te volgen.

We waren via Tiberias onderweg naar Afula, een plaatsje niet ver van het Meer van Galilea, waar de apostelen hadden gevist. Aan de oevers daarvan had Jezus zijn volgelingen geleerd dat je anderen moest behandelen zoals je zelf behandeld wilt worden, een les die het volk van het moderne Heilige Land toen en nu, bijna twee millennia later, droevig genoeg niet in staat was ter harte te nemen.

De Bijbelverhalen die ik op de kleuterschool had gehoord kwamen terug toen ik uit het raam zat te staren naar Arabieren in lange gewaden die kamelen dreven die zich voortbewogen als schepen, rijzend en dalend op onzichtbare golven. Ik zag de silhouetten van palmbomen, die me herinnerden aan opa's tekening *Wuivende palmen op een tropisch eiland*. Ik had altijd geprobeerd niet aan opa te denken, maar nu, in die bus, dacht ik aan hem en voelde me vredig.

We kwamen om drie uur 's nachts bij kibboets Neve Eitan aan en ik kreeg onderdak toegewezen in een betonnen keet. Net als Goudhaartje in het huis van de drie beren ontdekte ik drie bedden met een metalen frame. Een van de bedden leek niet bezet en ik viel uitgeput neer op de dunne matras. De andere twee bedden behoorden, evenals een verzameling boeken en vuile was, toe aan twee Franse meisjes. Zij werden binnenkort terugverwacht, maar ik bleef niet wakker voor ze. Ik viel meteen in een diepe, ongestoorde slaap en ontwaakte toen de zon die op de betonnen muren scheen de keet tot een hete oven maakte. De accommodatie voor de vrijwilligers op Neve Eitan had geen luiken, geen ruiten in de ramen, en de deuren konden niet op slot.

Het was al dertig graden Celsius tegen de tijd dat ik me bij de andere vrijwilligers voegde. We bezichtigden de kibboets met de leidster van de vrijwilligers, Delilah, een sterke, knokige vrouw met scherpe gelaatstrekken die zo uit het Oude Testament kon zijn gestapt. We ontbeten met z'n allen aan een lange tafel. Het gesprek was zo levendig en meertalig dat ik me de problemen die de metselaars bij het bouwen van de toren van Babel moesten hebben gehad goed kon voorstellen. We vielen aan op het brood, de kaas, vers fruit en yoghurt, gezond voedsel dat allemaal op de kibboets werd geproduceerd en dat ik, zeldzaam hongerig na de lange reis, naar binnen wist te werken.

Er waren lijsten opgehangen met onze taken. Ik voegde me bij de cateraars en hielp de komende tien dagen honderdvijftig mensen van eten te voorzien. Gelukkig was koken mijn *schtick* en ik banjerde algauw de keuken door met stapels borden en overgebleven fruit.

Nadat ik doodongerust was geweest over mijn examens, was ik zo mager als een lat. Maar in de gemoedelijke atmosfeer van de kibboets ontdekte ik dat ik toch eetlust had. Eigenlijk had ik een ongewoon volle maag toen ik die ochtend terug naar mijn slaapruimte ging en terwijl ik onderweg over mijn buik wreef, had ik het vreemde gevoel dat de tijd een spelletje met me speelde.

Ik raakte vaak de tijd kwijt, maar het gevoel die dag had een ander karakter, alsof de tijd opgehouden was uit harde blokken onwrikbare data te bestaan en plooibaar was geworden, zonder scherpe randen, en zonder de onzichtbare banden die hem bij elkaar hielden. Ik herinnerde me het geklikklak van mama's hakken toen ze over het perron wegliep. Ik herinnerde me dat ik op de lange tafel het overgebleven fruit had verzameld en het had teruggelegd op de plank in de kast. Ik wist precies waar ik was en ik wist dat ik in een vliegtuig moest hebben gezeten om er te komen. Maar de details waren vaag als op een onafgemaakte tekening.

Wanneer dit gebeurde, was ik altijd bang dat ik misschien iets onbehoorlijks had gedaan of mezelf bij een vreemde, of, erger nog, bij een bekende, voor schut had gezet. Andere mensen wisten niet dat ik het besef van tijd kon verliezen, dus kon ik niemand vragen wat er in de tussentijd was gebeurd. Dan doorliep mijn geest elk denkbaar scenario, werd ik angstig en eindigde de paniekaanval gewoonlijk in migraine.

Ik dacht altijd dat ik in de verdwenen tijd stukjes van mijn leven, van mezelf, was kwijtgeraakt. Maar die dag kwam het bij me op dat de verdwenen tijd helemaal niet weg was. Die was alleen maar verplaatst. Terwijl ik zocht naar tijd die verdwenen was, liep ik het huidige moment mis, het geschenk van de tijd die je rekt en bewaart. Dat kan vanzelfsprekend klinken, maar wanneer je gaten in je geheugen hebt, wil je instinctief de foutjes wegmoffelen. Er was de nieuwe omgeving van de kibboets voor nodig om me te laten inzien dat het verleden niet veranderd of verbeterd kon worden door de willekeurige delen te verzamelen en aan elkaar te plakken. Herinneren was belangrijk, maar vergeten was misschien nog belangrijker.

Ik had altijd een enigszins strak gevoel bij mijn nek, en mijn keel zat vaak dichtgesnoerd. Dat strakke gevoel was weg. Ik kon vrij ademen. Ik kon de zware lucht met de aardachtige geur proeven die door het open raam in de betonnen keet naar binnen zweefde. Ik pakte mijn rugzak uit en vroeg me af waarom ik had gedacht vijf korte broeken nodig te hebben.

Na onze karweitjes trok ik op met drie Ierse meisjes, die de middag bij het zwembad doorbrachten. Ze waren nog maar kort in de kibboets en bespraken de voors en tegens van de diverse jongens terwijl we ons uitgebreid insmeerden met Ambre Solaire en ons uitstrekten om te zonnebaden onder de stralende zon, die veel te heet was voor de tere Ierse huidjes. De volgende dagen kreeg ik, terwijl zij roze werden en begonnen te vervellen, een gezonde bruine kleur, werden mijn ogen net zo blauw als de hemel en vermenigvuldigden de sproeten op mijn neus zich. In de spiegel, mijn vijand, die altijd vol verrassingen zat, begon ik een slank, enthousiast schepsel te ontwaren met grote ogen, goudblond haar en glimlachende lippen.

Wie voor de duvel is dit?

Ik waste, sneed en bereidde courgettes, wortelen, uien, zoete aardappelen, glanzende aubergines ter grootte van ananassen, opgediend in grote aardewerken schalen met kruidig gebraden kip en rijst. Ik sliep zonder te dromen met een teddybeertje dat ongemerkt in mijn rugzak was gekropen en genoot ervan de ruimte voor mezelf te hebben. De twee Franse meisjes hadden twee Israëlische jongens ontdekt en bespaarden zodoende, gelet op de kibboetsfilosofie, op het gebruik van bedden. Ik maakte mijn cel gezellig door plaatjes aan de muur te hangen. Ik fabriceerde een nachtkastje van een omgekeerd krat en het lukte me zelfs een elektrische ventilator te bemachtigen.

Ik werd wakker bij het ochtendgloren en de zon stond al aardig hoog aan de hemel tegen de tijd dat ik aan mijn taak om het eten klaar te maken begon met Esther, een Poolse vrouw die Buna-Monowitz, het grootste concentratiekamp van het Auschwitz-complex, had overleefd. Als meisje, op dezelfde leeftijd als ik die zomer, had Esther twaalf uur per dag gewerkt in de rubberfabriek in de plaats Monowitz, op een flinke afstand lopen vanaf het kamp. De mensen werkten tot ze stierven of te zwak werden en naar de gaskamers van Birkenau werden gestuurd.

In Buna-Monowitz speelde wanneer de arbeiders 's ochtends op weg gingen een gevangenenorkest, dat hen aan het eind van hun dienst met levendige stukken weer het kamp in joeg. De musici werden gedwongen te spelen bij de executie van opgepakte gevangenen die geprobeerd hadden te ontsnappen, en gaven concerten voor de SS-officieren en kampbewakers. Ik vind het opmerkelijk dat mannen die naar Mozart luisterden en Goethe lazen in staat waren tot de onmenselijke barbaarsheid om een dwangarbeiderskamp in stand te houden, dat hun vrouwen in het plaatsje aan al dat leed konden wennen, dat mensen het potentieel in zich hadden om anderen te kwellen en te pijnigen en hun zoveel kwaad te doen.

De schoonheid van de muziek in die beestachtige wereld hield Esther in leven tot ze in 1945 door de Russen werd bevrijd. Ze wist naar Israël te komen, waar ze uiteindelijk tot de conclusie kwam dat de wereld wonderbaarlijk en prachtig is, en de mens wreed en onbegrijpelijk. Ze had haar hele familie verloren. Ze was alles kwijt. Ze had niets, ze had niets nodig, en de haat die ze had gevoeld, het gevoel van verschrikking en verlies, was in kibboets Neve Eitan langzaam veranderd in een vorm van vergeving die in de spiegels van haar heldere ogen zichtbaar was. Esther liet me de vervagende blauwe cijfers op haar arm zien. Ze kon vergeven zonder ooit te kunnen vergeten.

We zaten voor de keuken onder een olijfboom met wortels die omvangrijker waren dan de slanke stam. In de weelderige omgeving van Galilea staan olijfbomen die bijna duizend jaar geleden zijn geplant. Gedurende hun lange leven hebben ze overstromingen en branden meegemaakt, ze zijn geplaagd door ziekten en vorst. Maar de wortels reiken zo diep dat ze altijd weer opkomen; het volmaakte symbool voor de eeuwigheid van al wat er bestaat.

Ik weet niet precies waarom, maar het leek passend om Esthers verhaal te horen in de schaduw van die boom. De tranen liepen me over de wangen en ik had het gevoel dat Esther me tot de kern van haar lijden had toegelaten omdat ze geloofde dat het iets was wat ik moest horen. Ik huilde die dag om Esther, om wat ze verloren had, maar ook om wat ik zelf verloren had, mijn onschuld, mijn gemankeerde jeugd, mijn onvermogen om op mijn zeventiende op dezelfde manier op jongens te reageren als de andere meisjes in de kibboets.

Nu ik uit mijn vaders buurt was, niet slechts een paar straten maar een heel continent van hem vandaan, bleef hij uit mijn gedachten, uit mijn dromen. Ik kon aan opa denken. Ik was het gemis uit de weg gegaan, maar nu miste ik hem, zijn humor, zijn menselijkheid, zijn vermogen om zijn ware gezicht te laten zien in een wereld waarin mensen als mijn vader en zijn vrienden vele gezichten hadden en je nooit wist welk masker ze ophadden.

Wanneer ik de tuin bij het huis van mijn grootouders in rende, was het alsof ik in een fantasiewereld terechtkwam, een toevluchtsoord ver van de vreselijke dromen die mijn jeugd bepaalden. Vooral bij opa, maar ook bij oma, was ik mezelf. Thuis had ik vaak het gevoel dat ik een actrice was en mezelf speelde. Ik wist niet wat mijn rol, mijn karakter, mijn identiteit was. De tatoeage op Esthers arm betekende het toppunt van identiteitsverlies omdat de nazi's de individuen die tot het concentratiekamp veroordeeld waren tot niet meer dan een nummer reduceerden.

Later die zomer bezocht ik het Holocaustmuseum in Jeruzalem; een koud, modern gebouw waar zelfs de stroom toeristen de beklemmende stilte niet kon verstoren. Er stonden martelwerktuigen tentoongesteld in vitrines naast stapels stoffige bezittingen, verbogen brillen, nooit verzonden brieven, koffers met namen en adressen op de zijkant afgedrukt, kinderschoenen en mannenlaarzen met de aangekoekte modder er nog aan. Die spullen waren de verpersoonlijking van de methodische massamoord van de Holocaust. Wanneer je eruit komt, voel je je niet meer zo prettig in je vel zitten als voordat je naar binnen ging.

Terwijl ik met Esther werkte, fatsoenlijk at en bij het zwembad zonnebaadde, vulde mijn lichaam zich op en kreeg ik overal sproeten, maar die uiterlijke veranderingen waren louter zichtbare tekenen van een diepgaandere transformatie.

Op een ochtend, terwijl ik door de kibboets op weg was naar wat het Baby House werd genoemd, merkte ik dat ik mijn hoofd rechtop hield.

Dat was vreemd. Ik zag de wereld voor me en om me heen: palmbomen, onbeweeglijk als standbeelden, mensen tegen wie ik 'boker tov' zei en die met hetzelfde opgewekte 'goedemorgen' antwoordden. Ik was gewend alleen de wereld rondom mijn voeten te zien, de straatstenen of het grind of de tegels op de keukenvloer. Ik had Esther geconcentreerder in de ogen gekeken dan ooit mijn moeder of mijn broer. De gewaarwording dat ik mijn rug recht hield en mijn hoofd omhoog, was een bijna spirituele ervaring. Het was alsof ik oog in oog stond met mijn eigen ziel en tevreden was met wat ik zag.

Er was nog iets. Ik hoorde vogels fluiten. Ik hield van vogels. Ze aten spinnen. Elk voorjaar keek ik uit naar de roodborstjes die hun nest gingen bouwen. Merels dansten op het gras om de wormen te laten denken dat het regende en schrokten ze op zodra ze uit hun holletje kwamen. De oude ekster zat altijd op het dak van de schuur als een koning die zijn rijk overzag. Ik strooide kruimels voor de vogels. Ik keek naar de vogels. Nu, voor het eerst van mijn leven, hoorde ik ze kwetteren, kakelen en snateren.

Op een nacht werd ik gewekt door wat klonk als een vlucht fladderende vogels. Wakker wordend in de REM-fase dacht ik dat ik een vreemde nieuwe droom had, maar toen ik het licht aandeed, fladderden er drie heel echte kuikens rond, die probeerden het raam uit te komen waardoor een stel jongens ze naar binnen had gegooid. Ik zag de jongens niet, maar het was algemeen bekend wie dit soort streken uithaalden. Het kostte me een hoop moeite om de kuikens weer in het kippenhok te krijgen en de troep op te ruimen. Maar ik begreep dat ze het niet speciaal op mij gemunt hadden, het was gewoon voor de lol. Dat doen jongens nu eenmaal, meestal wanneer ze je leuk vinden. De Ierse meisjes waren zelfs een keer 's nachts wakker geworden doordat er een ezel in hun kamer stond.

Vaag glimlachend probeerde ik weer in slaap te komen. Ik voelde me niet paranoïde of gedeprimeerd. Dat was weer een ontdekking. Voor mij was depressiviteit een wolk die soms over me heen kwam en soms boven mijn hoofd bleef hangen. Die was er altijd, lag op de loer. Nu was hij weg. Net zoals ik recht voor me uit keek, keek ik achter me, en naar weerskanten, en naar de lucht. In een paar weken tijd waren mijn gevoel van eigenwaarde en mijn sociale vaardigheden aanzienlijk verbeterd. Ik bracht niet langer uren in de badkamer door, want er was altijd iemand die stond te wachten tot je klaar was. Ik vergat zelfs mijn schoenen te poetsen!

Het kuikenincident zorgde ervoor dat ik de twee daders, of in elk geval één van hen, eens wat nader bekeek. Hij heette Patrick O'Hay, hij kwam uit Dublin en elke keer dat ik hem zag, kreeg ik klamme handen. Patrick had een ovaal gezicht, een bos donker haar, donkere gebogen wenkbrauwen en zachtblauwe ogen. We hadden nooit met elkaar gesproken. We keken naar elkaar en keken dan weer weg. Ik lag onder het dunne laken in mijn hete keet en dacht de hele tijd aan Patrick. Ik had mezelf van jongens afgeschermd en me nooit kunnen indenken dat er intimiteiten waren die ik er met eentje zou willen uitwisselen.

Het werkrooster werd tien dagen na mijn aankomst veranderd en ik werd ingedeeld bij het werk op de katoenvelden met een vrijwilligster die Avi heette, en Rebekkah, een bewoonster van de kibboets. Zij reed ons door de doolhof van smalle landweggetjes zodat we de sluisdeuren en pompen van het irrigatiesysteem konden openzetten en dichtdoen. Enkele uren per dag maakten we de filters schoon en controleerden de leidingen bij temperaturen die konden oplopen tot vierenveertig graden Celsius. Toen ik dat een week had gedaan raakte ik zo uitgedroogd dat ik terugkwam met een zonnesteek, wat nogal ironisch was, omdat ik bezig was geweest ervoor te zorgen dat de gewassen genoeg water kregen.

Na een paar dagen was ik weer hersteld en werd ik bij het Baby House ingedeeld. Met een groep meisjes van de kibboets zorgde ik vanaf zeven uur 's ochtends voor acht baby's van zes weken tot twaalf maanden oud terwijl hun ouders op de velden werkten. We gaven ze eten, verschoonden hun luiers en zetten ze in reusachtige houten karren die als kinderwagen dienden, drie of vier per kar. Ik reed de kleintjes de kibboets rond terwijl ik met opgeheven hoofd 'boker tov' riep. Na de lunch speelden we met de baby's en dronken we ijskoffie terwijl ze op het heetst van de dag hun middagslaapje deden.

Ik had nog nooit baby's meegemaakt en ontdekte dat ze jouw eigen stemming weerspiegelen. Als je glimlacht, lachen ze terug. Als je geagiteerd bent, worden ze humeurig en gaan huilen. Ze hebben een onvoorwaardelijk vertrouwen. Dat iemand dat vertrouwen zou kunnen beschamen en een baby pijn zou doen, dat kan ik me absoluut niet voorstellen.

In de loop der weken maakte ik diverse uitstapjes. Een met de Ierse meisjes naar Afula, het plaatsje in de buurt, waar we falafel en maïs aten die werden verkocht door oude Arabieren met verweerde gezichten en sjofele djellaba's. Ik betrapte mezelf erop dat ik over Patrick praatte en rood werd van verlegenheid toen de meisjes vroegen of ik op hem viel. Luidkeels en verontwaardigd gaf ik te kennen dat ik juist vond dat hij onvolwassen was en dat ik hem niet kon uitstaan. In Nazareth was ik verbaasd dat er geen rioolbuizen waren en dat het afval in samengekoekte stromen aan de straatkanten voor de huizen en bazaars langsliep. Na de lange reis naar Jericho op de westoever lieten we ons om beurten fotograferen in de klassieke pose: op onze rug in de Dode Zee terwijl we de *Jerusalem Post* lazen. Delilah organiseerde een bustocht naar de rivier de Jordaan, waar we veel plezier hadden toen we ons op stevige rubberbanden met de stroom mee lieten drijven. Bij een andere gelegenheid, op 21 juli, gingen we naar het Tel Aviv Park om het liveconcert van Tina Turner mee te maken. Het was een klamme avond en Tina gleed blootsvoets over het podium terwijl ze liedjes als 'Private Dancer' en 'What's Love Got to Do with It?' ten gehore bracht.

Later in de zomer reisde ik, met mijn *Let's Go Israel and Egypt* in de hand en een kleinere rugzak in plaats van de grote, naar Rosh Hanikra aan de Libanese grens. Ik vroeg een toerist om een foto van me te maken terwijl ik voor een muur stond tussen twee verkeersborden met JERUZALEM 205 KILO-METER en BEIROET 120 KILOMETER erop, om aan te geven dat ik bijna in Libanon was geweest, wat zo goed als onmogelijk was, tenzij ik de eerstvolgende BBC-correspondent voor het Midden-Oosten zou worden. De volgende twee dagen reisde ik per bus terug naar het zuiden van Israël en stak bij Taba de Egyptische grens over naar de Sinaï-woestijn. Ik verbleef in een bedoeïenentent en rookte hasjiesj uit een bewerkte zilveren waterpijp. Ik nam de bus naar Sharm el Sheikh bij de Rode Zee, waar ik leerde scubaduiken, een ervaring die net zo bedwelmend is als drugs gebruiken.

Ik was niet langer een toerist, maar was een reiziger geworden, een onderscheid dat ik gerechtvaardigd vond toen ik naar Israël terugkeerde, waar ik in een jeugdherberg in het Arabische deel van Jeruzalem verbleef en het gebouw werd overvallen door het Israëlische leger, dat achter Palestijnse terroristen (of vrijheidsstrijders) aan zat. Ik werd wakker toen een soldaat mijn kamer binnenviel, zijn geweer op me richtte en bevelen schreeuwde die ik niet kon verstaan. Als meisje dat haar eigen beangstigende dromen en herinneringen kende, was ik niet bang voor die speciale dreiging. Vreemd genoeg voelde ik me veilig toen ik het St. Christoffelmedaillon vastgreep dat van opa was geweest en dat mama me aan het begin van mijn reis had gegeven. De jonge soldaat bleef maar schreeuwen en ik stak mijn handen omhoog om te laten zien dat ze leeg waren.

'Het is in orde, ik ben Engels,' zei ik.

Daar dacht hij even over na voor hij antwoord gaf.

'Engels,' herhaalde hij. 'Ik moet mijn Engels oefenen,' en hij ging ervandoor.

Terwijl ik in het hele gebouw deuren hoorde slaan, vroeg ik me af waarom beschaafde volkeren niet bij machte waren met een grote kaart van het Midden-Oosten bij elkaar te gaan zitten en een grens te trekken die voor beide kanten eerlijk was. Ik was Israëliërs aardig gaan vinden. Ze leken ruimdenkend, vrijzinnig en grootmoedig, en ik was ervan overtuigd dat het de politici aan beide kanten waren en niet de gewone mensen die de verdeeldheid in stand hielden.

Ik kwam met bezwaard hart in Neve Eitan terug. De dagen begonnen korter te worden en de zoete, overrijpe geur van volgroeide gewassen gaf te kennen dat de zomer ten einde liep. Elke dag pakten vrijwilligers hun rugzakken in en namen met betraande ogen en beloftes om contact te houden afscheid. Ik overwoog alles en iedereen in de steek te laten en in de kibboets te blijven, maar die fantasie verdween op slag toen Delilah me een brief van mama overhandigde met mijn examenresultaten. Zoals het afdelingshoofd had voorspeld, was ik met vier dikke tienen geslaagd.

Liverpool, ik kom eraan!

Op een van de laatste avonden zat ik in de lange gemeenschappelijke eetzaal met een meisje dat Antonia heette te kletsen en door het raam naar de ondergaande zon te kijken. Ineens werd het zicht belemmerd door twee tronies: de kuikenjongens, Karl en Patrick O'Hay. Karl zei dat ik 'ga mee naar bed'-ogen had en er kwamen blosjes op mijn wangen.

De volgende avond kwam Patrick naar mijn kamer. Hij zou de volgende dag vertrekken en wilde me zijn adres geven. We gingen wandelen onder de palmen en ik was verrast te horen dat hij net als ik graag hardliep en van lezen hield; we hadden dezelfde boeken gelezen. We zaten in het maanlicht en ik luisterde naar het melodieuze lied van zijn zachte Ierse stem. Patrick was net zo verlegen als ik; daarom had het hem acht weken van verlegen blikken werpen gekost voor hij moed vatte om me aan te spreken. Hij bood zijn verontschuldigingen aan voor het kuikenincident en toen ik zei dat het er niet toe deed, bleven we zwijgend zitten, niet wetend wat we nog meer moesten zeggen.

Ik wist niets van jongens, afgezien van wat de meisjes op school hadden verteld, en was ervan uitgegaan dat jongens, alle jongens, eropuit waren om je direct aan hun verwachtingen te laten voldoen. Ik wist niet dat mijn eigen verwachtingen een rol in dit jongens/meisjesgedoe zouden kunnen spelen. Als er een algemene regel was, vormde Patrick daarop de uitzondering, en ik voelde me meteen vrolijk en verward; talloze duizelingwekkende, steeds veranderende gewaarwordingen brachten me uit mijn evenwicht terwijl we langs de menagerie van de kibboets wandelden.

Die zomer had ik ontdekt dat ik mezelf kon redden. Ik had een nieuw gevoel van eigenwaarde en nieuw zelfvertrouwen gekregen, maar ineens begon op onverklaarbare wijze degene die ik in Engeland had achtergelaten weer in mijn huid te kruipen. Ik voelde me duizelig toen ik daar zo naast Patrick zat in het maanlicht. De stemmen hadden zich al die weken stilgehouden. Ze kwamen nu niet terug, maar ik betrapte mezelf erop dat ik erop lette of ik ze niet hoorde.

Onze vingers raakten elkaar toen we terugliepen naar mijn keet. Bij de ingang raakten onze lippen elkaar, vluchtig en kort, als de vleugels van een vlinder. Hij draaide zich om en liep vlug weg, en ik liet mijn tong langs mijn lippen glijden.

Mijn teddybeertje lag op me te wachten en we knuffelden onder het laken. Geen man had ooit mijn kussen gedeeld en ik vroeg me af of dat ooit zou gebeuren. Ik had een fobie om met wie dan ook intiem te worden. Intimiteit beloofde lijden en verdriet. Op mijn eerste dag op Neve Eitan had ik een aanval van verdwenen tijd ervaren die te maken had met de onbekende, nieuwe situatie. Het was niet meer gebeurd. Ook die nacht gebeurde het niet. Maar met de smaak van Patrick nog op mijn lippen had ik het gevoel dat ik niet mezelf was.

Hoofdstuk 7

Liverpool

Mijn in de kibboets gevonden zelfvertrouwen verdween onmiddellijk toen ik naar het studentenhuis van de universiteit van Liverpool verhuisde. Het pasgetrouwde stel leverde me af met mijn knuffels en andere zooi. We zetten de dozen neer in de kamer met het lage plafond en het uitzicht op eindeloze daken, en lunchten bij Pucci Pizza. Mijn ouders waren gescheiden en mama was, na een langdurige verhouding, eindelijk met Stephen getrouwd. Ze waren gelukkig. Ik was blij voor hen.

Ze vertrokken bij de pizzeria en ik stond me af te vragen waar ik heen zou gaan in die nieuwe stad met zijn patroon van onbekende straten en zijn dreigende wolkenlucht. De Mersey meanderde traag en grijs naar zee. De scheepshoorn van de veerboot, die klonk wanneer de passagiers van boord gingen, stemde me eenzaam en melancholiek. Met mijn gebruinde huid was ook mijn pasgevonden gevoel van eigenwaarde verdwenen.

Misschien kwam het gewoon door het einde van de zomer, was het een aanval van SAD, *seasonal affective disorder*, met andere woorden: gebrek aan zonlicht. Na Israël was de herfst in Liverpool kil en somber. Misschien was ik geschikter om sluisdeuren open te zetten en schalen met kip rond te brengen dan voor intellectuele sociologische en sociaal-politieke vraagstukken. Beter om met je handen te werken dan met je hoofd. Om een of andere reden slaagde ik er tijdens de introductieweek niet in me op te geven voor het hockeyteam of de atletiekploeg, hoewel ik mijn hardlooproutine weer had opgepakt en langs een vast traject het stadscentrum uit rende naar de bebladerde lanen van het platteland.

Mijn blauwogige Ierse knul met zijn zachte stem en sluike haar maakte zijn belofte waar en verscheen tijdens een nat weekend. We gingen een dagje de stad uit en reisden per bus naar het nabijgelegen Chester. We waagden een poging tot een eerste echte kus in de beschutting van het apenhuis in de dierentuin van Chester voor de ogen van de krijsende, verbaasde chimpansees. We namen de bus terug naar Liverpool en gingen naar mijn kamer met het onuitgesproken plan 'het' te doen. Maar ik kon het niet. Ik werd overweldigd door gevoelens van wanhoop, walging en verdriet. Patrick was een echte heer en zocht de schuld voor mijn angst bij zichzelf.

Hij ging terug naar Dublin; ik werd een kluizenaar en schreef en herschreef mijn opdrachten in een poging de essentie van mijn gedachten te vinden. In een verhandeling komt er een punt waarop de analyse van de visies van anderen eindigt en de creatieve stroom van persoonlijke overpeinzingen begint. De stroom lijkt op de endorfineroes die je krijgt wanneer je over lange afstanden hardloopt. Ik begon ernaar te streven de afgifte van endorfine in mijn hoofd op te wekken.

Mijn verhandelingen oogstten bewondering en leidden tot hoge cijfers. Docenten maakten er kopieën van en gebruikten ze als voorbeeld van een weloverwogen essay en dat moedigde me aan me open op te stellen tegenover de andere studenten. Ik raakte bevriend met twee meisjes uit mijn cursus: Debs, met blonde krullen en een vriendje dat nauwelijks van haar af kon blijven, en Sarah, een typisch Engelse schoonheid met een beenprothese ten gevolge van een auto-ongeluk, die altijd nerveus glimlachte, alsof ze voortdurend probeerde het anderen naar de zin te maken. Sarah deed alles om aan de eisen van de studie en het studentenleven te voldoen, waar ik naar behoren notitie van nam.

Wij drieën kregen een nauwe band met een andere studente, Elaine, die er onconventionele ideeën op nahield en voorstander was van alternatieve geneeswijzen. Van haar werd ook gezegd dat ze over paranormale vermogens beschikte. Dus zaten we op een avond na een maaltijd in Sarahs huis in kleermakerszit in een kring op de vloer terwijl ze onze afstudeerresultaten voorspelde.

Met haar ogen dicht vroeg ze ons alle namen te geven van de studenten sociologie en sociale politiek. Na elke naam was het even stil, en dan zei ze beslist: 'een negen' of: 'een achtenhalf'. Toen ik aan de beurt was, voorspelde ze een cum laude.

Stak Elaine de draak met me? Ik dacht aan de kuikens die mijn kamer op de kibboets binnen waren gegooid. Nadat ik er grondig over had nagedacht en het van alle kanten had bekeken, kwam ik tot de conclusie dat het gewoon voor de lol was en dat de voorspelling er niet toe deed.

De voorspelling dat ik cum laude zou afstuderen, bevestigde mijn reputatie als intellectueel. Studenten die me uit de weg waren gegaan omdat ik vreemd was, kwamen me om raad vragen, een oppepper voor mijn ego met rare bijverschijnselen. Soms had ik het gevoel dat er niet één enkel individu luisterde wanneer ik sprak, maar een kleine groep die zich net aan mijn gezichtsveld onttrok. Die anderen zaten achter de scheiding tussen de linker- en rechterhersenhelft in mijn hoofd onsamenhangend te mompelen. Wanneer die fluistercampagne ondraaglijk werd, greep ik naar de fles. Ik dronk altijd gin. Een flinke zuippartij legde de stemmen het zwijgen op en omdat ik, in tegenstelling tot de meeste studenten, in mijn eentje dronk, versterkte dit mijn reputatie dat ik zowel excentriek als intelligent was.

De stemmen waren terug, maar op een andere manier. Ze hielden me in de gaten en maakten me bewust van mezelf. Wanneer ik bijvoorbeeld bij een hoorcollege het goede antwoord op een vraag wist en niemand anders dat leek te weten, voelde ik me verplicht met de mompelende anderen te overleggen voordat ik iets zei. Er werd op me gelet, dus kijk uit.

Schep niet op. Ga niet in de fout. Zorg ervoor dat je niet voor schut staat. Soms keek de docent, in de veronderstelling dat ik het antwoord wist, naar mij, evenals de studenten, en dan zat ik daar zonder iets te zeggen en luisterde naar de herrie die de onzichtbare 'anderen' maakten.

Op die momenten, wanneer de docent en de studenten naar me keken, ervoer ik, als een niet-betrokken derde partij, dat er naar me werd gekeken. Ik keek naar mezelf met een lege uitdrukking op mijn gezicht, net zoals de andere studenten naar me keken, zoals je naar iemand kijkt die naakt is, of iemand in een prachtige jurk, of naar iemand die – of iets wat – niet helemaal klopt. De zenuwtrek in mijn nek begon op te spelen. Dan vroeg ik me af of de mensen in de collegezaal het geklets dat ik hoorde ook konden horen. Het was zo hard, zo echt, dat ik niet kon geloven dat anderen niets konden horen.

Ik was de gijzelaar van de stemmen, hun gevangene. Ik wilde niet de aandacht op mezelf vestigen, de stemmen verontrusten, hun toorn opwekken. Ik was niet in staat contact met mensen te maken. Er speelde zich een dialoog in mijn hoofd af en daardoor werden alle anderen buitengesloten: mijn vriendinnen, en zelfs Patrick. In de liefde worden we bevestigd door degene die van ons houdt. Ik hield van Patrick, maar kon dat niet laten merken. Hij was zachtaardig, vriendelijk, geduldig; hij was mijn hoop op een normaal leven.

Hij kwam weer naar Liverpool. Hij ging naar de kapper om zijn haar te laten knippen en stapte de winkel uit met een blos op zijn wangen en een pakje condooms. Ik had geen idee dat je bij de kapper condooms kon kopen of waarom. Het lastige van slim zijn is dat veel eenvoudige dingen een raadsel blijven. We gingen naar een pension op het platteland voor een romantische nacht – diner met mousserende wijn bij kaarslicht, hand in hand de krakende trap op lopen, zoenen achter de dichte deur. Het was mijn eerste keer. Patricks eerste keer. We kleedden ons in het donker uit en vijf minuten nadat we tussen de lakens van het grote tweepersoonsbed waren gekropen, stond ik op en nam de laatste trein naar station Lime Street in Liverpool. Ik was waardeloos.

Patrick verhuisde, om redenen die ik nooit helemaal heb begrepen, van Dublin naar Swansea en we probeerden het opnieuw toen ik hem daar kwam opzoeken. Weer kwamen we tot in het bed, maar die nacht stapte ik eruit om in de slaapzak te kruipen die ik voor in noodgevallen had meegenomen. Ik hield van Patrick, maar ik kon liefde en seks niet met elkaar rijmen. Ik snakte naar liefde, maar kon geen aanraking verdragen. Ik kon me niet voorstellen dat iemand, wie dan ook, mijn lichaam in zou komen.

Ik was fysiek aan mijn vader ontsnapt, aan het geluid van zijn kortegolfradio, zijn voetstappen op de trap, zijn spookachtige stem die bij de badkamerdeur fluisterde: 'Je moeder zegt dat je nu wel lang genoeg daarbinnen bent geweest,' terwijl ik verscholen in de damp nare dromen van mijn broodmagere lijf boende. Een lijf waarvan de ribben en heupbeenderen door het vlees heen staken en dat bij het sleutelbeen diepe schaduwachtige holtes vertoonde. Met een plat, vleesloos achterwerk; ik stelde me voor dat hij dat in zijn twee grote handen hield terwijl zijn dikke tong mijn onschuldige kleinemeisjeslichaam binnendrong. Maar 's nachts was hij alomtegenwoordig in mijn dromen. De nachtmerries kwelden me zodanig dat ik bij het ontwaken lucht inademde die, eventjes, was bezoedeld met de indringende geur van Brylcreem en aftershave.

Mijn kwetsbaarheid moedigde de stemmen aan.

Niemand houdt van je. Je bent niets. Kom op, Alice, maak jezelf van kant. Je weet dat je dat wilt. Doe het. Probeer het. Doe het nú.

Als de stemmen eropuit waren me van menselijke communicatie af te snijden, kregen ze dat goed voor elkaar. Het kon gebeuren dat ik plannen maakte om Debs of Sarah of Elaine te treffen, en dan afzegde of niet kwam opdagen. Dan ergerden ze zich natuurlijk, en de stemmen lieten zich dan gelden.

Kijk, zelfs je vriendinnen vinden je nu niet aardig.

Het duurde dan niet lang of het koor van onbekende stemmen verdween naar de achtergrond en de gebruikelijke geluiden van de professor en zijn maten staken de kop op met hun hatelijke commentaar.

Je denkt dat je heel slim bent, maar dat ben je niet. Jij komt nooit ergens. Je zult nooit iets bereiken. Cum laude? Laat me niet lachen!

De stemmen die de professor vergezelden vielen hem bij met opmerkingen als: *Goed gezegd. Heel goed. Dat zal haar leren. Wie denkt ze wel dat ze is?*

Het was niet gemakkelijk om me normaal te gedragen terwijl de nachtmerries aanhielden en de stemmen me bleven zeggen dat mijn bestaan overbodig was. Het vervolgverhaal was in Israël grotendeels op een zijspoor gebleven, maar nu kwam het in volle hevigheid terug. De stemmen gaven me het gevoel dat ik was afgesneden, van de wereld gescheiden als een ballon die door een kinderhand was losgelaten. De combinatie van de stemmen met de nachtmerries spoelde de laatste spoortjes zelfvertrouwen weg die ik in mijn grote rugzak had ingepakt en van de kibboets Neve Eitan mee naar huis had genomen.

Terwijl mijn zelfvertrouwen slonk, begon het weer zijn donkerdere kanten te laten zien. Er viel die winter sneeuw. Die bedekte de bomen en lag als een deken over de daken. De herrie in mijn hoofd werd zo doordringend als het geluid van een feest in een naastgelegen appartement, een bio-akoestisch kabaal dat mijn gewone routine verstoorde, en ik begon weer tijd kwijt te raken.

Het gebeurde wel dat ik in een collegezaal zat met een heleboel aantekeningen in mijn map en me niet kon herinneren dat ik aantekeningen had gemaakt of wat het onderwerp van het hoorcollege was geweest. Of dat ik me door het Chinatown van Liverpool haastte en niet meer wist waarheen ik zo haastig op weg was, met wie ik blijkbaar had afgesproken. Of ik keek op mijn horloge en vergat meteen hoe laat het was, hield het automatisch weer voor mijn ogen en vergat het opnieuw. Soms was het wel komisch. De wijzers op mijn horloge leken stil te staan of rond te draaien of achteruit te lopen, en veranderden de tijd van een continuüm in een raadsel, waarbij de vraag *wat de tijd was* transformeerde tot de vraag *wat tijd was*.

Tijd was onberekenbaar, net als ruimte en geografie.

Als ik ging hardlopen, strekten de straten van de stad zich tot het oneindige uit, werden de gebouwen groter, stonden ze dichter op elkaar. Het Liver Building met zijn vier reusachtige klokken doemde op als een gevangenis, als het kasteel in mijn ergste nachtmerrie. Telkens wanneer ik een hoek om ging, voelde ik me gevangen in een doolhof, als een prent van Escher: een duizelingwekkende wereld zonder begin of einde, met straten die allemaal identiek waren, het Liver Building dat om zijn as leek te draaien en me volgde, me gadesloeg. Mijn keel werd dichtgesnoerd, zodat ik naar adem snakte.

Bij toeval, of, zoals Elaine zou zeggen, door karma, kwam ik dan aan de rand van de stad en denderde over de brug die naar het open veld leidde. De bomen waren kaal, glinsterden van de rijp, en ik kreeg het griezelige gevoel dat ik over de weggetjes in de buurt van ons oude huis rende. Het ritme van mijn loopschoenen bracht een cyclus van herinneringen op gang, net zoals de aanraking van een vreemde me in een diepe depressie kon storten, waartegen naar huis rennen om een slok uit de fles onder mijn bed te nemen de enige remedie was.

Elaine was een aanhalig type. Ze droeg houten kralen en lange, wijde rokken. Ze knuffelde me bij elke ontmoeting, waarbij haar omvangrijke borsten mijn uitgemergelde lichaam pletten. Dan deed ik mijn ogen dicht en zei bij mezelf: het is goed, Alice. Laat het toe. Deins niet achteruit. Ze is je vriendin. Als de stemmen niet tegen me praatten, praatte ik wel tegen mezelf.

Patricks incidentele telefoontjes en brieven waren mijn redding. Maar Patrick deed me aan seks denken en seks deed me aan mijn nachtmerries denken. Die drie jaar aan de universiteit dreef een mengeling van ambitie en gebrek aan eigenwaarde me ertoe hard te werken voor mijn graad. En al die tijd had ik te kampen met de dromen en met de stemmen.

Maak jezelf van kant, maak jezelf van kant. Snijd je polsen door, snijd je keel door. Je stelt niks voor, je bent waardeloos, je bent uitschot. Niemand vindt je aardig, niemand wil je. Doe de wereld een plezier, Alice, pak een fles slaappillen en neem die in met een fles gin. Geef het op. Je weet dat het je niet gaat lukken. Het loopt toch fout, dus hou maar op. Niemand vindt je aardig. Niemand wil je. Toe maar, neem nog een slok uit die fles. Neem nog een pil.

Ik dacht erover medische hulp te zoeken, maar ik had dat al geprobeerd met dokter Purvis. Ik was op Jane Purvis gesteld. Jane had geprobeerd me te helpen. Maar al dat geklets over Freud en de geslachtsdaad leek banaal en zinloos. Wanneer ik in haar spreekkamer met de lage stoelen en de luxaflex was geweest, was ik vaak depressiever dan toen ik binnenkwam. Ik nam een voorbeeld aan Sarah en probeerde te leven met mijn specifieke aandoening en vroeg me af wat erger was, terwijl ik op gezonde benen rondrende: een ontwricht lichaam of een ontwrichte geest. Je wordt geboren met alle hersencellen die je ooit zult hebben. Je wordt wie je bent afhankelijk van wat je overkomt en de keuzes die je maakt. Wat er in de eerste vormende jaren gebeurt, is bepalend voor latere keuzes, en het is vrijwel onmogelijk de richting die je inslaat te veranderen of beïnvloeden. De moordenaar en de pedofiel blijven altijd aanwezig.

Ik klampte me vast aan de illusie dat ik een gewoon meisje was, met een vriendje en plannen om in de zomer opnieuw naar Israël te gaan. Het hele jaar had ik ernaar uitgekeken om weer naar Neve Eitan te gaan, maar op het laatste moment veranderde ik van gedachten. Ik wilde de herinnering niet bederven en ging in plaats daarvan naar een ander deel van Israël, om fruit te plukken in Moshav Bene Atarot, waar de lange zonnige dagen in elk geval de pijn verzachtten.

Sarah voegde zich twee weken voor het einde van mijn reis

in Tel Aviv bij me en we gingen naar Egypte om de piramiden en de sfinx te bezichtigen. We konden niet met rammelkasten van bussen reizen of trektochten maken, zoals ik in mijn eentje zou hebben gedaan. Ik moest er rekening mee houden dat Sarah een lichamelijke handicap had en zich bovenmenselijke inspanningen moest getroosten om mee te kunnen komen. Ik op mijn beurt spande me in om te doen wat het beste voor Sarah was, en wat het beste voor Sarah was bleek ook voor mij het beste te zijn. De stemmen lieten me die twee weken in Egypte met rust.

Ik weet niet meer precies hoe het tweede jaar aan de universiteit verliep. Het is een waas van late avonden onder een kaal peertje waarop ik met de ene hersenhelft naar het geklets luister en met de andere aantekeningen voor essays maak. Een balanceeract om de twee hemisferen aan het werk te houden en een weerspiegeling van mijn relatie met Patrick: samen maar apart. De professor was mijn vaste metgezel in mijn nieuwe kamer op de YWCA (Young Women's Christ Association), met tralies voor het raam, een bed, één stoel en een tafel. Ik studeerde politicologie en geschiedenis van de sociale politiek, wat ik allebei moeilijke vakken vond, evenals sociologie, wat me vertrouwd was omdat het een eindexamenvak was geweest.

De YWCA lag aan de oever van de rivier, op vijf kilometer afstand van de universiteit. Van mijn spaargeld kocht ik een mountainbike om de dagelijkse reis heen en weer te maken. Steeds door dezelfde straten, als een bus die altijd dezelfde route volgt, langs de oude pottenbakkerijen en de koperfabriek, de St. Michaelkerk, Sefton Park, zonder dat ik mijn ritme veranderde. Bij een vaste routine kon ik functioneren. Ik hield de illusie in stand dat ik normaal was, terwijl er in mijn hoofd subtiele veranderingen plaatsvonden, als scheurtjes in het ijs: het bewuste deel van mijn geest in gevecht met het onbewuste.

Mijn verhouding met herinneren en vergeten werd onbetrouwbaarder. Ik kon me hele bladzijden tekst herinneren maar vergat te eten, vergat afspraken en beloftes. Als de collegetijden veranderden, raakte ik in verwarring. Dan stond ik om tien uur voor een dichte collegezaal naar het rooster te staren en wist niet of ik had geweten dat het college om elf uur zou beginnen maar het vergeten was, of dat het van tien uur naar elf uur was verzet en dat ik dat was vergeten. Omgekeerd kon ik ook een uur te laat arriveren, op mijn horloge kijken zonder te onthouden hoe laat het was, en weer kijken. Is het dinsdag of woensdag? Politicologie of sociale politiek?

Ben ik Alice?

Wie is Alice?

De herinnering is als een getwijnd touw met drie strengen die functioneren volgens een rangschikking van coderen (het produceren en combineren van informatie), opslaan (een systeem om de gecodeerde informatie te registreren) en terughalen (het proces om de informatie weer op te roepen). We hebben een miljard neuronen in ons brein die communiceren via chemische en elektrische synapsen in een proces dat synaptische transmissie wordt genoemd. Het is nauwelijks verrassend dat de draden in de war raken, eigenlijk is het verbazend dat ze niet vaker verstrikt raken. Ik lijd, in termen van het geheugen, aan een combinatie van amnesie, geheugenverlies, gewoon vergeten en een deprimerend vleugje hyperthymesia, het tegenovergestelde. Dat is wanneer je je kleine persoonlijke details griezelig scherp kunt herinneren; nuttig wanneer je dat vermogen toepast bij het leren, maar zielsvernietigend wanneer je in het verleden graaft. Mijn verleden.

Patrick kwam logeren en we deden een laatste hopeloze poging om te vrijen. Het werd niks, en het bracht een reeks nachtmerries op gang toen hij naar Swansea terugging. Nacht na nacht zag ik als in afleveringen van een of andere vreselijke soapserie mezelf, of iemand die eruitzag als ik, als zesjarige in papa's auto stappen en er weer uit komen bij een groot gebouw dat op het Liver Building leek, maar in mijn droom een kasteel was geworden. We liepen hand in hand een heleboel trappen af naar een deur en kwamen in de kerker, waar heel veel mensen stonden te zingen, de kinderen naakt waren en brandende kaarsen schaduwen op de muren wierpen. Dan werd ik gedesoriënteerd wakker van een angstige kinderstem en verbeeldde me dat het kind daar in mijn kamertje was. Dan deed ik het licht aan en keek onder het bed. Het kind was er niet. Het kind was ín me, maar stond ook buiten mij, zoals de flikkerende schaduwen op de muren van de kerker. Het kind was bang vanwege wat er bij eerdere bezoeken aan het kasteel met haar was gebeurd en bang voor wat er weer met haar zou gaan gebeuren. Ik zeg 'haar', maar het kleine mensje dat het 's nachts uitschreeuwde was geslachtsloos en ik had het vage gevoel dat het eerder mannelijk dan vrouwelijk was.

Er groeide iemand of iets in me, als een foetus. Konden mijn bedroevende pogingen om met Patrick te vrijen me een schijnzwangerschap hebben bezorgd? Ik voelde dat er zich iets vormde, ontwikkelde, bewoog, maar ik voelde me niet gelukkig zoals zwangere vrouwen zich gelukkig en voldaan voelen. Het wezen in mij was een monster en het vervulde me met schaamte en zelfverachting. Ik kon mijn angst niet aan Patrick uitleggen en schreef hem uiteindelijk dat ik niet in staat was onze relatie in welke vorm dan ook voort te zetten. Het brak mijn hart, en ik denk ook het zijne.

Ik bracht de zomer door met mama en Stephen. In de laatste weken wist ik een inschrijving in de wacht te slepen voor de Birmingham Centenary Marathon (1889-1989). Ik had mijn grens opgetrokken tot vijfentwintig kilometer en dat had me bijna de das omgedaan. Zou ik meer dan veertig kilometer halen, ruim anderhalf keer zo lang?

Probeer het maar niet, Alice. Dat kun je helemaal niet. Dat zul je ook nooit kunnen. Je bent niet goed genoeg. Je bent nergens goed in. Je zult nooit ergens goed voor zijn.

De professor was terug in mijn hoofd.

'Ach, hou toch je kop.'

'Ben jij dat, Alice, praat je weer eens tegen jezelf?' riep mama vanuit de keuken.

'Ja, mam, dat ben ik, ik praat weer eens tegen mezelf.'

Ik wilde haar vertellen over de stemmen, de nachtmerries waarin ik de deur van mijn slaapkamer in het donker open zag gaan en mijn vader mijn kamer binnen zag komen. Ik had het haar al geprobeerd te vertellen sinds ik vijf was. Nu was ik twintig en een vrouw, maar ik kon het nog steeds niet. Elke keer dat ik het probeerde, verzandden de woorden in een migraineaanval.

Ik zuchtte en smeet het formulier neer op de tafel.

'Op de stippellijn tekenen,' zei ik.

Het idee was sponsorgeld in te zamelen voor een goed doel. Ik gaf haar een pen aan terwijl ze een blik op het formulier wierp.

'Dat meen je toch niet serieus?' vroeg ze.

'Ik ben nooit in mijn leven serieuzer geweest.'

'Dat wordt je dood, Alice.'

'Dan hoef je je geen zorgen meer om me te maken,' zei ik.

Ze deed tut-tut-tut en zette haar handtekening.

'Nou, waarvoor is het dan bestemd?' vroeg ze.

Daar had ik nog niet over nagedacht, maar ik antwoordde instinctief: 'De NSPCC (National Society for the Prevention of Cruelty to Children).'

Mama stelde zich garant voor twee pond per kilometer. Stephen volgde haar voorbeeld, zoals bij alles. Ik belde Clive om hem over te halen ook mee te doen, waar hij eerst hartelijk om moest lachen, maar uiteindelijk voegde hij nog twee pond per kilometer toe aan mijn lijst. Ik nam contact op met vrienden en een paar docenten in Liverpool, en tegen het weekend was ik bezig een nieuw paar Nike Airs in te lopen.

Een marathon lopen is meer een mentale dan een fysieke kwestie. Elke dag wanneer ik begon te rennen, luisterde ik naar mijn lichaam en wist ik of het een korte route zou worden of dat ik, op weg naar het grote onbekende, de afstand zou vergroten. Ik begon met een rustig programma, deed aerobics en duurtrainingen voor ik aan de warming-up volgens de Zweedse *fartlek*-methode begon, een gematigde vorm van duurtraining die inhoudt dat je regelmatig van tempo wisselt. Ik ging vaak naar Sutton Park, liep een paar rondjes in een kalm tempo en trok dan een paar sprintjes voor ik begon te wandelen om uit te rusten. Ik ging ook naar de atletiekbaan en liep een paar keer de honderd meter voor ik ging rennen, en bouwde zo tolerantie op voor het melkzuur dat het brandende gevoel in je spieren veroorzaakt wanneer die vermoeid beginnen te raken.

Tijdens een lunch met vrienden van mama, John en Penny, vertelde John een keer over zijn periode als wielrenner. John zat op zijn praatstoel en 'wist het een en ander'. Hij vond niet dat ik me goed genoeg op de marathon had voorbereid, maar hij sponsorde me toch.

Het evenement vond plaats op een heldere, wolkeloze warme nazomerdag op de laatste zondag van september. Duizenden lopers verzamelden zich aan de start bij het Alexander Stadium, er klonk een pistoolschot, de menigte brulde en we gingen ervandoor, een bruisende mensenstroom. Niet dat ik vanaf mijn plaats ver achter de startlijn een glimp van de grote atleten kon opvangen, maar de marathon van Birmingham was een oefenwedstrijd voor de Commonwealth Games. Ik had bij mijn inschrijving een geschatte finishtijd tussen de vier en vierenhalf uur opgegeven, maar was stiekem naar de volgende zone doorgeschoven, alsof ik door zelfsuggestie de magische grens van vier uur kon doorbreken.

Terwijl ik in mijn ritme probeerde te komen, zag ik alleen maar een zee van deinende hoofden, allemaal hetzelfde, allemaal met hetzelfde doel. Ik bedacht dat de overeenkomsten tussen ons groter waren dan de verschillen. Man en vrouw, jong en oud, lang en kort, we wilden allemaal maar één ding: de marathon uitlopen. Tegen de verwachtingen in slagen, ons trots voelen en hopen dat er een beetje meer van ons zou worden gehouden en dat we wat in achting zouden stijgen.

Het veld dunde al snel uit. Ik liep in een groepje van een stuk of tien deelnemers; gefladder van rugnummers, hijgende ademhaling, dreunende loopschoenen. Ik wilde niet uitgedroogd raken en griste bij elke drinkpost een flesje water mee. Toen we bij Centenary Square kwamen – op de helft – keek ik op mijn horloge en voelde een golf van opwinding. Mijn doel lag binnen bereik.

De route voerde ons over de campus van de universiteit van Birmingham en tegen een steile heuvel op naar Edgbaston. Op mijn obsessief-compulsieve manier, en bij de herinnering aan wat me in Israël was overkomen, was ik er zo op gebrand om niet uitgedroogd te raken dat ik te veel water had gedronken. Na vijfentwintig kilometer, de grootste afstand die ik tot nog toe had gelopen, kwamen we door een woonwijk en vroeg ik een paar mensen die de deelnemers voor hun huis stonden toe te juichen of ik van hun toilet gebruik mocht maken; dat was de enige keer dat ik echt even ophield met hardlopen.

Weer onderweg zette ik een spurt in om mijn groepje in te halen toen de route Kings Heath Park in voerde. Mensen in de menigte aten ijsjes, schreeuwden, vuurden ons aan, maar de extra inspanning eiste haar tol en in de schaduw van de hoge olmen 'liep ik tegen de muur op'. Ik kon nauwelijks nog een voet voor de andere zetten. Mijn motor viel stil. Binnen de vier uur zou me niet meer lukken. Het enige wat ik nog wilde, was de finish halen. Ik smeekte de jongen die naast me rende me door de pijngrens heen te praten, maar hij gromde alleen maar en strompelde verder. De marathon is alleen voor profs een wedstrijd. Voor alle anderen is het een gevecht met zichzelf. Je bent alleen en moet het alleen volhouden.

We kwamen in slakkengang het park uit en renden over Cartland Road, een bijzonder steile heuvel. Onderaan kreeg ik nieuwe energie en begon mensen in te halen die zich moeizaam over Pershore Road voortbewogen. We liepen Cannon Hill

Park in, waar ik het laatste beetje van mijn hernieuwde energie gebruikte om over de finishlijn te sprinten terwijl de tijd boven mijn hoofd 3 uur, 46 minuten en 14 seconden aangaf. Mama, Stephen, John en Penny stonden bij de finish te wachten, benieuwd of ik de marathon zou uitlopen. Wat een vertrouwen! Toen ik startte, wist ik dat dat me wel zou lukken. Voor mij ging het erom dat ik onder de vier uur bleef. Ik kreeg mijn medaille en een foliedeken om warm te blijven, hoewel het om kwart voor één 's middags tweeëndertig graden Celsius was – een Israëlische temperatuur.

John had een foto van me gemaakt toen ik over de finish kwam en gaf me meteen een cheque van zesentwintig pond. Ik dronk ongeveer vijf liter water en voelde me nog steeds high toen we naar huis reden, een gevoel dat de volgende morgen was veranderd in loden benen, waardoor ik op mijn billen de trap af moest glijden omdat mijn dijen en kuiten vreselijk pijn deden. Ik ging zwemmen om te voorkomen dat mijn spieren helemaal zouden verkrampen.

Toen ik al mijn sponsorgeld had opgehaald, had ik meer dan vijfhonderd pond, dat ik naar de NSPCC stuurde. Sindsdien kies ik het altijd als mijn goede doel.

Er vonden allemaal veranderingen plaats in mijn hoofd. Ik voelde het. Hoorde het. Het was alsof er muizen in een tredmolen liepen, met hun pootjes het rad lieten ronddraaien en al die elastische synapsen als stukjes silicone veranderden, vervormden, en me op het onvermijdelijke voorbereidden. Lang geleden begraven herinneringen kwamen uit hun opslagplaats naar boven en schudden het stof van zich af. Geestesstoornissen zijn net roest. Ze zijn nooit echt weg. Ze nemen sluipend bezit van je. Ze verergeren. Ik had hulp nodig. Ik moest mijn laatste jaar aan de universiteit zien door te komen voor de vulkaan uitbarstte.

Mama en Stephen brachten me aan het begin van het herfsttrimester weer naar Liverpool en we lunchten traditiegetrouw bij Pucci Pizza. Mama zei: werk hard, doe je best, alsof dat nodig was, en Stephen stopte honderd pond in mijn hand toen ze naar de wc ging. Het was deprimerend om zo'n aardige stiefvader te hebben.

Ik haastte me naar de YWCA, bracht de middag vol zelfvertrouwen in de keuken door met kokkerellen, maakte appelflappen en kletste bij met Sarah en Debs. Debs was emotioneel, eigenzinnig en vreselijk geagiteerd. Ze had het uitgemaakt met het laatste vriendje uit een lange reeks nadat ze naar zijn flat was gegaan om hem te verrassen. Maar hij verraste haar, toen ze hem in bed aantrof met haar beste vriendin. Ze zei dat ze met geen van beiden ooit nog zou praten en daar twijfelden we niet aan. Sarah en ik waren jaloers op Debs, maar schepten plaatsvervangend genoegen in de soap van haar liefdesleven. We wisten dat het niet lang zou duren voor een of andere Mark of Gavin of Jason zou komen opdagen om ons een spannende nieuwe aflevering te bezorgen.

In mijn laatste jaar specialiseerde ik me in politieke kwesties op het gebied van sociale politiek en volksgezondheid met betrekking tot de brede sociale groeperingen van sociale klasse, leeftijd, geslacht en ras. Ik moest twee scripties schrijven en koos huiselijk geweld als onderwerp voor de ene en vergeleek voor de andere aan gezondheid gerelateerd gedrag van werkende en werkloze mannen met behulp van een vragenlijst die ik zelf had opgesteld.

Toen ik de gezondheid van mannen als onderwerp koos, kwam het niet bij me op dat ik, die in de ontoegankelijke wereld in mijn hoofd leefde, weinig wist van de druk waaronder mensen in het algemeen en mannen in het bijzonder in het dagelijks leven staan. Het was voor mij niet vanzelfsprekend dat mijn onderzoek tot voor de hand liggende conclusies zou leiden. Werklozen waren geneigd meer te drinken, meer te roken, gingen lichaamsbeweging uit de weg en hadden meer dan werkende mannen last van mentale en fysieke aandoeningen.

Einduitkomst: als jullie gezond willen worden, mannen, zorg dan dat je werk vindt.

De scriptie was zorgvuldig gestructureerd en vele malen herzien, maar bracht geen nieuwe feiten aan het licht en leverde een teleurstellende beoordeling op, niet hoog genoeg als ik cum laude wilde afstuderen.

Mijn onderzoek naar geweld tegen vrouwen had meer reikwijdte en het was iets waar ik iets vanaf wist, ook al had ik geen idee hoe ik aan die kennis kwam. Voor veel vrouwen is 'thuis' een tegenstrijdig woord, een paradox. We zien thuis als een plaats waar je je prettig voelt, als veilig terrein, maar het kan ook een slagveld vol aanhoudend geweld zijn. Die omgeving, waarin kameraadschap en wreedheid tussen mensen naast elkaar bestaan, hield mijn geest bezig en mijn draagbare Olivetti de hele nacht aan het werk, tot ergernis van mijn buren in de aangrenzende kamertjes op de YWCA.

Feministische auteurs verklaren huiselijk geweld als de meest expliciete uiting van de macht van mannen, wat ik al te simplistisch vond. Ik begon geweld te beschouwen als de ontkenning van de vrijheid van de vrouw. Wanneer een vrouw de gevangene is van haar angst, is ze de vrijheid om zichzelf te zijn verloren. Als geweld een relatie binnensluipt, wordt het doorbreken van het taboe omgeven met een aura van allure en fascinatie. Wanneer een gewelddadige man eenmaal van de verboden vrucht heeft geproefd kan hij, als een heroïneverslaafde, niet wachten tot het volgende shot.

Mannen die ongestraft een vrouw slaan of een kind misbruiken, zullen geobsedeerd raken door het machtsgevoel en, heel verontrustend, gaan geloven dat ze boven de wetten en normen van de maatschappij staan. Die houding is schadelijk voor hun slachtoffers, maar berooft hen ook van hun vrijheid. Van alle dieren gebruiken alleen mensen geweld zonder reden, en geweld heeft vaak een seksuele component. In mijn scriptie stelde ik dat vrijheid is wat we allemaal het hoogst waarderen, en probeerde ik aan te tonen dat geweld de ontkenning van die vrijheid is.

Voor mijn onderzoek regelde ik een bezoek aan een blijf-van-mijn-lijfhuis om vrouwen te interviewen die zoveel geweld te verduren hadden gehad dat ze uiteindelijk hun toevlucht tot de hulpverlening hadden gezocht. Eén vrouw was aangevallen met een bijl en prees zich gelukkig dat ze er slechts een schedelbasisfractuur aan over had gehouden. Een andere vrouw was met een hondenriem in een hondenhok vastgebonden en had de resten van het bord van haar man als voedsel gekregen. Weer een ander was herhaaldelijk verkracht en geslagen. De vrouwen spraken er open en eerlijk over. Ze waren zo beschadigd en gebroken dat ze niet eens vroegen waarom een twintigjarige studente hen interviewde.

'Waarom heb je niet geprobeerd er redelijk met hem over te praten?'

'Hij had geen benul van redelijkheid.'

'Waarom heb je de politie er niet bij gehaald?'

'Dat kon ik niet. Ik was bang om dat te doen.'

'Hoe zat het dan als hij werkte?'

'Hij ging nooit werken.'

Het was hetzelfde patroon – elk leven, zo lijkt het, kent zijn patronen – en wanneer het patroon van geweld begint, herhaalt het zich keer op keer. Mannen met een lage eigendunk, meestal het gevolg van teleurstelling of werkloosheid, gewoonlijk onder invloed van drank of drugs, willen vaak zichzelf iets aandoen, maar durven niet. In plaats daarvan mishandelen ze die ene persoon die binnen bereik is, hun vrouw of levenspartner. Ze mogen dan zichzelf als niets beschouwen, zij is minder dan niks, en het moet dan wel haar schuld zijn als ze over de rooie gaan.

Veel echtgenoten en levenspartners, ontdekte ik, geloven dat het de plicht van de vrouw is om lief te hebben, respect te tonen en te gehoorzamen. Hun plicht is het hun vrouw te straffen als ze dat niet doet. Die mannen zullen je vertellen dat ze nooit de bedoeling hadden om hun vrouw te mishandelen. Ze wilden haar alleen maar helpen een beter mens te worden. Ze slaan haar uit vriendelijkheid. Uit liefde. Het doet henzelf, zo zeggen ze tegen de vrouw die ze slaan, meer pijn dan haar.

Respect is het sleutelelement. Als de vrouw iets verkeerds heeft gedaan, denkt hij dat ze geen respect meer voor hem zal hebben als hij haar niet straft. Het zou gemakkelijker voor hem zijn om haar overtreding – dat ze niet de maaltijd heeft klaargemaakt waarvan ze had moeten weten dat hij die wilde eten, dat ze niet een sixpack heeft gehaald bij de slijterij, dat ze het huishoudgeld niet goed beheert wanneer ze zegt dat er geen geld was om naar de slijter te gaan – door de vingers te zien. Hij wíl haar niet straffen, maar het is een kwestie van respect. Hij hunkert naar respect omdat hij geen respect voor zichzelf heeft.

De vrouwen in het opvanghuis vertelden dat ze het geweld hadden verdragen omdat ze diep vanbinnen geloofden dat hun partner van hen hield. Ze waren hun bezit geworden, en de mannen mishandelden hen uit vrees kwijt te raken wat ze bezaten. De vrouwen, op hun beurt, verdroegen de mishandelingen en bleven onder hetzelfde dak wonen als bewijs dat ze niet van plan waren weg te gaan en dat zij ook van hun partner hielden.

Het was allemaal erg krom, maar ik begreep het. Mannen hebben er chronisch behoefte aan te geloven dat ze een essentiële rol spelen in het leven, dat ze meer zijn dan slechts een golf in de zee die verloren gaat tussen de andere golven. Wanneer mannen zich nutteloos voelen, leidt hun verlies aan waardigheid tot zelfhaat die in geweld uitbarst, dat ze op hun vrouw, en soms hun kinderen, botvieren, vaak ook op allebei. Jongens die mishandeld zijn, worden bruten. Meisjes die geweld hebben ondervonden, voelen zich aangetrokken tot agressieve mannen. Er is een patroon, en het maatschappelijk werk ziet dat vaak niet.

Dankzij mijn vermogen om verschillende delen van mijn leven in aparte hokjes te stoppen, was ik in staat notities van die afschrikwekkende ervaringen te maken zonder er overmatig door te worden aangegrepen. Net als het uitlopen van de marathon was de scriptie die ik schreef zo cruciaal voor mijn gevoel van eigenwaarde dat ik alle gevoeligheid van de rechter-hersenhelft afsloot en afstemde op de analyserende linkerhelft. Mijn eigen ervaringen, echt of verzonnen, beïnvloedden mijn denken over huiselijk geweld, maar ik was in staat ze opzij te schuiven en een objectief verslag te schrijven.

Daardoor behaalde ik het hoogste resultaat in mijn groep. Nu kwamen de laatste examens op het gebied van politieke kwesties en volksgezondheid. Ik kon me gelukkig prijzen dat ik in Liverpool uitstekende docenten had gehad; zij hadden er alle vertrouwen in dat ik het er goed vanaf zou brengen, en ik begon aan de examens met een schietgebedje: 'Niets zeggen. Niets zeggen. Niets zeggen.'

De stemmen hielden zich stil. Ze wachtten hun tijd af. Het intensieve werk, tot diep in de nacht studeren en een borrel voor het slapengaan, waren een middel tegen slapeloosheid, net als codeïne en een blikje cola een nuttige remedie waren voor katers en hoofdpijn. Als de bende van de professor vitriool wilde spuien wanneer ik 's ochtends op weg ging naar de universiteit, begon ik harder te fietsen en dan verdwenen hun stemmen in de wind. Ik voelde me als Hans Brinker die zijn vinger in het gaatje in de dijk stak. Er was een handvol vingers nodig om die miljarden neuronen op hun plaats te houden en ik voelde de druk in mijn schedel toenemen.

Elaine zei eens dat ik, als ik ooit zou trouwen, in spijkerbroek naar het altaar zou lopen. Ik stond lange tijd in de spiegel te kijken, op zoek naar mij, mijn echte ik, en ging toen naar buiten en kocht een jurk om op het Graduation Ball te dragen. Het kon me niet schelen wat ze zouden zeggen.

De viering van het einde van de studie vond plaats in een hotel in het centrum van de stad, waar we in groepjes aan lange tafels zaten, net als in een eetzaal. We deden alsof we naar de toespraken luisterden, dronken wijn en gingen de dansvloer op. Het was voor het eerst in drie jaar dat ik me echt als student gedroeg. Jongens die me altijd genegeerd hadden, trakteerden me ineens op drankjes. Ik weet nog dat Sarah zei dat ze zonder de steun van Debs en mij de studie nooit tot een goed einde had kunnen brengen. Daar moest ik van huilen. Ik werd dronken. Ik gaf over op de wc en zakte in voordat we naar de flat van een van de jongens van de studie, Rob, gingen, waar we een joint rookten, zaten te giechelen en chocolade-koekjes aten.

Een paar dagen later werden onze cijfers op het prikbord in het Eleanor Rathbone Building op de universiteit opgehangen. Een hele menigte mensen drong naar voren en ik merkte dat ik op de persoon van de kokkerelster overschakelde om me er een weg doorheen te banen.

'Pardon.'

'Pardon,' antwoordde ik.

'Daar is ze,' zei een van de jongens.

Ik grijnsde en stak mijn vuist op.

Yes. Yes. Yes.

Ik bleef in Liverpool tot de diploma-uitreiking. Ik had vrij-wel geen contact met mijn vader. Ik nodigde hem niet uit voor de plechtigheid en vroeg Stephen in zijn plaats. Nadat ik in de Philharmonic Hall in Hope Street mijn bul had gekregen, gin-gen we voor de laatste keer naar Pucci Pizza, om het te vieren.

Ondanks het kwijtraken van tijd, gaten in mijn geheugen, de nachtmerries en de stemmen, was ik dat jaar het podium op gestapt om een cum laude in ontvangst te nemen. De voor-spellingen die Elaine drie jaar eerder had gedaan, waren in alle gevallen juist geweest. Heel griezelig.

Hoofdstuk 8

Verkracht

Met mijn *Let's Go Italy* in het zijvakje van een lichtgewicht rugzak reisde ik twee weken lang over de Italiaanse wegen en spoorlijnen van Milaan naar Napels voor ik begon aan mijn eerste baan als onderzoeksassistent op een instituut ter bevordering van de volksgezondheid in Wales.

Ik huurde een studio met een onbenullige scheiding tussen de slaapkamer en de keuken, waar ik de beschikking had over een tafel, kon kiezen uit twee stoelen, en bij de radio ontbeet met Weetabix. Het was alsof ik op de set van een Ken Loach-film leefde, met het flauwe licht dat zwak en mistig door het smalle raam naar binnen viel, een vloerkleed met krulmotief op de slaapkamervloer en behang met een bloemenpatroon dat de ruimte nog kleiner maakte. Meer kon ik me niet veroorloven en ik was vastbesloten mezelf te redden, zonder hulp van mijn familie. Ik werkte op de vierde etage van een modern gebouw, waar ik mijn eigen bureau had in een gezamenlijke kantoorruimte.

Dit was de echte wereld: benauwd, hardvochtig, beperkt door routine en slecht betaald. Ik was volmaakt gelukkig.

Mijn twee collega's waren goed in hun werk en behulpzaam voor mij als nieuweling, en tijdens onze pauzes ontdekten we veel dingen waarom we konden lachen. Ik was op mijn pootjes terechtgekomen. In ons kantoor had Louise Lloyd-Jones de leiding, een ex-verpleegster van begin veertig; ze was een zachtaardige, opmerkzame vrouw, altijd elegant gekleed, met een licht Welsh accent en een luisterend oor voor ieders problemen. Rosaleen Sharpless was een blonde stoot, lang, slank, elegant, achter in de twintig. Ze was cum laude aan Durham afgestudeerd in de sociologie en werkte aan een gezondheidbevorderingsproject dat gericht was op daklozen. Rosaleen blaakte van het zelfvertrouwen dat ik zo graag had gehad, en ik probeerde met weinig succes haar manier van doen en kledingstijl te imiteren.

Het was 1990 en een Europese studie had het verrassende nieuws onthuld dat roken op de werkplek slecht was voor de gezondheid. Mijn taak was de gegevens te bestuderen en rapporten te schrijven die via de gebruikelijke kanalen tot in het Welsh Office kwamen. Rammend op het toetsenbord van mijn computer op mijn hoekbureau, de muur naast me behangen met kaarten en cirkeldiagrammen, reikte mijn arm tot het kabinet, in het hart van de regering. De Waarschuwing van Alice: ROKEN IS DODELIJK.

De meeste weekends ging ik naar huis, zodat ik mijn ideeën over het bevorderen van de gezondheid met mama en Stephen kon bespreken. Sinds mijn ouders gescheiden waren, had Clive mijn vader nooit meer bezocht. Ik wist niet wat dat over hun relatie zei. Dat weet ik nog steeds niet, maar ik heb me altijd afgevraagd of zij ook lijken in de kast hadden.

Het was aan mij overgelaten om mijn vader te vertellen dat mama hertrouwd was en misschien heb ik dat wel vrijwillig gedaan, om te zien hoe hij reageerde. Er bestond een nauwelijks omschreven band tussen mij en mijn vader. Hij was degene die me op schoot had genomen toen ik klein was. Mijn vader was een bron van liefde, en wanneer je een kind bent is verkeerde liefde beter dan helemaal geen liefde.

Tijdens de drie jaar dat ik in Liverpool zat, had ik hem nauwelijks gezien. Ik besloot bij hem op bezoek te gaan; dat zag ik als een soort plicht. Nu zie ik in dat het een combinatie was van mijn behoefte aan goedkeuring en de gelegenheid om met mijn toenemende status te pronken. Ondanks alles had ik het overleefd. Ik kon mezelf bedruipen. Ik speelde een rol in de campagne om levens te redden door de wet met betrekking tot roken te veranderen. Ik wilde hem laten zien dat ik belangrijk was.

Mijn vaders nieuwe huis was een witgepleisterde villa gelegen in een tuin met een keurig gemaaid gazon. Het had een imposant bordes met een stel gipsen leeuwen die een oogje hielden op de zwart-witte tegels en een tweetonig klingelende bel, waardoor ik me afvroeg of er misschien een butler zou komen opendoen.

Even voelde ik me zenuwachtig, maar toen ging de deur open en stond daar mijn vader in een zwart pak met das, zijn Rotary Club-insigne als een gouden zonnetje op de revers van zijn jasje. Hij leidde me naar de achterkant van het huis, waar de keuken uitkwam op een zitkamer vol miniatuurpalmbomen en planten in potten. Er zat patroonbehang op de muren, er waren een grote televisie en wat familiefoto's, wat ik om een of andere reden vreemd vond, en er stond een dure set golfclubs tegen de wand.

Hij zette thee en legde wat koekjes op een schaal, die ik niet aanraakte. Hij zat ernstig te luisteren in zijn oorfauteuil terwijl ik praatte. Hij leek ongevaarlijk en kleiner dan ik me herinnerde. In mijn kinderogen was hij een reus geweest. Nu was hij van middelbare leeftijd, teleurgesteld, eenzaam. Hij stelde vragen over mijn baan, over mijn studententijd in Liverpool. Het deed me plezier hem te laten weten dat ik het beter had gedaan dan Clive en cum laude was afgestudeerd. Terwijl ik praatte, besefte ik dat ik rancuneus en opschepperig klonk. Het opgewekte zelfvertrouwen dat Clive aan zijn jeugd had overgehouden was iets wat ik nooit zou hebben, ongeacht hoe hard ik werkte of wat ik bereikte.

Waarom ging ik mijn vader opzoeken? Het is lastig om de redenen waarom we bepaalde dingen doen te analyseren, en die redenen zijn ook heel divers. Ik hing de waaghals uit. Ik speelde met vuur. Mijn vader met zijn geaffecteerde stem wist precies de juiste snaar te raken. Hij toonde belangstelling. Hij zei dat hij trots op me was, dat hij altijd had geweten dat ik het er goed vanaf zou brengen. Hij streek met zijn hand over zijn haar, dat nog steeds glom van de Brylcreem. Terwijl we praatten leek het niet alsof ik met mijn vader zat te kletsen, maar met iemand die ik nauwelijks kende; een oude leraar van de basisschool, een verre tante, een vergeten kennis die ik toevallig was tegengekomen.

Toen het tijd was om weg te gaan, ging hij bij de deur staan en keken we naar elkaar als twee behoedzame katten. Hij kuste me niet. Ik wilde dat ook niet. Op de terugweg naar het station kreeg ik griezelige gevoelens en ik besloot hem nooit meer te gaan opzoeken.

De trein terug naar Wales had vertraging. Ik stond in mijn eentje op het lange perron op New Street naar de rails te turen die aan de horizon verdwenen, wat de herinnering bij me opriep aan het hardlopen door de laan met bomen, waarbij ik de oneindigheid probeerde te bereiken. Toen de trein kwam, rammelde die traag door de warboel van onbekende plaatsen en gesloten fabrieken, bergen mijnafval van verlaten kolenmijnen, winderige hoofdstraten met wazige gele lampen bij de ingangen van pubs. Wanneer we onderweg bij een station stopten, leken de wachtende mensen in het waterige licht op spoken. Het was moeilijk voorstelbaar waarom ze daar waren en waar ze heen gingen, waarom iemand ook maar ergens heen ging. De lucht was zwart en ik raakte doorweekt van een gestage motregen die me op de lange wandeling naar huis vergezelde.

Die nacht kon ik urenlang niet slapen, maar toen ik in slaap was gevallen, werd ik gewekt door een kinderstem die het uitschreeuwde, een langgerekte jammerklacht vervuld van pijn waarvan ik wakker schrok. Ik kon daarna niet meer slapen en stond bij het ochtendgloren op. Ik rende door de natte straten, waar vuilnismannen bezig waren de vuilnisbakken te legen en de zon ijzig wit was toen hij boven de grauwe gebouwen opkwam. Ik ging werken en probeerde de droom uit mijn hoofd te zetten. Maar hij kwam die nacht en alle volgende nachten terug; de gil van het kind werd gevolgd door een nachtmerrie die wat de details betreft varieerde, maar altijd met een gespannen atmosfeer begon.

Dit is mijn droom.

Ik lig in bed naar het plafond te staren, waarop de mobile die boven me ronddraait steeds andere configuraties maakt. De schaduwen gaan sneller bewegen wanneer de deur opengaat en een donkere man zachtjes binnenkomt. Hij pakt mijn knuffels en gooit ze op de vloer. Hij doet mijn pyjama uit. Hij kust me op de lippen. Hij stopt zijn piemel in mijn vagina, mijn achterste, mijn mond. Ik herinner me de smaak van de muffe melk die uit zijn piemel spuit en die smaak verdwijnt de hele volgende dag niet meer uit mijn mond.

Deze nachtmerrie was dezelfde als de nare droom die me al had gekweld sinds ik een tiener was, sinds mijn puberteit, maar met een klein verschil. Het andere meisje dat die scènes gadesloeg was er niet. De man in mijn dromen was heel duidelijk mijn vader en het kleine meisje was ik.

Dit was angstaanjagend. Zonder de emotionele afstand waar het andere kleine meisje voor zorgde, werd ik geconfronteerd met de alarmerende mogelijkheid dat dit helemaal geen dromen waren, maar herinneringen aan iets wat echt was gebeurd. Op een of andere manier had ik het klaargespeeld ze in de diepste diepten van mijn onderbewuste te begraven.

Zelfs overdag, wanneer ik even pauzeerde tijdens het maken van antirookstatistieken op de computer, of cappuccino dronk of het bad liet vollopen, speelde zich soms in mijn hoofd een film af. Dan zag ik een of andere levendige en beangstigende scène uit het verleden: mijzelf als drie-, zeven- of veertienjarige, 's nachts in mijn slaapkamer, die als verlamd ligt te wachten tot de deur opengaat, de mobile aan het plafond sneller begint te draaien en die man, mijn vader, met zijn spinnenvingers en vieze adem verschijnt. Dat kleine meisje, die jonge vrouw, die persoon die mij lijkt te zijn, raakte in een verdoving en werd alleen herinnerd aan wat er 's nachts was gebeurd doordat ze wakker werd met een wrange smaak in haar mond, pijn in haar achterste of haar vagina, of allebei. Ze ging in bad, ze douchte zich, ze boende zichzelf schoon en dacht dat ze echt volkomen gestoord was dat ze zich zulke vreselijke gedachten in haar hoofd haalde.

Nu werden die vage nachtmerries en herinneringen ineens levendiger, kregen meer verband, werden duidelijker. Ik voelde me vies, bezoedeld, afgescheiden. Als volwassene zag ik nu in dat ik, als de herinneringen op waarheid berustten, een beschadigd mens was dat haar hele jeugd door was misbruikt. Of, en dat is wat het zo vreselijk maakte, als ze niet waar waren, dan had ik een bizarre, pornografische geest die verderfelijke scènes kon bedenken die realistischer waren dan een schrijver ooit had kunnen verwoorden of een filmmaker op celluloid had kunnen zetten.

De vriendschap die zich tussen Rosaleen en Louise en mij was begonnen te ontwikkelen, verzandde. Ik werd een kluizenaar. Ik werkte de hele dag tegen de klippen op en haastte me door het winterweer naar huis om 's avonds in mijn met bloemen gedecoreerde studio verslagen te schrijven, gin te drinken en naar mijn spiegelbeeld in de met vliegenpoepjes bevlekte spiegel te staren terwijl politici op de radio doorneuzelden over de inval van Irak in Koeweit. Ik wilde betrokken, geïnteresseerd, bezorgd zijn. Ik was in Egypte en Israël geweest. Maar de Perzische Golf en de dreigende oorlog waren ver weg en het gevoel van verschrikking in mijn eigen geest was dichtbij en onmiskenbaar.

Er waren weekends en, als een verslaafde, of als Pavlovs best afgerichte hond, begon ik mijn vader weer te bezoeken. We zaten in zijn woonkamer, waar flauw licht door de ramen naar binnen viel, te praten over de waarschijnlijkheid van een oorlog, de vercommercialisering van Kerstmis, de gezondheid van werkloze mannen. Het was alsof je je hand in gloeiend heet water stak en dan in het vuur hield alleen om te zien hoe erg hij verbrand was. Ik was een masochist, en het verbaasde me niet te merken dat zelfs masochisme een seksuele ondertoon heeft.

Als mijn herinneringen echt waren, was ik op een krankzinnige manier door mijn eigen vader incestueus misbruikt. Niet eenmaal, niet tweemaal, maar honderden malen. Niet een of ander vreemd meisje uit mijn obscene herinnering. Ik was het. Ik. Het meisje dat in de schaduwen thee zat te drinken. Het meisje in de spiegel. Het meisje dat stemmen hoorde. Het meisje wier haar werd gekamd door vreemde handen, die ook haar pen vasthielden waarmee ze aanwijzingen in de linkermarge van haar rapporten zette. Het meisje dat op weg naar huis vanaf het station naar haar spiegelbeeld in de ruit van de bus gluurt terwijl de zware motor van het schuddende voertuig tegen de heuvel op zwoegt. Er is iets treurigs aan het geluid van bussen in de winter.

Kerstmis ging voorbij in een vlaag van vergeten goede wil, en in het nieuwe jaar zou ik eenentwintig worden. Ik was vreselijk mager, dronk dagelijks een halve fles gin, slikte pillen tegen hoofdpijn, maagpijn, rugpijn en mentale pijn. De knuffels keken bars. Meneer Happy was van de plank gevallen en lag ondersteboven. Zou hij ooit weer happy worden?

Besluiten nemen is voor mij een kwestie van het ontwarren van een kluwen touw – ik moet dwangmatig tot het einde gaan voor ik knopen kan doorhakken.

Drink de fles gin leeg. Maak je van kant. Snijd je polsen door. Keel jezelf. Niemand vindt je aardig. Niemand wil je. Het kan niemand wat schelen.

Wat doe je hier in je eentje terwijl je blauwogige Ierse vriendje maar een paar kilometer verderop zit? Waarom heb je hem niet gebeld? Was het te laat om naar hem terug te gaan? Is het altijd te laat? Toen je de advertentie voor die baan in *The Guardian* zag, viel die toen niet meteen af omdat die dicht bij hem was? Werkte een deel van je hoofd onafhankelijk van het deel dat je Alice noemt? Dat gevoel had ik. Soms had ik het gevoel dat ik mijn lot niet in eigen hand had, maar er het slachtoffer, de slaaf van was.

Ik had het ergste gedaan wat een meisje een jonge man kon aandoen. Ik had Patrick verliefd op me laten worden. Ik had me door hem naar zijn bed laten voeren en was onder zijn aanraking in elkaar gekrompen, zijn hand op mijn huid had me kippenvel bezorgd. Ik schaamde me.

Ik bladerde door mijn adresboekje en stopte bij het nummer van Sarah. Dappere, vastberaden Sarah. Ik staarde zo lang naar de cijfers dat ik vlekken voor mijn ogen kreeg. Ik keek op mijn horloge: tien uur. Ik keek weer: elf uur. Ik dacht erover Elaine te bellen, maar zag ertegenop om in mijn eentje in het donker naar buiten naar de telefooncel te gaan. Ik zou haar morgen wel bellen. Ik hoorde de sirenes van brandweerauto's en ambulances en wist niet of dat buiten op straat was of dat ze in mijn hoofd zaten.

Elaine had gezegd dat ze er altijd voor me zou zijn. Ze zei dat je de wereld niet kon veranderen, alleen jezelf, en ik was bezig te veranderen, in te storten, uit elkaar te vallen. Ik voelde de tektonische platen onder het oppervlak van mijn hersenen verschuiven, de linker- en rechterhelft verder uit elkaar drijven, met een geluid als van scheurend plastic, en de stemmen schreeuwden.

Maak je van kant. Maak je van kant. Keel jezelf. Doe het nu. Doe het dan, Alice. Doe het dan, teringwijf.

De stemmen. Altijd de stemmen.

Mijn hoofd barstte. Ik legde mijn handen op mijn oren en keek de kamer rond. De bloemen op de muren werden groter, de witte krullen van het vloerkleed draaiden rond als dikke wormen, het peertje flikkerde. De kakofonie in mijn hoofd leek een orkest dat op de rand van een klif aanstuurde; de instrumenten raakten uit de toon, de cello's, hobo's en bekkens speelden door elkaar, botsten, vielen in de afgrond.

Ik heb wat je noemt een hoogreactief temperament. Bij mijn

geboorte werd ik geprogrammeerd om snel gealarmeerd te raken. Misschien zei mijn moeder daarom altijd dat ik een lastig kind was. Ik sliep niet. Ik kon niet slapen. Ik lag met mijn ogen open wanneer zij de deur dichtdeed en me in het schemerlicht van het nachtlampje achterliet. Primaten hebben een angstreflex die in het donker erger wordt. Toch laten we kleine kinderen in het donker slapen, omdat we denken dat het goed voor ze is. Vervolgens vragen we ons af waarom kinderen huilen om aandacht te krijgen, waarom gezinnen uiteenvallen, waarom bijna iedereen neurotisch is, of vol zorgen, gespannen, onzeker, bang. Het begint in de wieg.

Ik lag in bed te wachten. Ik was drie en vier en vijf en zes. Ik wachtte op mijn papa. Dat doen papa's met kleine meisjes wanneer hun mama's naar bed zijn gegaan. Ze komen naar je kamer. Ze behandelen knuffels onverschillig. Ze kietelen je. Ze kussen je op de lippen. Ze doen je kleren uit en het doet pijn als ze hun dikke piemel in je stoppen. Het doet zeer, maar dat doen papa's nu eenmaal en je houdt van je papa.

Mijn huid was geel geworden. Mijn ogen stonden hol en dof. Ik kon niet meer.

Ik moest eens en voor al de confrontatie met mijn vader aangaan, hem in de ogen kijken en de waarheid zien. Mezelf genezen of me van kant maken, zoals de professor maar bleef suggereren. Ik nam de trein naar Birmingham en stapte over om naar huis te gaan. Ik belde mijn vader vanaf Victoria Station met zijn roodstenen muren en zei dat ik er toevallig was. Dat ik die uitvlucht, die leugen nodig had, lijkt dom en onnodig, maar ik wapende mezelf voor de confrontatie. Hij zei dat hij het leuk vond om me te zien en terwijl ik van het station naar zijn huis liep, dacht ik na over wat ik zou zeggen.

Het was aan het eind van de middag en ijzig koud. Ik voelde me misselijk en ongerust terwijl ik langs de rij huizen met hun leeglopende ballonnen en doelloze feestslingers liep. Ik wachtte even op het grote bordes voor ik aanbelde. Ik kon nog weggaan. Ik kon vanaf het station bellen en me verontschuldigen, weer naar mijn werk vluchten.

Wat dom, dacht ik. Ik gedraag me als een kind. Ik voelde me net een kind terwijl ik daar zo stond, met mijn vinger bij de bel, tot ik er ineens, alsof het tegen mijn wil was, lang en hard op drukte.

Hij deed open en ik liep achter hem aan naar de achterkamer. 'Ik zal water opzetten,' zei hij. Er brandden geen lampen; bleek winterlicht viel binnen door de halfdichte gordijnen. Ik bleef midden in de kamer staan en gooide de woorden die sinds mijn tienertijd door mijn hoofd waren gegaan er plompverloren uit.

'Je hebt me als kind misbruikt.'

Daar. Ik had het gezegd.

Eindelijk, na zoveel jaren, was het eruit.

Hij hield op met waar hij mee bezig was. Zijn handen trilden. 'Wat?' antwoordde hij. 'Doe niet zo belachelijk. Ben je gek geworden? Je weet niet waar je het over hebt.'

'Dat heb je wel, dat heb je. Dat heb je gedaan,' zei ik.

Ik hoorde mijn stem overslaan. Ik voelde me klein en hij leek ineens een reus met enorme armen en een groot donker gezicht dat boven me uittorende, met een uitdrukking die ik me van lang geleden herinnerde.

'Waarom ga je niet zitten, Alice? Beheers je,' zei hij.

Ik deed een stap achteruit.

'Je bent een vuile rotzak. Ik haat je,' schreeuwde ik.

Terwijl de woorden uit mijn mond kwamen, liep hij door de kamer naar de keuken en ik zag dat hij een mes van het aanrecht pakte. Het ging allemaal heel snel, alsof ik een flashback beleefde en alle fragmenten van de film tegelijkertijd zag.

'Blijf staan,' zei mijn vader, dreigend met het mes.

Ik stond als aan de grond genageld. Hij liep vlug weg. Hij deed de gordijnen dicht en sloot het daglicht buiten. Ik stond onbeweeglijk, inwendig trillend, doodsbang. Al die jaren met die kwaadaardige stemmen, al die herinneringen waarvan ik had gedacht dat ze niet echt waren, werden plotseling reëel.

Mijn mond werd droog van angst. Tranen vertroebelden mijn blik. Ik voelde mijn hart in mijn borst tekeergaan toen ik uit mijn verdoving ontwaakte en naar de voordeur rende. Ik had gedaan waarvoor ik was gekomen. Nu wilde ik ontsnappen.

Ik had de klink al vast, maar toen ik de deur opendeed, knalde mijn vader hem weer dicht en sloeg me in mijn gezicht. Hij pakte me bij mijn arm en sleurde me weer de kamer in, met het mes in zijn vrije hand, het lemmet glinsterend in het flauwe licht. Hij sloeg me keer op keer met vlakke hand in mijn gezicht. Hij trok me aan mijn schouder op de grond en viel boven op me, tussen mijn benen, en hield het mes tegen mijn keel. Hij sloeg me weer, veel harder.

'Verroer je niet,' zei hij.

Hij zette de punt van het mes op mijn keel terwijl hij zijn been van me af haalde. Ik lag plat op de grond. Hij maakte de metalen knoop van mijn tailleband los en terwijl hij de rits van mijn spijkerbroek omlaag trok, herinnerde ik me dat ik als baby pyjama's uit één stuk had gedragen met een lange rits, en hoe het klonk als die rits 's nachts naar beneden werd getrokken. Hij trok mijn broek over mijn heupen en ik bleef doodsbang en verlamd liggen terwijl hij mijn schoenen uitdeed. Hij schoof mijn broek en slipje in één keer langs mijn benen en over mijn voeten. Toen hield hij het mes bij mijn vagina.

'Waag het niet je te verroeren,' zei hij weer.

Ik keek naar hem langs mijn halfnaakte lichaam. Ik wist dat hij me niet met het mes zou steken. Hij hield het daar om me te onderwerpen. Dat werkte. Ik was onderworpen. Ik lag daar als een kind.

Hij maakte zijn broek los. Hij spreidde mijn benen en drong naar binnen met zijn penis. Hij stootte in een rollende beweging op en neer; ik rook zijn smerige adem toen hij naar lucht hapte. Plotseling trok hij zijn penis eruit, ging op zijn knieën zitten en ejaculeerde in mijn gezicht.

Hij ging staan en keek op me neer terwijl ik daar op de vloer lag.

'Sta op, slet,' zei hij. 'Trek je broek aan en hoepel op.'
Ik kon nauwelijks ademhalen.

Ik deed wat me was gezegd, trok mijn slipje aan, mijn broek, mijn schoenen; mijn handen deden dat mechanisch, er bestond geen verbinding tussen mijn hersenen en mijn lichaam. 'Onthoud één ding: vertel het aan niemand, want ze zullen je niet geloven,' zei hij, en jaren- en jarenlang zou inderdaad geen mens het geloven.

Het was vijf uur 's middags en het begon te schemeren toen hij me de deur uit joeg, over het natte gras naar zijn auto, die op de oprit stond geparkeerd.

'Stap in,' zei hij.

Ik deed wat me werd gezegd. Ik vond het prettig met mijn vader in de auto te zitten.

Hij bracht me naar het station. Hij sprak niet. Ik ook niet. Ik zat daar maar, als een kind, met zijn opdrogende smurrie op mijn gezicht, en ik weet nog dat ik dacht: dat ben ik niet die hier zit. Ik weet niet wie het is – en dat kan me ook niet zoveel schelen. Ik ben alleen maar blij dat ik het niet ben.

We stopten bij station New Street. We hadden geen woord gesproken. Ik stapte de straat op en zijn auto reed weg. Ik moest even bedenken waar ik was, waar ik heen ging, hoe ik in mijn vaders auto terecht was gekomen. Het was als een raadsel met lastige stukjes informatie waar tijd voor nodig was om het op te lossen. Ik voelde aan de linkerkant van mijn gezicht, waar het flink pijn deed.

Mensen in donkere kleding stapten doelgericht door de helder verlichte doorgangen en tunnels; hun adem liet condensatiesporen achter. Het was een dichte mensenmassa. Lawaaierig. Ze liepen allemaal te dringen. De omroepberichten en de bedelaars die om kleingeld vroegen, verbaal geroezemoes, brachten me in de war en het kostte veel tijd om mijn ogen, net als bij een verrekijker, scherp te stellen op het bord met de vertrektijden en perrons.

De trein bracht me weer naar Wales. Het ritme van de stalen wielen over het spoor leek op een hartslag. Ik zat in een donker hoekje met de capuchon van mijn windjack over mijn gezicht.

Ik wachtte niet op de bus. Ik liep de drie kilometer van het station in de kille donkere nacht zonder te merken dat mijn benen me stap voor stap verder brachten. Ze voelden niet zwaar of gewichtloos; ze leken los te staan van mijn lichaam. Mijn ledematen en andere lichaamsdelen moesten in stukjes uiteen zijn gevallen; het enige wat ze verbond was een of ander losgeraakt deel van mij, dat die massa als een hersengolf langzaam door de uitgestorven stad voerde.

In mijn studio deed ik het licht aan en zakte neer op het bed, waar ik de hele nacht in trance de pluisjes op mijn groen met rode fleecetrui bleef zitten tellen.

Tegen de ochtend waren de blauwe plekken van de klappen gezwollen en vertoonde mijn gezicht in de spiegel een compositie van de gezichten van de vrouwen die ik voor mijn onderzoek naar huiselijk geweld had ondervraagd. Had ik die scriptie echt geschreven? Was ik dat meisje dat cum laude was afgestudeerd? Het marathonmeisje?

Dat meisje, zo scheen het me toe, was verdwenen, gestorven, weggekwijnd. Ik was het meisje in de spiegel en ik hoefde mijn herinneringen niet meer in twijfel te trekken. De blauwe plekken vormden het definitieve bewijs. Mijn vader had me op de vloer van zijn woonkamer verkracht net zoals hij dat vanaf mijn vroegste jeugd tot in mijn tienertijd had gedaan.

Jarenlang, zolang ik me kon herinneren, had ik het uur van de waarheid uitgesteld en gedaan alsof het niet was gebeurd, had ik bedacht dat het een ander klein meisje was overkomen, de dubbelganger waar ik van buitenaf naar keek. De dijk was doorgebroken. Het was allemaal waar: de spinnen, de man in de witte auto, de kerker waar mensen reciteerden en kinderen op een altaar werden gelegd voordat ze werden misbruikt. Ik herinnerde me altijd dat ik toekeek. Nu herinnerde ik me dat ik op het altaar werd gelegd, naakt en kwetsbaar als een pop.

Mijn vader had me de vorige dag verkracht. Het was zijn zaad waarvan de gebarsten vlekken op mijn wangen zaten. Hij had me niet alleen misbruikt, hij had me met een mes bedreigd en me vernederd door zijn oudemannenzaad in mijn gezicht te spuiten.

Het was ongelooflijk maar waar, en het was een opluchting te weten dat het waar was.

Er zat een klomp ter grootte van een voetbal in mijn maag. Zure gal kwam naar boven; ik gaf over boven de wc en bleef maar kokhalzen, met mijn ogen dicht en een ijzig gevoel langs mijn ruggengraat. Ik bedacht dat de hel er zo moest uitzien. Ik waste mijn gezicht, ik waste mijn lichaam, ik waste mijn haar en ik ging naar buiten, naar de telefooncel op de hoek om naar kantoor te bellen en te zeggen dat ik te ziek was om te komen werken.

Waarom ging ik niet naar de politie?

Dat doe je gewoon niet.

Waarom belde ik mijn moeder niet, of Elaine, of Patrick?

Mijn vader had gezegd dat niemand me zou geloven en ik geloofde hem.

Net als de vrouwen in het blijf-van-mijn-lijfhuis voelde ik me beschaamd. Ze wilden het niemand vertellen. Je geest raakt in de war wanneer je gezicht toegetakeld is en onder de blauwe plekken zit, wanneer je nauwelijks uit je gezwollen ogen kunt kijken. Je kijkt in de spiegel en je ziet er gewoon niet uit als jezelf. Je vermoedt dat je iets verkeerds hebt gedaan. Op de een of andere manier is het jouw schuld. Je hebt gekregen wat je verdiende. Als je slachtoffer bent geworden, neem je de mentaliteit van een slachtoffer aan.

Je kunt het verleden of het onvermijdelijke niet veranderen. Dat had opa altijd gezegd en fatalistisch als ik was, deed ik mijn Nike Airs aan en ging hardlopen. Als je loopt, denk je niet. Je gaat nergens heen. Je zet het ene levenloze been voor het andere, je drijft jezelf voort, en het lopen is een doel op zich.

Toen ik naar mijn kamer terugging, zakte ik verlamd van de

schok weer op het bed neer, klampte me vast aan een knuffel, in staat van ontkenning, met een lichaam dat overal zeer deed, en plotseling obsessief bezorgd over mijn werk. Er kwam voortdurend nieuwe informatie binnen. Ik wilde niet achter raken. Ik besloot om zes uur naar kantoor te gaan, wanneer iedereen weg was, om wat documenten op te halen, zodat ik ze thuis kon bestuderen. Ik nam een douche, kleedde me aan en zette een wollige hoed op.

Ik sloop als een dief mijn studio uit en bleef op de gang staan terwijl koude lucht die vanuit het trappenhuis omhoogkwam me als een stel handen bij de keel greep. De trapleuning was vochtig en in het sombere licht leek het bamboepatroon op het behang op tralies. Ik wankelde op mijn benen. Mijn evenwichtsgevoel was verdwenen. Terwijl ik de trap af ging en door de lege straat liep had ik het gevoel dat ik me op een touwbrug over een kloof bevond; de straatstenen deinden en glansden zilverachtig van de regen. De wereld was instabiel en toen ik naar adem hapte, voelde dat alsof ik bittere kristallen uit de opkomende avondlucht doorslikte. Degene die ik was geworden was me niet vertrouwd. Ik had me altijd een vreemde in mijn eigen huid gevoeld, de pop die een vlinder had moeten zijn, een uit het nest gevallen ei, een salamander met de verkeerde kleur. Een windvlaag blies de mistige motregen in mijn ogen. Ik deed ze een beetje dicht om te kunnen zien hoe ver ik kon lopen zonder het spoor bijster te raken en ergens tegenop te lopen.

Het kantoorgebouw was in duisternis gehuld, op wat gele lampen achter vuile ramen na. Ik sloop om ongeveer kwart over zes naar onze verdieping en was verrast dat Rosaleen en Louise nog op kantoor waren. Ik mompelde een groet, pakte wat papieren bij elkaar en haastte me naar het keukentje om een glas water te halen.

Louise kwam me achterna en zag in het felle licht dat mijn gezicht onder de blauwe plekken zat en opgezwollen was.

'Mijn god, Alice, wat is er gebeurd?'

'Niets.'

'Dat is niet niets, zou ik zeggen.'

'Ik, ik...'

'Arm kind.'

De tranen sprongen me in de ogen en ik kromp ineen toen Louise haar armen om me heen sloeg. Ik deed knarsetandend mijn ogen dicht en trok me meteen terug. Louise schudde haar hoofd. 'Laat die papieren maar liggen, die zijn niet belangrijk. Ik breng je naar mijn huis en laat Bernard even naar je kijken.'

Bernard Lloyd-Jones, haar echtgenoot, was dokter, een joviale man die erg gesteld was op blazers en streepjesdassen. Hij onderzocht mijn verwondingen bij hen thuis. Toen hij met een lampje in mijn ogen scheen, vroeg ik me af of hij een filmpje zag van wat er in mijn vaders huis was gebeurd. Louise maakte gebakken aardappelen met witte bonen in tomatensaus, die ik nauwelijks aanraakte, en bracht me toen naar Swansea, naar de EHBO, een afkorting die de daaropvolgende jaren een grote rol in mijn leven zou spelen.

Louise bleef wachten terwijl ik naar een kamertje werd gebracht met een bed waaromheen het gordijn was dichtgetrokken. Ik ging erop zitten en controleerde de pluisjes op de fleecetrui, die ik nog steeds aanhad. Alles leek onwerkelijk, of surrealistisch: het heldere licht, de geur van antiseptische middelen, een baby die huilde, de stemmen die onsamenhangend murmelden, alsof ze gechoqueerd waren door deze onverwachte wending in de gebeurtenissen en niet wisten welke rol ze nu zouden gaan spelen. Tijdens de drie jaar op de universiteit hadden de auditieve hallucinaties me bestookt en had ik ze bestreden. We waren in een nieuwe fase beland waar zij noch ik aan gewend waren. Ik voelde me in de steek gelaten.

Een zwarte vrouwelijke dokter onderzocht me. Ze maakte aantekeningen over de blauwe plekken in mijn gezicht en de series kleine kneuzingen op mijn bovenarmen, waar mijn vader zijn vingerafdrukken als tatoeages op mijn huid had achtergelaten. Ze vroeg me wat er was gebeurd. Ik zei dat ik was aangevallen en niet wist door wie. Het was te beschamend, te persoonlijk. Nadat ik zoveel jaren de waarheid voor mezelf verborgen had gehouden, kon ik die niet nu ineens eruit gooien. 'Weet je heel zeker dat je niet weet wie het was?' vroeg ze. Dat was mijn kans. Misschien de laatste kans.

Ik schudde mijn hoofd. 'Nee, dat weet ik echt niet,' zei ik.

We bleven even stil. Maar ze kon niets doen als ik haar niet de waarheid vertelde en haar me niet liet helpen. Ik staarde naar mijn schoenen en wenste dat ik ergens anders was, waar dan ook, maar niet op de EHBO. Ik wilde niet leven. Ik wilde niet dood zijn. Ik wilde iemand anders zijn, een gelukkiger versie van mezelf, zoals het meisje dat ooit de zomer in kibboets Neve Eitan had doorgebracht.

Ik bleef die nacht bij Louise en Bernard logeren. De volgende ochtend, toen we in Louises auto op weg waren naar ons werk, stelde ze voor om naar haar huisarts te gaan voor de morningafterpil, voor het geval ik zwanger was. Ik was met stomheid geslagen toen ze dat zei. Het zou nooit bij me zijn opgekomen, en ik wist niet hoe Louise wist dat ik verkracht was en dat ik misschien zwanger zou kunnen zijn. Het feit dat mijn vader zich had teruggetrokken en in mijn gezicht had geëjaculeerd, was te vreselijk en te vulgair om zelfs maar aan te denken.

Het leek alsof ik mijn leven niet meer in de hand had, nu de gebeurtenissen me naar de praktijk van dokter Graham Sutton voerden, die me de juiste pil voorschreef en Nitrazepam, een slaaptablet. Hij stelde ook voor dat ik de volgende dag terug zou komen voor een gesprek. Hij had pientere ogen, was gedreven, zelfverzekerd en vriendelijk. Ik vertelde hem niet meteen dat ik verkracht was en toen ik dat wel deed, zei ik niet door wie.

Die dag ging ik niet werken. Louise nam me weer mee naar huis. Ik slikte de twee pillen en sliep tot het begin van de avond in de logeerkamer. Bernard maakte roerei toen ik opstond en ik ging weer naar bed met een slaappil.

Toen ik de volgende ochtend om halfelf wakker werd, kwamen de loeiende sirenes en ontploffende bommen voor een keer niet van binnen in mijn hoofd. Ik ging naar beneden en trof Louise aan de televisie gekluisterd aan. Het was januari 1991. Na de inval van Saddam Hoessein in Koeweit was de oorlog om hem uit dat land te verdrijven begonnen met het Amerikaanse bombardement op Bagdad. Toen ik de gebouwen in wolken stof uit elkaar zag vallen, had ik het idee dat niet zozeer het leven om mij heen in elkaar stortte, als wel de hele wereld.

Nadat ik drie dagen bij Louise en Bernard had gelogeerd, ging ik terug naar mijn studio om schone kleren aan te trekken en nam Louise me mee naar kantoor. Het deed me goed het werkritueel te hervatten, maar ik kon me niet concentreren. Wanneer ik verslagen las, was het alsof de inkt nog nat was en de woorden tot een waterige warboel vervloeiden. Ik hield vol en bleef maar lezen, zonder iets op te nemen. Ik woonde de vergadering op vrijdag bij, waarin we altijd aan de rest van de afdeling verslag uitbrachten van de voortgang van onze projecten. Dat was een productieve aangelegenheid, een moment waarop alle krachten werden gebundeld en werd besloten hoe we het beste verder konden gaan. Het was een informele bijeenkomst en dat ik erbij was gaf me het gevoel dat ik normaal was, ook al had ik niets zinnigs bij te dragen.

Ik bleef regelmatig naar dokter Sutton gaan. Zijn praktijk lag dicht bij het kantoor, waardoor ik er onder lunchtijd even naartoe kon gaan. Graham Sutton was zo'n dokter die je met een vriendschappelijk tikje op de arm verwelkomde; elke keer wanneer hij dat deed deinsde ik terug alsof ik me brandde. Hij drong erop aan dat ik naar een psychiatrisch verpleegkundige zou gaan, wat ik weigerde. Ik was een psychiatrisch agnost. Therapeuten leken altijd zo hun eigen psychische problemen te hebben, en omdat ik niet bereid was te vertellen wat er was gebeurd met mijn vader, zag ik er niets anders in dan een pijnlijke vorm van tijdverspilling.

Voor de rest bleef mijn gewone routine bestaan: uitgeput opstaan na een nacht met nare dromen; nieuws over de gestage verwoesting van Bagdad door bommenwerpers die over een stad zonder luchtafweergeschut vlogen; statistieken uit Brussel en Amsterdam verzamelen van aan nicotine gerelateerde ziektekosten. Vervolgens in de winterkou teruglopen naar mijn onbehaaglijke studio met de tweepits elektrische kookplaat en de gebarsten mokken, waar *Wuivende palmen op een tropisch eiland* tussen de grote blauwe bloemen op de mistroostige muren in het niets verdween. Een glas gin, een gebroken nacht, hardlopen in het weekend, nieuws dat gaandeweg vervaagde.

Ik werkte. Ik at chocola en dronk gin. Ik staarde naar mijn spiegelbeeld. De blauwe plekken genazen en het meisje dat in de spiegel verscheen, was een ander mens. Er waren nog steeds stemmen die haar vertelden dat ze zich van kant moest maken, maar ze kende geen twijfels meer.

Het werd onmogelijk om te werken. Ik kon me niet concentreren. De rokers zouden het zonder mij moeten doen. Ik praatte erover met Louise. Ik was niet naar huis geweest sinds ik verkracht was en Louise was mijn surrogaatmoeder geworden. We bespraken mijn 'posttraumatische stress'. Doktersvrouwen denken dat ze gevolmachtigd zijn als dokter, en uiteindelijk wist Louise me over te halen om het advies van dokter Sutton op te volgen en naar een psychiater te gaan.

Analyse is een glibberig pad dat ik tegen beter weten in betrad. Dokter Sutton maakte de afspraak voor me en een week later ging ik naar het ziekenhuis, waar de psychiatrische afdeling, die op een afgelegen gedeelte van het terrein lag, op een kapel leek. Ik had een afspraak met dokter Simpson, streng in strakke rokken en goedgesneden jasjes, weer een vrouw.

Dat werd mijn nieuwe routine. Ik ging elke maandag vroeg weg van mijn werk voor mijn sessie bij dokter Simpson en we praatten. Waar we over praatten, kan ik me niet herinneren, maar ik weet nog wel dat ik het nooit over de stemmen heb gehad. Ze schreef Lofepramine voor, een antidepressivum waar ik niet goed op reageerde, en toen werd ik op Prozac gezet, dat ik nog steeds gebruik.

Prozac geeft een nieuwe kijk op het leven. Voortaan stond ik na een nare droom op, en terwijl ik een halve Weetabix at, leek het nieuws op de radio over doden en rampen in Irak een soort buitenissig theater dat geen verband hield met mijn bestaan. Zolang mensen zichzelf niet om zeep hielpen door te roken, interesseerde het me niet hoe ze dat op andere manieren deden.

De dagelijkse antidepressiva hielden me nog een week op de been, tot ik in semihypnotische toestand op een zwarte bank – net zoals je die in films ziet – lag en dokter Simpson mijn jeugdherinneringen begon te ontsluieren. Ze is eigenlijk heel goed. Maar ik werk tegen. Het waren mijn lijken en ze waren niet bereid uit de kast te komen.

De sessies gingen weken en maanden door. Ik weet niet meer precies wat ik haar heb verteld, wat ze me vroeg en wat ze in haar notitieboek neerkrabbelde. Wat ik me wel herinner, is dat één keer, toen het haar gelukt was me terug te brengen in een staat van kind-zijn, de sessie uitliep. Ze had haast en we gingen tegelijk weg.

'Dag, Alice.'

'Dag,' antwoordde ik kleintjes.

Het goot van de regen. Ik zag dokter Simpson in een nieuwe auto wegrijden terwijl ik in kleermakerszit in de stortbui op het asfalt zat en de tranen over mijn wangen stroomden; ik was niet in staat het slot van mijn fiets open te maken.

Hoofdstuk 9

Waar kan ik heen?

Alice is raar. Ze ziet er heel gewoon uit. Maar dat is ze niet. Ze heeft akelige dingen in haar hoofd. Toen Alice klein was, heeft haar vader dingen gedaan die hij niet had moeten doen. Hij kwam naar haar kinderledikantje. Hij kwam naar haar bed. Hij deed haar nachtkleding uit. Hij stopte zijn piemel in haar achterste, in haar voorste gaatje, in haar mond. Hij vond het leuk piepie te doen in haar gezicht. Het plakte en voelde vreemd. Alice dacht toen ze klein was dat het normaal was, en zorgde ervoor dat ze het vergat toen ze oud genoeg was om het zich te herinneren. Alice is slim. Dat zeggen de mensen. Daardoor kon ze onderscheid maken tussen wat er 's nachts met Alice gebeurde en wie Alice was wanneer ze 's ochtends naar school ging.

Wie ben ik?
Waar ben ik?
Wat doe ik hier?
Mijn hoofd kookt.

Het regent veel in Wales. De lucht is grijs overschaduwd, net als de huid van oude mensen. De groene heuvels zijn niet groen. Ze zijn grijs. De Zwarte Berg heet zo omdat hij zwart is. Mist hangt als een aswolk boven de dalen. Het vocht vreet aan de kalk in je botten.

Het leven was grauw en het werk op de afdeling gezondheidsbevordering vormde een vleugje kleur.

Spaanse mannen zijn de zwaarste rokers van Europa. Ze hebben een voorkeur voor die echt zware, donkere teerachtige tabak waarvan je tanden gaan rotten. Niets kan hen ertoe brengen ermee te stoppen. Het leek me dat een totaal rookverbod de beste manier was om te voorkomen dat mensen rookten, maar regeringen hebben de belastinginkomsten van rokers nodig om de hart- en longziektenafdelingen in ziekenhuizen te betalen. Dat is allemaal wel logisch als je de dingen op de juiste manier bekijkt.

Ik had geen vrienden. Werken is anders dan studeren. Ik was een kluizenaar, ik liep hard, ik publiceerde artikelen in tijdschriften die ik net als hersencellen kwijtraakte, in een proces van herinneren en weer vergeten. De professor mopperde omdat ik niet luisterde. Waarom zou ik? Ik had zelf genoeg te mopperen. Mijn studio werd bijvoorbeeld steeds kleiner. Mijn slaapkamer was een kooi. De zich om latwerk heen windende blauwe bloemen werden grijs, hun wortels en stengels werden dikker en sloten mij in. De apen in Chester Zoo hebben meer ruimte. Je kon mijn kooi niet zien, maar ik wist dat hij er was. Het was een krachtveld, net als de elektronische stralen ter bescherming van kostbare voorwerpen die ervoor zorgen dat het alarm afgaat wanneer ze doorbroken worden. Het onzichtbare krachtveld omhulde mijn hoofd en het kostte me al mijn wilskracht om de natte dagen en koude nachten door te komen.

Eigenlijk waren daar Prozac en Valium voor nodig, de sleutels van de kooi. De kooi met de lijken. Ik heb daar heel wat ervaring mee opgedaan.

Valium behoort tot de groep medicijnen met de naam benzodiazepinen. Het verzwakt de zintuigen. Het wordt gebruikt om angststoornissen te beheersen en heeft invloed op de balans van bepaalde chemische stoffen in de hersenen die gemakkelijk verstoord raakt en dan angsten veroorzaakt. Valium wordt voorgeschreven bij opwinding, trillerigheid, om bepaalde soorten spierpijn te verlichten – handig nadat je vijftien kilometer hebt hardgelopen – en bij hallucinaties ten gevolge van ontwenningsverschijnselen als je bent gestopt met drinken. Maar waarom zou je eigenlijk stoppen met drinken? Prozac is een psychotropisch medicijn, een vorm van fluoxetinehydrochloride. Het werkt tegen paniekaanvallen, depressie, angsten, nervositeit, boulimia nervosa en slapeloosheid. Het kan suïcidale neigingen veroorzaken en het beoordelingsvermogen beïnvloeden, evenals de motoriek. Prozac geeft je geest opnieuw vorm, en wanneer dat eenmaal is gebeurd, krijgt die nooit meer zijn oorspronkelijke dimensie terug. Heroïne doet dat ook, net als lsd. Niet dat ik dat al wist.

Ik nam zelden de trein terug naar huis. Ik stond op het punt uit te barsten en al die farmaceutische gifstoffen zouden maar verstikkend op mijn moeder hebben gewerkt. Ik dacht aan Esther, hoe sterk zij moest zijn geweest om Buna-Monowitz te overleven.

In een weekend regende het achtenveertig uur aan één stuk. De regen sloeg als knokige vingers tegen de ruiten. Tik. Tik. Tik. Tik. Tik. Er groeide schimmel op de muren. Ik poetste een fles gin af terwijl ik ineengedoken bij het elektrische kacheltje een gedicht zat te schrijven, een van de weinige die de verhuizingen en de tand des tijds hebben overleefd. Het heet 'Waar kan ik heen?'

Als dit niet de plaats is waar tranen begrepen worden,
waar moet ik dan heen om te huilen?
Als dit niet de plaats is waar mijn geest vleugels krijgt,
waar moet ik dan heen om te vliegen?
Als dit niet de plaats is waar naar mijn gevoelens geluisterd wordt,
waar moet ik dan heen om ze te uiten?
Als dit niet de plaats is waar je me neemt zoals ik ben,
waar kan ik dan mezelf zijn?
Als dit niet de plaats is waar ik kan proberen en leren en groeien,
waar kan ik dan heen om te lachen en te huilen?

Het was tijd om verder te gaan. Louise Lloyd-Jones bracht me op het idee toen ze me een advertentie in een landelijk dagblad liet zien voor een onderzoeksassistent aan de universiteit van Huddersfield. Aan de functie was een promotieonderzoek verbonden op het gebied van volksgezondheidsorganisaties, en een beurs van vijfduizend pond, wat betekende dat ik er qua inkomen behoorlijk op achteruitging. Ik voelde me gevleid dat Louise en Bernard nadat ik me bij hen als een kind had gedragen, dachten dat ik er klaar voor was en erop aandrongen om te solliciteren.

Ik ging op gesprek en kreeg de functie aangeboden. In de trein terug naar Wales hield het op met regenen. Het was een halfjaar geleden dat mijn vader me had verkracht. Daar was ik nog niet overheen. Daar zou ik nooit overheen komen. Ik was een beschadigd ei dat langzaam maar zeker steeds meer barsten begon te vertonen. Ik had een opzegtermijn van een maand en mijn collega's gaven me een knuffelbeest als afscheidscadeau, een Welshe draak. Die maakte mijn knuffels bang tot ze gewend raakten aan zijn duivelse grijns en scharlakenrode vacht.

Om in Huddersfield een kamer te vinden, belde ik een telefoonnummer op een advertentie op het prikbord van de universiteit. Ik kreeg een vrouw met de naam Kathy Higgins aan de lijn, die het zo regelde dat ze me op het treinstation kwam afhalen zodat ik de kamer zelf kon zien. Ik begreep waarom toen we er aankwamen.

Het huis lag boven op een steile heuvel, verder van de universiteit dan de meeste studenten wilden. Kathy liet me een grote, lichte, frisse kamer zien met uitzicht over velden die goud kleurden in de ondergaande zon. Ze zei dat de badkamer gemeenschappelijk gebruikt werd en dat het hele huis tot mijn beschikking stond. Ik maakte kennis met Kathy's partner Jim, een shagroker, en besloot de kamer te nemen en er niet over te beginnen dat roken slecht voor je gezondheid is.

Voor ik naar Huddersfield vertrok, had ik een paar weken vakantie. Ik stond bij het ochtendgloren op om de vroege trein te nemen, en tegen het vallen van de avond was ik weer in mijn geliefde Israël. Het was laat in het seizoen en ik ging rechtstreeks naar Eilat, dat dicht bij de Jordaanse grens ligt en waar het het hele jaar door warm is. Ik vond een baan in een strandbar – ja, ik, Alice – en deelde een keet met een man die ik pas vijf minuten kende. Samir was een Libanese druus. We vormden een vreemd stel: ik vol duisternis en schaduwen, Samir ernstig met pientere ogen en een kalme manier van doen.

Druzen zijn een mystieke islamitische sekte die in Perzië is gesticht. Ze zijn uniek vanwege de ingelijfde vroegchristelijke gnostische filosofie en, net als de islam, het christendom en het jodendom, monotheïstisch, waardoor ik het idee kreeg dat alle etiketten louter als onderscheid dienden en ze me volkomen onzinnig leken. Ik vertelde Samir hoe ik daarover dacht en hij zei: 'Ah.'

'Ah?' zei ik hem na.

'Ah,' herhaalde hij.

'Nou, heb ik dan geen gelijk?'

'Je hebt gelijk noch ongelijk. Je hebt gewoon een mening gegeven.'

'Wat denk jij, Samir? Zou de wereld zonder godsdiensten niet beter af zijn?'

'Wanneer je er klaar voor bent het antwoord op die vraag te leren kennen, zal er iemand komen om het je te vertellen,' zei hij.

Hij was irritant en beminnelijk. Hij deed me aan Patrick denken. Hij werkte 's avonds, ik werkte overdag; wanneer we elkaar tegenkwamen, geneerde hij er zich meer voor dan ik dat we onze gratis accommodatie moesten delen.

Wanneer ik niet werkte, bracht ik mijn tijd op het strand door met romans waarvan de titels me zijn ontschoten, maar soms pak ik een boek op en heb een déjà-vugevoel dat ik het al eens heb gelezen. Ik zwom met een snorkel en zwemvliezen en ging vaak naar het onderwaterobservatorium Coral World, waar ik, omgeven door het gedempte groene licht, me probeerde voor te stellen hoe het was om een vis te zijn. Toen ik een paar dagen vrij had, stak ik de grens met Jordanië over om de rode stad Petra te zien. Ik stapte uit de stoffige bus; op het dak stonden jutezakken en manden met kippen hoog opgestapeld. Mannen in boernoes kauwden op marihuana, vrouwen droegen koffers op hun hoofd. Ik zag een typisch sprookjesachtige Arabier op een rietfluit spelen terwijl een geïntimideerde cobra traag uit een mand omhoogkwam. De zon scheen zo fel op mijn gezicht dat het leek alsof ik voor een brandende open oven stond. Er heerste een mengeling van geuren: kruiden, rook en zweet. Mensen botsten tegen me aan toen ik de kaart bestudeerde die ik in Eilat op de kop had getikt.

De buschauffeur stapte uit en stak, zo vermoedde ik, zijn tweehonderdste sigaret van die dag aan. Hij keek naar me terwijl ik daar met verwonderde ogen stond.

'Kom, kom mee,' zei hij. Hij wees naar de colonnade voorbij het busstation.

'Waarheen?'

'Kom mee.'

Hij kromde zijn vingers en ik liep achter hem aan de schaduw in, waar metalen tafels en stoelen onder de bogen waren neergezet. Het leek op de catacomben onder een kathedraal en het was er verrassend koel. Oude mannen met baarden en kalme gezichten rookten waterpijp; hun gevlekte lippen lurkten aan de lange buis, het water borrelde. We gingen aan een tafeltje zitten en een ober in een vuile witte jas bracht een pot pepermuntthee, twee glazen en een kommetje met suikerklontjes, waar meteen een zwerm vliegen op afkwam. Mijn metgezel zwaaide met zijn sigaret.

'Ahmed,' zei hij, zich met een ouderwetse buiging aan me voorstellend.

'Alice. Leuk je te ontmoeten.'

'Leuk jou te ontmoeten. Hartelijk bedankt.'

De chauffeur was een Palestijn en sprak een paar woorden Engels, wat het gevolg moest zijn van een basiscursus die iedere man die zijn djellaba uitdoet en een broek en overhemd aantrekt moet leren: Waar kom je vandaan? Ben je getrouwd? Heb je kinderen? Ik zei dat ik medisch onderzoek deed. Hij knikte wijs.

'Dokter?'

'Student.'

'Student voor dokter?'

Ik ging mee in de fantasie en herinnerde me het gesprek met mijn moeder. Mensen geloven wat ze willen geloven.

Ahmed had een zoon en drie dochters, vertelde hij. Hij stak drie vingers op en zijn omlaaggekrulde mondhoeken leken te vragen waarom hij tot zo'n lot was veroordeeld. We zwegen gemoedelijk en dronken onze thee. Als je in Arabische landen eenmaal kennis hebt gemaakt, is er geen behoefte aan onnodig geroddel, en ik vroeg me af of wij misschien te veel over verkeerde dingen praten om te vermijden dat we het over dingen gaan hebben die ertoe doen.

Ik probeerde voor de thee te betalen; Ahmed keek beledigd.

'Nee, nee, dat doe ik.'

'*Shukran*,' zei ik.

Hij glimlachte weer. '*Assalamu aleikum*.' God zij met je.

Terwijl ik in de schaduw zat had de zon zijn vuurtje opgestookt, maar ik was erop gebrand mijn planning aan te houden en bracht de volgende drie uur door met het verkennen van de rode stad. De hemel was strakblauw, de contouren tekenden zich scherp af in het licht. Petra is een archeologische robijn en terwijl ik door de smalle straten zwierf, raakte ik in trance door het glanzende palet van rode tinten van de oude stenen, door de gewaarwording van de eeuwigheid die in elke zandkorrel besloten lag.

Petra ligt aan de rand van de Wadi Arabawoestijn en is omgeven door hoog oprijzende heuvels van roestkleurig zandsteen, een natuurlijke bescherming tegen indringers. Men begon in Petra te bouwen in de zesde eeuw voor Christus; Arabische nomaden plantten de eerste dadelboomgaarden en lieten hun kameelzadels rusten om het land te bewerken en handel te drijven. Herodes de Grote probeerde de heerschappij over de Arabieren te krijgen, maar de rode stad bleef onafhankelijk tot de Romeinen in het jaar honderd de macht overnamen. Het fort dat de kruisvaarders in de twaalfde eeuw bouwden, verandert in de zon van geel naar roze met dezelfde vleug helderrood als de Welshe draak thuis bij de knuffels. De vroege Arabieren hakten tempels en grafgewelven uit in het zachte steen, dat gemakkelijk tot zand verpulvert, voor mij een les dat alle dingen fragiel en vergankelijk zijn.

Vanaf de ruïnes van het kruisvaarderskasteel tuurde ik naar de onverbiddelijke existentiële schoonheid van de woestijn. Ik dacht aan Samir, aan de keer dat ik hem vroeg of de wereld niet beter af zou zijn zonder godsdienst en hij mysterieus had geantwoord dat er zich iemand zou aandienen wanneer ik er klaar voor was om het antwoord te leren kennen. Ik voelde me er op dat moment klaar voor, maar er was daar in de zon niemand anders dan ik.

Ik reisde zonder angst in mijn eentje door het macho Italië en het Midden-Oosten met zijn onvoorspelbare gevaren. Ik verbleef in dorpen waar alle vrouwen behalve ik gesluierd waren. Ik sliep in jeugdherbergen en pensions. Ik at bij kraampjes op straat en in schemerige cafés die in reisgidsen werden aanbevolen of die ik, het allerbest, in mijn eentje bij toeval ontdekte. Op reis was ik een ander deel van mezelf, een internationale, meer kosmopolitische, ontvankelijker Alice. Ik pikte essentiële zinnen snel op en ontdekte dat enkele woorden in andermans taal voldoende waren om duurzame bruggen te bouwen: alstublieft, dank u wel, dag – *min fadlik, shukran, ma'assalama.*

De kosmopolitische Alice verdween op het metaforische moment dat de witte kliffen van Dover in zicht kwamen. Die persoon sloot zich af en ik voelde de verandering zodra ik voet op

Engelse bodem zette. Ik kromp een paar centimeter en mijn schouders gingen hangen. Mijn haar verloor zijn springerigheid. De tic in mijn nek werd uit zijn sluimering gewekt en begon weer op te spelen. Ah, weer thuis, laten we eens nerveus worden. Ik was een geboren emigrant en, net als gestoorde mensen psychiater worden, en bullebakken, zoals ik zou ontdekken, waren geboren voor een carrière op de zaal van een psychiatrisch ziekenhuis, was ik er ironisch genoeg toe voorbestemd om in midden-Engeland een middenklassebestaan te leiden met de bijbehorende baan, waarden en zorgen.

Heb ik aan mijn vader gedacht toen ik weg was? Jazeker. Elke dag. Het beeld in mijn geest dat hij een mes bij mijn vagina hield en siste: 'Waag het niet je te verroeren' was net een scène uit een misselijkmakend soort film die ik nooit uit keek. Zulke dingen blijven je de hele tijd bij. Ze groeien als een kankergezwel, een zwarte kloppende knobbel in je binnenste, en soms sta je naakt voor de spiegel en vraag je je af of die zwarte plek op het punt staat door je huid heen te breken.

Net als bij een vreselijke brandwond ben je voor het leven getekend, maar het litteken zit vanbinnen, in je geheugen. Niemand ziet het, en van dingen die je niet met je eigen ogen ziet kun je niet echt geloven dat ze waar zijn. Zelfs ík vond het moeilijk te geloven dat wat er was gebeurd ook echt gebeurd was. Soms vergat ik het even en werd ik een vrije geest. Dan verloor ik mezelf en keek naar een meisje van ongeveer vier jaar dat samen met haar moeder kleren waste, beiden in eenzelfde lichtblauwe djellaba, met bedekt hoofd, het kleine meisje met een kleinere versie van het wasbekken van haar moeder. Het water in die wasbekkens was zanderig rood en het was maar de vraag of de kleren na het wassen wel schoner waren dan ervóór.

Tijdens mijn reis waren de stemmen, het wegglippen van de tijd en de dwalingen van mijn geheugen niet verdwenen, maar het gevoel dat alles anders is haalt je uit jezelf. Je bent niet los van het verleden, maar in het buitenland was er tenminste afstand.

Ik kwam terug uit Petra en de laatste paar dagen bleef ik in Nahariyya, een van mijn favoriete plaatsen. Het is een stad met vijftigduizend inwoners die in de jaren dertig van de twintigste eeuw is gesticht door voornamelijk Duitse Joden. Die ligt net ten zuiden van de Libanese grens, en strekt zich uit achter de stranden langs de Middellandse Zee. Er is een smalle rivier die de stad met regelmatige tussenpozen door middel van bruggen in stukken opdeelt. Iedereen is 's avonds, wanneer de lucht koel is, op straat, en dan is het druk bij de winkels en de kraampjes. De avond ruikt naar patchouli en geroosterde maïs. Ik at kleverige baklava vol honing en pistachenoten en herinnerde me dat ik datzelfde zoete gebak ook had gegeten tijdens mijn schoolreis over de Egeïsche Zee op de SS Bolivia, al die jaren geleden, toen opa nog leefde.

Op mijn laatste avond in Nahariyya zat ik op het strand naar de zonsondergang te kijken. De lucht was een lichtroze schaduw boven de zee. Ik voelde me vredig, wat bijna een jaar niet meer was voorgekomen.

Voor ik uit het land vertrok, nam ik de bus naar Tel Aviv en liftte met een oude boerenvrachtwagen naar Moshav Bene Atarot. Ik had daar een zomer fruit geplukt voor de familie Zimmer en alles zag er nog net zo uit als ik me herinnerde: de eenvoudige, onopgesmukte gebouwen, de keurige velden, de boomgaarden met de rijen bomen. Ik liep naar binnen door de voordeur, die nooit op slot was.

'Shalom,' riep ik.

Ruth, de moeder van het gezin waarvoor ik had gewerkt, verscheen op de overloop.

'Alice.' Ze rende de trap af. 'Niet te geloven!'

Ze verwelkomde me als de verloren dochter. We hadden elkaar meer dan twee jaar geleden voor het laatst gezien, maar het voelde alsof er slechts een dag voorbij was gegaan. Ik voelde me vreemd omdat ik me mezelf voelde, ervoer dat ik, Alice, daar stond en niet bang was om omhelsd te worden en zelf ook Ruth omhelsde.

Die avond aten we met Ruths man en volwassen kinderen, en praatten over de Golfoorlog. Er waren Iraakse scudraketten in Tel Aviv neergekomen toen Saddam Hoessein besefte dat hij de oorlog had verloren en besloot glorieus ten onder te gaan door Israël te treffen.

Ik had elke dag naar het nieuws op de radio geluisterd, maar kon me niets herinneren. Niets. Ik herinnerde me alleen de vochtige studio, de gegevens uit Brussel en dat ik dokter Simpson behendig zag schakelen toen ze in haar auto wegreed van het parkeerterrein bij het ziekenhuis.

Hoofdstuk 10

Opsplitsen

Het was vijf kilometer naar het centrum van Huddersfield en ik voelde dat mijn bruine kleurtje van mijn wangen werd gezogen terwijl ik zonder te trappen de lange heuvel af zoefde. Het was koud en guur. Om tien uur 's ochtends waren de straatlantaarns nog aan.

Alice Jamieson, PhD.

Doctor Alice Jamieson.

Het klonk raar. Ik had het gevoel dat ik zeven was.

Ik had al uitgezocht waar ik heen moest, maar raakte toch verdwaald en reed rondjes door de eenrichtingsstraten. Huddersfield ligt op de bodem van een krater, maar de wind vindt zijn weg door de gaten in de omringende heuvels en blaast je altijd in het gezicht, welke kant je ook uit gaat. De stad was rijk tijdens de industriële revolutie, maar de textielmolens waren bijna allemaal gesloten en de mensen, die zich voorbij haastten met hun haar in de war en hun kraag opgezet, zagen er arm en afgeleefd uit.

Toen de methodistische prediker John Wesley op zijn evangelisatietocht in 1757 in de stad aankwam, schreef hij in zijn dagboek: 'Ik reed over de bergen naar Huddersfield. Een onbeschaafder volk ben ik in Engeland niet tegengekomen. De mannen en vrouwen liepen de straat op. Ze leken eropuit te zijn ons te verslinden.'

Gelukkig had ik niet veel vlees op mijn botten en kon je bij de Iceland-supermarkt vijftig worstjes kopen voor negenennegentig pence. Er waren veel tweedehandswinkels. Er hingen uitverkoopborden voor de ramen, hoewel Kerstmis voor de deur stond met feestverlichting en slingers, en herinneringen aan de tocht van station New Street naar de door witte leeuwen bewaakte deur van mijn vaders huis.

Toen ik het oorspronkelijke college voor de derde keer passeerde, besefte ik dat het eruitzag als een verjaardagstaart met zijn groepen torens en balkons als toefjes slagroom. Krappe dakterrassen met leien daken flankeren de straten, maar wanneer je een hoek om slaat, stuit je op moderne colleges als newagetempels met gebogen glazen muren, die totaal vreemd zijn aan de plaatselijke architectuur. Het Harold Wilson Building deed me denken aan mijn bovenbouwschool.

Alles deed me in die tijd aan iets anders denken. Er waren tienduizend studenten in Huddersfield en ik bedacht dat geen van hen me zou uitnodigen om ergens te gaan zitten en een pot muntthee te delen. Ik bedacht hoe makkelijk het voor me was om alleen door het Midden-Oosten te reizen zonder te verdwalen, terwijl ik hier tegen alle geboden in de verkeerde kant op reed in een straat met eenrichtingsverkeer, nog steeds op zoek naar het universiteitsgebouw waar ik zou gaan werken. Kathy en Jim, mijn gastvrouw en gastheer, hadden een sterk Yorkshire-accent en een vurig temperament. Ze schreeuwden soms tegen elkaar naar boven en dan dacht ik aan mama en papa, die ruziemaakten terwijl ik luisterde tot mijn vader me in de Vogelkooi opsloot.

Wat betekende dat? Waarom had hij dat gedaan? Probeerde mijn vader te bewijzen dat hij niet de baas was over mijn moeder, maar wel over mij, door me op te sluiten, naar mijn bed te komen, me mee te nemen naar de kerker? Werd ik gestraft omdat ik een slecht meisje was, uitdagend, seksueel vroegrijp? Praatte ik te veel? Was ik veel te slim, zoals mama altijd zei?

Ik wist dat ik dat allemaal niet was, maar bleef het me toch afvragen. Hoe ik ook mijn best deed, ik kon niet voorkomen dat mijn gedachten teruggingen naar mijn jeugd, dat droevige tapijt dat ik voortdurend probeerde uit te halen om een andere voorstelling te weven. Het verleden ziet er beter uit als je tegen jezelf kunt liegen.

Ik was twintig minuten te laat toen ik de trap naar de derde etage oprende, waar ik een kantoor zou delen met Gerald Brennan, mijn studiecoördinator, en nog een docent, die naamloos zal blijven omdat ik zijn naam ben vergeten.

Gerald leek niet in de gaten te hebben dat ik te laat was. Hij leefde in zijn hoofd en merkte over het algemeen weinig op. Ik mocht hem direct. Tijdens het handenschudden keken we elkaar niet aan. Gerald zei: 'Je hoeft niet gek te zijn om hier te werken, maar het helpt wel,' waardoor ik me meteen thuis voelde. Gerald met zijn John Lennon-bril en verwarde haardos brak met humor het ijs, maar wat hij daarna verklaarde, was een echte giller. Binnen twee dagen moesten we voor de conferentie van jonge operationele onderzoekers in Edinburgh een rapport schrijven over de relevantie van operationele research voor organisaties in de gezondheidszorg. Operationele research was een totaal nieuw studiegebied voor me en hij vroeg me de komende achtenveertig uur twee boeken over het onderwerp door te werken.

'In twee dagen?'

'Wedden dat het je lukt?' zei Gerald.

'Je bent vast een gokker,' zei ik en hij fronste een wenkbrauw.

'Nee, nee, niet echt.'

Gerald was, als leider bij de Boys Brigade, eigenlijk betrokken bij het welzijn van kinderen, maar ik zou ontdekken dat hij niet in staat was zijn gedrevenheid in praktische zin over te brengen. Hij bracht me naar mijn bureau achter de deur. We ruimden de rommel op en hij gaf me een boek over operationele research met de omvang van een lijvig woordenboek. Hij poetste zijn brillenglazen terwijl hij wegkuierde; ik kreeg een wolk stof binnen toen ik de pil opensloeg. Dat was het soort taak dat me lag. Dik boek. Hoofd omlaag. Linkerhersenhelft-logica zonder de onvoorspelbaarheid van de rechterhelft. In die tijd was ik een soort snellezer, maar ik leek niets te ont-houden en besloot later naar operationele research te kijken en me voor dat moment te concentreren op gezondheidszorg-organisaties, het terrein waarop ik ervaring had.

Twee dagen las ik en maakte notities en toen het tijd was voor de conferentie, was ik op van de zenuwen. In het dage-lijks leven sprak ik bijna nooit iemand. Een gehoor toespreken was voor mij net zoiets uitzonderlijks als zon in Wales. Geluk-kig was Gerald een ongelooflijk saaie spreker, wat me zelfver-trouwen gaf. Hij deed zijn relaas over operationele research en wierp me een blik toe.

'... en ten slotte is hier Alice Jamieson om ons over de hui-dige plannen voor gezondheidszorgorganisaties te vertellen.'

Je kunt het. Je kunt het. Je kunt het.

Met mijn nagels in mijn handpalm gedrukt en knikkende knieën stond ik op, staarde nietsziend naar het publiek en mompelde enkele zinnen die ik de avond tevoren voor de spie-gel in Kathy's badkamer had gerepeteerd. Er klonk wat half-slachtig applaus, de stoelen in de zaal werden naar achteren geschoven en de studenten renden weg om een sjekkie te roken en cool te doen, de echt belangrijke zaken in het leven van een student. Grunge was in en ik benijdde de zelfverzekerde meis-jes met hun dreadlocks en hun veelkleurige laarzen met stalen neuzen.

Het stuk dat we hadden geschreven bevatte een plan dat Gerald had bedacht en dat ik later verder zou uitwerken. In de eerste paar maanden aan de universiteit moest ik een onder-zoeksvoorstel indienen om op te promoveren. Gerald was uiterst bereidwillig om te helpen, maar omdat hij zo in zijn eigen vreemde wereldje leefde, was hij niet in staat het onderwerp op een rationele manier uit te leggen, en soms vroeg ik me af of hij niet gekker was dan ik.

Gelukkig was er een supervisor die boven Gerald stond. Colin Ince was lang en mager, had afhangende schouders en een gezonde dosis emotionele intelligentie die zijn scherpe geest ondersteunde. Hij was bezig een boek te schrijven, wat betekende dat we elkaar weinig zagen, maar wanneer dat gebeurde stelde hij mijn ideeën op de proef en kwam met een nieuw gezichtspunt zonder de basis van mijn onderzoek te veranderen. Hij hielp me mijn onderzoeksvoorstel vorm te geven. Mijn hoofdvraag was hoe operationele research, als toegepast onderzoek, kon worden gebruikt om gezondheidszorgorganisaties meer te betrekken bij besluitvormingsprocessen en om initiatieven die gewone mensen aangingen te verwezenlijken. Dat vereiste dat ik vaststelde welke organisaties er in de gezondheidszorg waren en met die organisaties samenwerkte, evenals met degenen die verantwoordelijk waren voor het nemen van beslissingen binnen het district. Zoals de Kirklees Metropolitan Borough Council en de volksgezondheidsautoriteiten van Huddersfield en Dewsbury.

Dit leven paste bij mij. Ik was gelukkig. Alle theorieën en onderzoek leidden tot een eindproduct. Ik ontdekte dat veel mensen wanneer ze ziek worden het gevoel hebben dat het op een of andere manier hun eigen schuld is, dat ze simuleren en overdrijven. Dat het ziekenhuis er niet voor hen is, maar voor de dokters en specialisten met hun witte jassen en haastige doelgerichtheid. Artsen hebben de neiging je over het bed heen te bespreken alsof je er niet bent, waardoor patiënten zich verloren en licht beschaamd voelen. Kanker? Onregelmatige hartslag? Overdosis? Maak je niet druk, ga naar huis en zet een lekker kopje thee.

Mijn onderzoek was erop gericht systemen te ontwikkelen om mensen met gezondheidsproblemen over die aangeboren onzekerheid heen te helpen en zich meer betrokken te voelen bij het genezingsproces. Het bijkomend doel was artsen bewuster te maken van de behoefte van de patiënten om informatie te krijgen en bij hun behandeling betrokken te worden.

Iemand die een inspiratiebron voor me betekende was Rebecca Wallington, directeur van de overheidsinstantie voor volksgezondheid. We maakten kennis in haar kantoor. Ze zette koffie, we gingen zitten en ze keek me vanachter haar bureau ernstig aan.

'Trouwens, Alice, ik ben lesbisch,' zei ze.

'O...'

Natuurlijk was ik verrast door die plotselinge mededeling. De seksuele geaardheid van mensen interesseerde me niet, hoewel ik geloof dat volwassenen de vrijheid moeten hebben om te zijn en te doen wat ze maar willen, zolang ze daarmee geen kinderen beschadigen of beïnvloeden of pijn doen. En dat zei ik tegen haar.

'Dat ben ik helemaal met je eens, voor tweehonderd procent,' zei ze, en ze glimlachte warm.

Rebecca had lang, zilvergrijs haar dat ze in een chignon had opgestoken, een licht opgemaakt gezicht met markante trekken en een directe manier van doen die ik waardeerde. Ze moet hebben gemerkt dat ik hulp nodig had en hielp me op alle mogelijke manieren met mijn project.

Kerstmis kwam en ging. Huddersfield in de winter was als Wales in de winter, met een strakgrijze lucht, wind die de ruiten van mijn kamer deed rammelen en een steeds steiler wordende helling op de terugweg naar Kathy's huis.

Vaak trof ik Jim in de keuken aan bij een pot thee terwijl hij een sjekkie zat te rollen. Dat deed hij heel vaardig: hij plukte altijd dezelfde hoeveelheid tabak uit het pakje Golden Virginia, verdeelde het over een velletje groene Rizla en draaide er een perfect kokertje van. Dan kwam zijn grote tong naar buiten om aan het lijmrandje te likken en plakte hij het dicht met een air alsof hij weer een klusje had geklaard. Roken was net zozeer een ritueel als een verslaving en ik bedacht dat ik naar het Welsh Office moest schrijven om dat aan de orde te stellen.

Kathy kookte en Jim zat klaar aan tafel en greep mes en vork om aan te vallen op haar vleespasteitjes, stoofpotten met dumplings, rosbief met yorkshirepudding op zondag, vis met patat op vrijdag, appeltaart met custard, rabarberkruimeltaart, jan-in-de-zak, krentenrotsjes. Kath was een keukenwonder. Wanneer ik hielp, vormden we een goed team, en als we daar samen zaten als een gezin had ik het gevoel dat ik hun kind was en zij mijn vader en moeder. Ze praatten over politiek en geld, televisieprogramma's en voetbal. Ze hadden bonje en maakten het vlug weer goed, ze omhelsden elkaar en zeiden 'Dag lieverd' wanneer ze weggingen en 'Schat, ik ben thuis' wanneer ze binnenkwamen. Ik leerde net zoals zij te praten en wenste dat ze me zouden adopteren.

We aten niet elke dag samen, en er waren dagen dat ik helemaal niet at. Ik sloeg als een kameel het voedsel op en wanneer ik in de ban van een gezondheidszorgprobleem was, vergat ik te eten en kon ik het af met een paar slokken gin. Gin, Prozac, Valium en werk waren mijn beste vrienden. Dat waren net de vier elementen: aarde, lucht, vuur en water, de essentiële combinatie om in mijn levensonderhoud te voorzien.

Net als roken is medicijngebruik een ritueel. Het geeft een intens sensueel gevoel om de ruitvormige pillen uit de doordrukverpakking te duwen, de dagelijkse dosis uit een flesje in je handpalm te gieten. Je telt hoeveel pillen je hebt genomen en hoeveel er overblijven. Het wordt deel van jou. Dan wordt het jou. Medicijnen maken de werkelijkheid aangenaam. Verdriet verdwijnt. Voor even. Maar het probleem met medicijnen is dat het verkeerde vrienden zijn, die al gauw vervelend worden. Je hebt steeds meer nodig om hetzelfde effect te bereiken, en daarna heb je nog meer nodig om de pijn van het bestaan te verlichten en de werkelijkheid alleen maar draaglijk te maken.

Ik bewaarde mijn pillen in de la van mijn nachtkastje en was blij dat je ze dankzij de kleurcodes niet gemakkelijk door elkaar kon halen. Prozac zag er elegant uit in een halfgroene, half-crèmekleurige capsule, twintig milligram per dag, de laagste dosering. Valium was zonnig geel, drie pillen van vijf milligram per dag, 's ochtends en 's avonds, een om rustig te worden en twee om te slapen... De wekker met zijn groene cijfers werd vergroot en vervormd door de fles Evian naast het bed, het winterzonnetje glipte tussen de slaapkamergordijnen door en de wind zong in mijn oren wanneer ik de heuvel af sjeesde naar de universiteit, waar Gerald in een vreemde taal tegen zichzelf sprak.

Soms kreeg ik zomaar de rillingen en kwam ik tot de ontdekking dat ik mijn pillen was vergeten in te nemen. Dan moest ik haastig naar huis, naar mijn kamer, die ik had omgevormd tot een menagerie van speelgoedbeesten; de teddyberen, meneer Happy en de rode draak zaten vanaf hun plank wazig te staren. Dan betrad ik mijn onderkomen terwijl ik tegen mezelf zei: 'Neem je Valium in. Neem je Valium in. Neem je Valium in,' om er zeker van te zijn dat ik niet zou vergeten waarom ik naar huis was gegaan.

Als er geen water was, slikte ik de pillen door met een borrel en liet me voor de rest van de dag niet meer op kantoor zien. Dan keek ik naar mijn hand, die als een blad aan een boom trilde, en wachtte tot de wind zou gaan liggen. Er kwam een ontspannen gevoel over me, alsof ik in warm water werd ondergedompeld, en ik werkte zittend op bed met mijn boeken verspreid om me heen, of nestelde me op de vloer met mijn rug tegen de verwarming. Het kon gebeuren dat ik om twee uur 's middags begon te lezen en dat ik, als Kathy me niet riep, daar om twaalf uur 's nachts nog zat.

Ik leidde het leven van een middeleeuwse non en bestudeerde opgesloten in mijn cel het evangelie van de gezondheidszorg en operationele research, terwijl mijn geest op de raarste momenten afdwaalde naar de zanderige paden van kibboets Neve Eitan, de vluchtige smaak van Patrick op mijn lippen. Ik had geen seksuele verlangens, maar wel emotionele. Ik voelde me geïsoleerd, afgesneden, eenzaam, ik hoorde nergens en bij niemand thuis. Mijn werk gaf me een doel, maar alleen werken en niet spelen maakte van Alice een saai, grijs, triest meisje.

De lente verscheen als een nerveuze vogel in de achtertuin. Narcissen kwamen op om de poolwind te trotseren. Soms bekroop twijfel me en tastte mijn gevoel van welzijn aan. En op dagen dat ik gedeprimeerd was had ik het idee dat ik voor niemand nut had. Ik wilde promoveren om me te bewijzen, tegenover mezelf en de kleinerende stemmen, die me bleven vertellen dat ik, afgezien van zelfmoord, voorbestemd was om op alle fronten te mislukken.

Knoop jezelf op. Knoop jezelf op. Je weet dat je dat wilt.

Zelfmoord bleef in mijn geest aanwezig als een keuzemogelijkheid in de avondprogramma's op de televisie: kanaal 4, *EastEnders*, een documentaire over operatie Desert Storm, spaar de Valiumtabletten op, drink een fles gin leeg en zeg: 'Vaarwel, wrede wereld, het is voorbij.' Alleen Pink Floyd is geschikt voor een begrafenis na zelfmoord. Die zou in de buitenlucht zijn. Een groot gat en een glanzende kist met koperbeslag. Ze staan daar in het zwart: moeder met een voile als Audrey Hepburn in *Breakfast at Tiffany's*; vader als Dracula, macaber en met uitstekende tanden; Clive met een of ander fotomodel in minirok. Ze staan met droge ogen op een regenachtige dag naar de zwarte aarde te staren en aan de tekst van mijn afscheidsbrief te denken. Ik heb een notieboekje gehad met tientallen versies; dat is nu verdwenen, maar de essentie was dat mijn vader me al in de wieg had misbruikt en dat er niemand was die me kon redden.

Toen mijn vader me die dag op de vloer van zijn huis verkrachtte, verloor ik de schertsvertoning van mijn zorgvuldig geconstrueerde valse verleden. Ik raakte het flinterdunne laagje vertrouwen dat ik in mijn moeder had kwijt. Ik verloor elk gevoel dat wij samen met mijn broer Clive nog een gezin vormden. Sindsdien waren de dagen verwarrend geweest, hadden ze elkaar overlapt, alsof het één lange dag betrof. Alsof ik oneindig lang wakker was geweest, broedend op scènes en herinneringen in een poging er logica in te ontdekken en ze op een of andere manier op een rijtje te zetten.

Ik was eenzaam en keek uit naar mijn besprekingen met Rebecca met haar discreet gestifte lippen en sterke koffie.

Het had allemaal voortdurend op barsten gestaan en het was in Rebecca's kleine kantoor dat er iets eindelijk en voor altijd knapte.

Buiten was het koud en in het kantoortje was het warm. De condens droop van het raam. Rebecca had intens donkergroene ogen en soms voelde ik me verzwolgen door haar blik. Haar bureau was getooid met een vreemd fallisch ogende cactus in een rode pot en een foto van een vrouw met kort haar in een flodderige tuinbroek.

Rebecca opperde die dag dat het een goed idee zou zijn als Gerald een van onze besprekingen zou bijwonen. Terwijl ze praatte, werd haar stem langzaam en monotoon. Toen stierf hij weg. Haar lippen bleven bewegen en wat ik hoorde was: *ze zit naar je te kijken en ze wil je dood hebben.*

Het was niet de stem van Rebecca, maar die van een vreemde buiten mijn hoofd. Ik heb geen idee hoe ik erop reageerde, maar Rebecca voelde dat er iets mis was. Terwijl ze in de papieren op haar bureau rommelde, bleef ze maar vragen: 'Is alles goed met je, Alice?' en herhaalde ze de vraag over de afspraak.

Ik slaagde erin te zeggen: 'Ja, ik denk dat het een goed idee is.'

Ik was opgestaan en klaar om weg te gaan. Ik hoorde beweging binnen in mijn schedel. Het was alsof een hele zwerm vogels de vleugels uitsloeg. Ik klauwde met mijn nagels in mijn handpalm. Hou jezelf in de hand, Alice. Hou je in de hand. Ik probeerde mezelf met de ogen van anderen te bekijken. Ik gedroeg me nooit natuurlijk. Ik keek altijd naar mezelf. Ik speelde altijd dat ik Alice was. Speelde dat ik normaal was en voelde me volkomen gestoord.

Rebecca deed een paar suggesties voor data voor de volgende week en ik stoof haar kantoor uit en trapte door Huddersfield alsof de duivel me op de hielen zat. Ik wist mezelf lang genoeg in de hand te houden om met Gerald te overleggen. Hij merkte niet dat er iets mis was, keek in zijn agenda, en we legden de bijeenkomst vast op de volgende woensdag om twee uur.

Die avond keek ik thuis met Kathy naar *EastEnders* toen plotseling een van de personages tegen me begon te praten. *Kijk eens naar haar – Kathy... ze is je vijand.*

Het was een actrice met een enorme bos haar. Ze keek recht uit het televisiescherm naar mij en zei weer hetzelfde: *Ja, Alice, zij. Kathy... Ze haat je. Ze is jouw vijand.*

Ik volgde *EastEnders* niet en ik kende die vrouw niet, maar ze had het beslist tegen mij en ze praatte steeds harder, dringender; het was geen vreemde stem, maar die van haarzelf, van de actrice.

Ze haat je. Ze haat je. Ze haat je.

Ik sprong op van de bank en toen ik de kamer uit stoof botste ik tegen Jim op, die net de keukendeur opendeed.

'Ho, ho. Waar ga jij zo haastig heen?' zei hij nietsvermoedend.

'Ik zou met iemand iets gaan drinken en ik ben aan de late kant.'

Met wie? Ik had geen vrienden behalve Kathy en Jim, en nu was ik van hen niet zeker meer. Me adopteren? Ze wilden me vermoorden. Ze hadden me naar dit afgelegen huis gelokt. Mijn slaapkamer lag boven aan een smalle trap, die steiler werd naarmate je hoger kwam, en de treden trilden als de tandwielen van een roltrap. Mijn handen beefden. De lampen flikkerden. De muren waren klef als vochtig rubber. Ik viel mijn kamer binnen en pakte wat geld.

Ik schuifelde het huis uit, de heuvel af naar de stad. De stem van de vrouw uit *EastEnders* klonk nog steeds. *Bereid je voor, Alice. Bereid je voor om je van kant te maken.*

Bij de slijterij kocht ik een fles gin en ik hoorde de winkelier zeggen: *Je kunt je heil wel in de drank zoeken, maar uiteindelijk zal het toch gebeuren. We zullen gauw van je af zijn. Je zult jezelf van kant maken.*

Drinkend uit de fles liep ik kilometers achter elkaar. Ik dronk door tot ik volkomen bezopen was. Het was een wonder dat ik in de vroege ochtend de weg naar huis terugvond, met ijzige adem, mijn vingers tintelend van de kou. De stemmen kletsten in de verte: de professor, de actrice uit *EastEnders*, een droevig jongetje, waarschijnlijk het kind dat me met zijn gegil uit mijn dromen had doen ontwaken in de weken vlak voor ik mijn vader met mijn ontdekking had geconfronteerd en hij me had verkracht. Ik voelde het jongetje in me groeien als een kuiken in een ei dat op het punt staat uit de schaal te breken.

Mijn hoofd tolde door de alcohol, spleet in tweeën, de linkerhersenhelft maakte zich los van de rechter. Ik stelde me twee luchtbellen voor zoals kinderen maken bij het bellenblazen, die eerst aan elkaar zitten en dan van elkaar loskomen en olieachtig blauw wegzweven, het universum in.

Ik moet hebben geslapen, want ik werd met mijn kleren aan wakker met mijn hoofd begraven onder het kussen. Kathy en Jim waren naar hun werk. Ik haastte me naar de drankkast. Mijn handen trilden zo erg toen ik de deur opendeed dat er een beeldje in de afgrond sprong en op het tapijt terechtkwam. Het figuurtje behoorde tot de gekoesterde verzameling van wat Kathy Capodimonte noemde, een ingetogen victoriaans meisje met gouden krullen dat een grote roze hoed vasthield. De boel was bezig in elkaar te storten, maar nog niet alles was kapot.

Ik zette het beeldje weer op zijn plek, nam een slok cognac uit de fles, douchte me en trok schone kleren aan. Omdat ik op de universiteit eigen baas was, maakte het niet uit op welke tijd ik binnenkwam, als ik al kwam. Ik slikte twee tabletten Valium en liep de heuvel af. Ik durfde niet te fietsen. De stemmen begonnen te schreeuwen. Ze kwamen van om de hoek en van achter dichte ramen, uit de buitenwereld, maar bleven verborgen.

Je kunt je niet voor ons verstoppen, Alice. Je kunt wel weglopen, maar we vinden je toch.

Ik stopte om de weg over te steken. Mijn ogen waren wazig. Ik gaf mezelf een klap tegen de zijkant van mijn hoofd. Focus. Concentreer je. Toen het groene overstekende mannetje oplichtte, had ik het gevoel dat ik dat mannetje was dat de straat over rende.

Waar je bent, zullen wij ook zijn. Wij zijn de beste vrienden die je hebt, Alice. Weet je dat nu intussen niet? Wat is er nog meer voor nodig om je te laten beseffen dat het je lot is dat jou niets lukt behalve je van kant maken?

De stemmen hadden zich altijd met tussenpozen laten horen. Nu waren ze constant aanwezig; een radio die tussen de zenders bleef hangen. Ik probeerde in de universiteitsbibliotheek te studeren, omdat ik dacht dat de stilte daar de stemmen zou kalmeren. Dat had ik mis.

Je bent een bedriegster. Al die boeken, kranten en tijdschriften om je heen maken je nog niet slim. Hou op voor Einstein te spelen. Je bent gewoon zielige kleine Alice, zielige kleine Alice, zielige kleine Alice.

Ik liet alles behalve mijn etui op de tafel liggen. Ik hield het niet meer uit. Ik had tien pond in mijn jaszak. Ik ging de stad in en kocht een fles gin bij de slijterij.

Toen ik wakker werd, lag ik in een vreemd bed bij wazig, stoffig ruikend licht waarvan het flikkerende schijnsel codes op het plafond leek te vertonen. Mijn eerste gedachte was dat ik door buitenaardse wezens was ontvoerd.

Maar ik lag in de verkoeverkamer van de EHBO in Huddersfield.

Ik lag maar te staren. Ik wist niet wie ik was. Waar ik was. Mijn armen werden vastgehouden door een strak laken. Ik voelde me een kind en het lichaam in bed was van iemand anders. Prozac zorgde ervoor dat ik me mezelf voelde. Wie was ik zonder dat?

Ik wurmde me uit de lakens; toen ik overeind ging zitten gaf ik meteen over. Ik was geschokt toen ik ontdekte dat mijn armen vanaf mijn polsen tot mijn bovenarmen in het verband zaten. Een verpleegster zat naast het bed te waken. Ze ruimde het braaksel op. Dat deed ze rustig en efficiënt.

'Gooi het er allemaal maar uit,' zei ze, 'dat is het beste.'

Mijn geheugen lag aan diggelen. Je moet je een foto voorstellen die in smalle stroken is gescheurd, die door elkaar zijn gehusseld. Alles is er, maar je kunt de afbeelding niet in haar geheel zien, en zelfs de stroken houden geen verband met de werkelijkheid. Ik wist wel dat ik een heleboel alcohol had gedronken. Maar ik moest iets veel idioters hebben gedaan dan alleen maar dronken te zijn gevonden als er een verpleegster naast mijn bed zat.

Het leek me een goed idee om iets te zeggen en dacht daar even over na.

'Het gaat goed met haar,' zei ik.

'Met wie?' vroeg de verpleegster.

'Alice. Het gaat nu goed met me.'

Terwijl ik het zei, vroeg ik me af of ik iets verkeerds had gezegd. Het klonk niet alsof ik het was. Er waren op de achtergrond zoveel stemmen aan het pruttelen dat het moeilijk te zeggen was. Ik dacht dat het misschien de stem van mijn onbewuste was en ineens kwam er een vage herinnering op aan stromend bloed, net als de condensstralen die van het raam van Rebecca's kantoor hadden gedropen.

'We wachten op de psychiater, die komt naar je kijken,' zei de verpleegster.

Er knapte iets, of iets wat geknapt was, werd weer heel.

Een psychiater.

'Een psychiater?'

'Ja, ze komt zo.'

Dat zou me niet gebeuren. Ik was bang dat ik naar een psychiatrische afdeling zou worden overgebracht; ik was daar geweest voor mijn onderzoek en daar zat het vol idioten.

Ik schreeuwde niet en maakte geen stennis. Niet slimme Alice. Ik legde rustig uit dat ik geen ziekte had. Ik was bezig met promotieonderzoek en was overwerkt, zei ik, en ze konden me daar niet tegen mijn wil houden.

'Je bent hier alleen voor je eigen veiligheid,' zei de verpleegster.

'Dat weet ik, en ik voel me echt veel beter.'

De verpleegster besloot te gaan kijken of de psychiater al

was gearriveerd en ik ging ervandoor. Door een gelukkig toeval – soms zit het mee – lagen mijn kleren in het nachtkastje. Ik kleedde me aan en glipte als een schaduw door de lange gang, langs borden met geel met zwarte symbolen – RADIOLOGIE, POLIKLINIEK, APOTHEEK – door de dubbele deuren die een zuigend geluid maakten naar buiten, een nieuwe dag in die naar de lente rook.

Omdat ik nergens anders heen kon, ging ik weer naar huis, hoewel ik Kathy en Jim ervan verdacht dat ze niet mijn vrienden, maar heimelijke vijanden waren. Ik trok me terug in mijn slaapkamer, nam Prozac en Valium in en moet zijn gaan slapen. Ik werd om vijf uur wakker door een galmende, doempredikende stem in de kamer.

Je moet dood.

Andere stemmen toonden hun bijval.

Je moet dood. Je moet dood.

Eerst wist ik niet waar ik was. Was ik thuis? Sliep ik? Was ik wakker?

De galmende stemmen gingen door: *Je moet dood. Je moet dood.*

Ik pakte meneer Happy.

'Hoor je dat?'

Hij grijnsde alleen maar en ik grijnsde terug. Ik probeerde met de stemmen mee te zingen. *Je moet dood. Je moet dood. Je moet dood.* Als een spreekkoor bij voetbal. Ik weet niet hoelang we dat volhielden, maar uiteindelijk kwam ik weer terug in de werkelijkheid.

Ik lag in mijn bed. Met mijn armen in verband. Ik wist niet waarom en wilde het niet weten ook. Ik dacht aan Kathy en Jim. Spanden die samen om me te grazen te nemen? Jim had boze rode ogen en Kathy's gezicht leek op dat van die vrouw uit *EastEnders*.

Waarom had Kathy me van het station willen afhalen en me persoonlijk naar haar huis gebracht? Ze moest die advertentie stiekem op het prikbord hebben opgehangen en hem er meteen weer afgehaald zodra ik belde. Niemand wist dat ik in dit griezelhuis boven op de heuvel was. Ik zat gevangen. Alleen. Ze gingen me vermoorden. Zouden me onder de vloerplanken verstoppen. Dat wist ik zeker. Ik moest daar weg. Zij zaten achter de stemmen.

Je moet dood, scandeerden die. *Je gaat dood.*

Waar moet ik heen? Wat moet ik doen? Buiten was het zwart geworden. De stemmen weergalmden door de kamer. Kathy en Jim zaten beneden plannen te smeden.

Ik kon niet bedenken wat ik moest doen.

Ik moest een helder hoofd krijgen. Uiteindelijk kleedde ik me om en deed mijn joggingpak aan. Ik greep mijn sleutels en sloop het huis uit. Ik rende. Mijn hoofd zat vol waanzinnige, vreemde gedachten. Ik was ervan overtuigd dat de mensen tegen me samenzwoeren en bleef maar denken: het is niet eerlijk, ik heb niets gedaan, het is niet mijn schuld. Gaan ze me opsluiten in de Vogelkooi met een blik Spaghetti Hoops? Ik moest weg zien te komen. Als ik hard genoeg rende, zou ik de stemmen eruit lopen. Aan de tijd ontglippen.

Ik bleef maar doorrennen en hoorde de stemmen nog steeds in mijn oren klinken.

Je zult doodgaan, Alice. Je zult doodgaan.

Hou je kop. Hou je kop. Hou je kop.

We zullen je gauw aan je eind zien komen. Maak je van kant. Maak je van kant. Doe het nu. Doe het vandaag nog.

Onder het rennen stroomden de tranen me over de wangen. Ik rende tot de zon door de wolken heen begon te piepen. Ik rende tot ik buiten adem en uitgeput was. En nog steeds galmden de stemmen in mijn hoofd terwijl mijn voeten op de grond roffelden.

Toen ik bij het huis terugkwam, was het tien uur geweest. Ik had bijna vier uur gerend. Ik had weer een marathon uitgelopen en in een vlaag van helderheid betreurde ik het dat ik niet weer vijfhonderd pond had ingezameld voor de NSPCC.

Luister naar de kinderen, dacht ik. Luister naar de kinderen.

173

Kathy en Jim waren naar hun werk. Ik was alleen. In de badkamer stroopte ik mijn kleren af en staarde verbaasd en ongelovig naar het verband om mijn armen. Ik knipte de linten vlak boven mijn ellebogen door en toen ik het verband eraf trok, werd ik misselijk van wat ik zag. Op het zachte vlees aan de binnenkant van mijn linkerarm bevond zich een reeks rode, bijna parallel lopende striemen en snijwonden, sommige met hechtingen en bedekt met gele ontsmettende betadine. Op mijn rechterarm zaten ook snijwonden, maar minder. Het waren nette sneden, met lichte inkepingen, alsof ze met een kartelmes waren toegebracht; ze begonnen al te genezen, en ik vroeg me af wie me dat in godsnaam had aangedaan.

Dat heb jíj gedaan.

Nee, ik heb het niet gedaan.

Jawel, Alice. Jij deed het.

Ik deed het niet.

Je wilt jezelf van kant maken, maar je bent bang.

Hou je kop!

Ik stond ongeveer een uur onder de douche. Ik wist op een vage, objectieve manier dat ik mezelf had verminkt. Maar ik kon me dat niet herinneren en had ook geen idee waarom ik zoiets zou doen. Ik moest niet goed bij mijn hoofd zijn geweest. Ik had beslist gedronken. Ik had een herinnering aan pijn die duizend keer erger was dan migraine, een pijn die zo scherp was dat het leek alsof het lemmet van een mes door de membranen en spieren en synapsen van mijn hersenen sneed en de herinneringen eruit hakte.

Dat heb jíj gedaan.

Ik heb het niet gedaan. Ik heb het niet gedaan. Ik heb het niet gedaan.

Dat heb jíj gedaan.

Ik sprak met de stemmen, maar het was niet mijn stem die antwoordde. Of eigenlijk was het wel mijn stem, maar het klonk niet alsof ik het was. Ik droogde me af en staarde mezelf aan in de spiegel. Er zat iemand anders in mij.

Er zijn twee visies met betrekking tot open wonden: de eerste is dat je ze het best in de open lucht kunt laten genezen; de tweede gaat ervan uit dat je ze het best bedekt kunt laten. Ik onderschrijf de tweede, dus ik wikkelde het verband weer om mijn armen.

Ik sliep een paar uur en ging naar de universiteit alsof er niets was gebeurd.

Hoofdstuk 11

De kinderen

Er zit een pistool in mijn rugzak. Er zit ook een aapje in aan een sleutelhanger zonder sleutels. Een buisje Smarties. Een exemplaar van *De magiër* van John Fowles, met een boekenlegger aan het begin van hoofdstuk vijf. Op de eerste bladzijde staat met balpen de naam Rebecca Wallington geschreven.

Heeft zij het aan me gegeven? Het me geleend? Heb ik het gepikt? Heb ik de eerste vier hoofdstukken gelezen? Want ik moet ze opnieuw lezen om te weten waar het in hemelsnaam over gaat.

Het pistool is van plastic en je kunt er klappertjes mee afschieten, die ontploffen als knalbonbons. Ik heb het uitgeprobeerd. Twee keer.

Pang, pang.

Ik zit op het bed met die spullen uitgespreid over het dekbedovertrek. Stof danst in het zonlicht dat door het raam naar binnen sijpelt en in de ogen van de knuffelbeestenbende schijnt. Ik ben in het huis van Kathy en Jim. Het is er nu stil. Leeg. Ik spits mijn oren als een kat.

Als Kathy en Jim eropuit zijn om me te pakken te nemen, dan is hun dat nog niet gelukt.

Ik zit voortdurend naar mijn armen te staren. De snijwonden genezen tot gekartelde littekens. Ik laat mijn vingertoppen over de striemen gaan, en soms het puntje van mijn tong. Als er ook dwarslijntjes waren geweest, hadden we boter-kaas-en-eieren kunnen spelen met een balpen.

Elke dag houd ik me aan het regime van twintig milligram Prozac. Maar momenteel eet ik Valium alsof het om Smarties gaat. Ik heb pijn in mijn lever. Misschien cirrose. Mijn spaargeld bij het postkantoor is bijna helemaal verdwenen. Ik moet mijn geld hebben uitgegeven, mijn vangnet, maar ik kan het me niet herinneren. Ik leef van week tot week. Van dag tot dag. Van moment tot moment.

Ik doe alsof ik bezig ben met mijn promotieonderzoek. Ik weet niet precies wie en wat ik ben. Eén ding weet ik wel, en dat is dat ik niet mezelf ben. Ik zak de heuvel af, loop naar de universiteit, beklim de trap naar de tweede etage en zie Gerald op zijn toetsenbord tikken als een duif die graankorrels oppikt.

'Morgen.'

'Morgen.'

'Hoe loopt het met je voorstel?' vraagt hij.

'Als een trein.'

'Zo mag ik het horen.'

Geralds brillenglazen glinsteren als zilveren munten. Hij glimlacht.

Ik kijk uit naar de andere vent die af en toe komt opduiken. Misschien is hij opgegaan in de vlekkerige muren achter de post-its en de kalender met platen van de heidevelden en valleien in Yorkshire. Misschien bestaat hij alleen als een product van mijn verbeelding: een bebaarde, zwijgzame, vroeg kalende man in een grauwe spijkerbroek en een T-shirt met een afbeelding van de Spaanse Burgeroorlog.

Ach, nu weet ik het weer.

De trotskist.

De man die naamloos was gebleven sinds de dag dat Gerald ons aan elkaar voorstelde toen ik op de universiteit begon.

Op een avond toen we laat doorwerkten, vroeg hij of ik iets wilde gaan drinken.

'Ja, graag,' zei ik, terwijl ik mijn hersens pijnigde. 'Ik ben vreselijk slecht in namen...'

'Brian,' antwoordde hij terwijl hij zijn computer uitzette.

We stonden in een kroeg waar de rook tot aan het plafond hing en waar die sympathieke, normaal gesproken stille man die Brian heette anderhalf uur over zijn broer praatte, die fortuin maakte als financieel analist. 'Het punt is dat hij zo slecht is in wiskunde. Hij wilde architect worden. Nu verdient hij bakken geld... vakanties in Florida, een flat aan de Theems met een balkon als een voorsteven. De stinkerd draagt van die overhemden met een polospeler erop.'

Tijdens de nu en dan voorkomende pauzes fronste hij een wenkbrauw. Hij zei: 'Eh, eh...' en door de manier waarop hij naar me keek, zoals mensen naar de kleine lettertjes op een medicijnflesje turen, wist ik dat hij mijn naam niet meer wist en het niet wilde vragen.

Hij dronk twee grote glazen Fosters. Ik dronk twee kleintjes. Het was negen uur tegen de tijd dat we weggingen; toen ik tegen de heuvel op ploeterde herinnerde ik me dat ik in een stuk over microbiologie had gelezen dat er niet zoiets bestaat als geest, alleen materie. De ik die ik denk te zijn, bestaat niet. Alice is maar een hoeveelheid uit elkaar spattende en delende cellen. Het lichaam maakt dagelijks een oerknal door en komt daar vernieuwd, veranderd, uit. Het kind dat ik was bestaat niet in materiële zin, alleen in mijn geest, mijn herinnering; het is een schijnversie van mij, een dode ik, een ik die er is geweest maar niet meer bestaat, en het probleem met twee kleine pilsjes is dat je blijft smachten naar een borrel.

Ik werk op wat ze een multimedia personal computer (mpc) noemen, ontwikkeld door Microsoft en Tandy. Ze zeggen dat er op een dag geen behoefte meer zal zijn aan bibliotheken of universiteiten. Alle kennis zal zijn opgeslagen in een reusachtig elektronisch brein. Je stuurt gewoon een vraag naar het zenuwcentrum en dat geeft alle antwoorden. Het lijkt een geweldig idee, net zoiets als dat iedereen ooit zijn eigen helikopter zal hebben, en ik geloof het pas als ik het zie.

Ik druk op de startknop, de mpc bromt als een kortegolfradio en het scherm komt flikkerend tot leven. Mijn aantekeningen zijn opgeslagen in computerbestanden en verschijnen in pulserende groene letters als insecten die over de bladzijden lopen. Als je een fout maakt, hoef je hem niet weg te werken met Tippex. Je markeert de tekst die je niet wilt hebben en schrijft er nieuwe tekst overheen. Als we een backspacetoets in onze hersenschors hadden, zouden we hetzelfde kunnen doen met onze herinneringen; gewoon teruggaan en er zwarte gaten van maken. Dat zijn ze in feite bij de geboorte, althans volgens sommige psychologen, die de geest van een kind, voor het de indrukken van ervaringen binnenkrijgt, als een tabula rasa beschouwen.

Alice, het kind dat door haar vader is misbruikt, is verdwenen, de cellen verspreid. Alice disfunctioneert van het ene moment op het andere vanuit de veronderstelling dat er een rechte lijn bestaat tussen dat kleine meisje en mij. Als er een lijn is, is die met onzichtbare inkt getrokken. We kunnen hem niet zien, proeven of ruiken. Het is een illusie wanneer Alice, meer uit gewoonte dan omdat ze dat wil, herinneringen houdt die mogelijk van iemand anders zijn en die schadelijk voor haar kunnen zijn.

Herinneringen zijn van nature bedrieglijk, in zoverre dat ze beelden en verhalen construeren van de persoon die er ooit is geweest, met de cellen die er ooit waren, maar nu niet meer bestaan. Die cellen zijn gemuteerd en in iets anders veranderd. Alles wat er bestaat is er altijd geweest en zal er altijd zijn. Het stof in de lichtstraal die door mijn raam stroomt bevat de dode cellen van dinosaurussen en de stoffelijke resten van opa.

De mpc heeft valse herinneringen; een eigen geheugen. Hij is onverschillig. Hij raakt dingen kwijt. Ik bewaar handgeschreven aantekeningen in een schrift met een blauwe kaft en zet ze alleen in de computer als back-up.

Op een dag zullen computers met elkaar praten, zeggen ze. Dat is iets wat ik kan begrijpen.

Ik tover het bestand uit de lucht; kijk op mijn horloge. Tien over negen. Ik kijk weer. Tien over negen.

Het belangrijkste wat ik moet doen, is een onderzoeksvoorstel schrijven om aan het College van Bestuur voor te leggen, en een planning maken voor besprekingen voor het werk dat ik met Rebecca doe, met betrekking tot inspraak van buurtbewoners in een nieuw gezondheidsproject. Er waren diverse plaatselijke instanties betrokken bij de totstandkoming van het project binnen de Kirklees Metropolitan Borough Council en de volksgezondheidsdiensten van Huddersfield en Dewsbury.

Ik las door wat ik had geschreven.

Hm, niet slecht.

Ik had een zenuwinzinking en werkte aan gezondheidsprogramma's voor de gemeenschap.

Idioot, nietwaar?

Op een dag werd ik aangehouden toen ik een transistorradio uit een winkel meenam zonder te betalen. Een grote man kwam achter me aan. Hij droeg een baard en een roze tulband. Hij keek echt kwaad en ik barstte in tranen uit. Ik was helemaal radeloos; zijn woede verdween en hij begon zich te verontschuldigen. Hij pakte me wel de radio af. Ik ging naar de slijterij en besefte pas toen ik binnen was dat ik geen geld bij me had.

Mijn fiets stond niet buiten. Ik zocht ernaar. Ik wist niet meer of ik er op de fiets heen was gegaan of niet. Fietsen is gevaarlijk. Ik houd niet van mannen in auto's. Ik weet niet waarom. Ik hou er gewoon niet van. Ik kan ze wel schieten, en maak een schietgebaar met mijn vingers.

Pang, pang, je bent dood.

Er zijn veel lelijke gebouwen in de plaats die Huddersfield heet. Ik vind het er niet prettig en ik heb een hekel aan die lelijke gebouwen. De inwoners zijn kannibalen. Ze willen je op-eten. Ik schiet er zoveel mogelijk neer.

Pang, pang.

Ik blaas de gebouwen op met molotovcocktails. Ik vind dat een mooie woordcombinatie, molotovcocktail, die glijdt van je tong zoals de brandende bommen uit je hand glijden en in een regen van gesmolten glas ontploffen.

Ik heet Billy en ik ben vijf. Ik ben degene die op mannen in auto's schiet. Pang, pang. Het is mijn pistool dat in Alices rug-zak zit. Zij heeft het voor me gekocht. Ze heeft ook de Smar-ties en het aapje aan het kettinkje gekocht. Maar ze heeft er niet voor betaald. Ze heeft die gewoon meegenomen. Pang, pang, je bent dood. Dat is er weer een.

Mijn gezicht in de spiegel is leeg. Het is net een stilgezette videoclip op een televisiescherm, als een computerscherm in spaarstand. Het wordt weer actief en mijn uitdrukking wordt de mijne, die van Alice. Dezelfde Alice met een nieuwe serie cellen en een nieuwe serie stemmen die de oude wegdrukken.

De oude stemmen zijn er nog. Maar het is nu anders. Het meubilair in mijn hoofd is verplaatst. De professor, de vrouw uit *EastEnders* en de anderen, de flikflooiers, die lijken tot de buitenwereld te behoren. De kinderen daarentegen zitten ín mijn hoofd; ze praten, huilen, schoppen stennis.

Billy is altijd vrolijk. Het zou Billy kunnen zijn geweest die 's nachts in mijn studio in Swansea gilde nadat jeweetwel ge-beurde. Maar dat denk ik niet.

Dat was waarschijnlijk Samuel.

Samuel is zes. Hij huilt de hele tijd. Achter elkaar door. Soms rolt hij zich op tot een bal, drukt zich tegen de muur en huilt en huilt maar.

Baby Alice huilt ook, maar die is pas een halfjaar. Ze weet niet wat er gebeurt.

De kinderen doken zomaar op. Het gebeurde gewoon. Als zaadjes die in de grond ontkiemen en uit de aarde opschieten. Ze kwamen gewoon op. Ze waren verborgen in al die 'materie' en kwamen in hun geheel tevoorschijn, compleet met namen, leeftijden en karaktertrekken. Als vlinders die uit hun cocon barsten. Ik heb ze hun namen niet gegeven. Zij hebben me bewust gemaakt van hun namen, maar ik leek ze eigenlijk al te weten, en ik leerde algauw wie wie was doordat ik hun stemmen ging herkennen.

Billy is aan zijn pistool gehecht. Hij houdt van Smarties. Ik weet niet wat Samuel en baby Alice leuk vinden. Ze huilen de hele tijd, wat vervelend is omdat ik wanneer ze huilen niet kan doen wat ik zou moeten doen.

Er is een boze jongen die Kato heet. Hij is zestien en hij is zo kwaad en gekweld dat hij niet meer weet wat hij moet doen. Ik voel dat hij op de rand van geweld balanceert, zijn gezicht is rood van woede. Soms ben ik bang dat hij uitbarst.

Dan is er Shirley. Ze is veertien. God mag weten waarom ze Shirley heet. Ik vind die naam niet eens mooi. Waar komt die vandaan? Shirley speelt onder een hoedje met Kato. Ze jut hem op. Ze zet hem ertoe aan dingen te doen die hij niet zou doen als zij er niet was.

En dan heb je Eliza. Het duivelskind. Ze zegt dat ze komt, maar ze is er nog niet. Ze is nog niet 'uitgekomen'. Net als ik speelt Eliza graag met poppen en ze voelt zich een beetje in de minderheid tussen al die jongetjes die liever met teddyberen spelen.

Er zijn nog een heleboel andere kinderen die hun best doen hun stem te vinden, maar die blijven op de achtergrond, vechtend om tijd en ruimte.

Gerald roept vanuit de deuropening.
'Zin in een bakkie?'
Daar moet ik over nadenken. Heeft Gerald me gevraagd of ik zin heb in een kop thee? Of is een van de stemmen in zijn

hoofd getrokken en beweegt die zijn lippen als een buikspreker? Misschien is Gerald aan het playbacken, is hij een buiksprekerspop. Misschien ben ik dat wel.

'Nou?'

'Ja, graag, Gerald.'

'Hoe gaat het?'

'Prima. John Fowles kan maar beter uitkijken.'

'Lees je *De magiër*?'

'Doe ik dat?'

Hij grijnst. Hij denkt dat ik echt geestig ben. Misschien is dat ook wel zo. Een capsule Prozac, twee tabletten Valium, wat codeïne en een slok gin als ontbijt. Dat doet het hem. Ik voel me... wat is het juiste woord? Dat is het: gelukkig. Nou, misschien niet gelukkig. Ik voel me niet ongelukkig.

De stemmen zijn onuitstaanbaar. Maar ze kunnen ook grappig zijn. Ik kijk in mijn rugzak: het pistool, het aapje aan het kettinkje, het buisje Smarties dat ik met Gerald deel wanneer hij terugkomt met twee mokken thee, met barsten waarin de bacteriën zich vermenigvuldigen. Misschien zijn de Engelsen daarom allemaal gek. Al die thee en bacteriën.

Wanneer de tijd ophoudt op de normale manier te functioneren, wanneer er gaten zitten in het normale verloop, hebben dagen niet langer betekenis. Je verliest tijd en loopt afspraken mis. Je neemt te veel pillen en als je Shirley haar gang laat gaan, ga je drinken.

Wanneer Shirley de leiding neemt, kan er van alles gebeuren. Plotseling 'kom je terug', je voelt een huivering, alsof je wakker wordt, en dan kom je tot de ontdekking dat je in de goot zit en het bloed langs je armen stroomt, of dat je met allemaal verband om in het ziekenhuis ligt.

Shirley is zelfverzekerd. Het begon me te dagen dat Shirley degene is die graag kookt. Ze is er altijd geweest, ze hanteert de keukenmessen en weet het gebroken glas van een kapotgeslagen fles in Kato's aarzelende vingers te krijgen.

Het kwam als een flashback, een vluchtig beeld dat door mijn hoofd schoot op het moment dat ik mijn ogen opendeed op de EHBO.

Het was Shirley, niet ik maar Shirley die een fles gin had leeggedronken, de lege fles had stukgeslagen en Kato had overgehaald om in mijn armen te snijden.

Waarom had Kato dat gedaan?

Hij deed het omdat hij zo verward was, zo bang, zo gestrest dat de fysieke pijn een verlichting betekende van de mentale doodsangst. Hij deed het ook omdat de aanblik van rood bloed dat langs witte armen stroomde iets esthetisch had, een fleurige schoonheid in het saaie, grauwe Huddersfield.

Gestoord? Idioot? Zo komt het nu op me over. Ik had die krachten, die ongemakkelijke gevoelens, die andere persoonlijkheden in me, en die bestuurden me. Het was alsof ik een duveltje in een doosje was en ik wist niet welke persoonlijkheid er de volgende keer uit zou springen. Billy, die dacht dat hij een cowboy of een terrorist was; Kato, de snijder; anorectische Shirley wier enige genot het was zich lam te zuipen en af en toe een broodje gezond te eten. Ik had geen hekel aan Shirley, ik was bang voor haar. Shirley wist dingen die ik niet wist.

Ik wist dat het woensdag was toen ik wakker werd, en toen vergat ik het weer.

Ik was bezweet wakker geworden, ervan overtuigd dat mijn voeten in brand stonden, en had mezelf gezien in de slaapkamer uit mijn kindertijd. Ik was vier. Een droppie. Ik lag in het ledikantje dat voor de wieg in de plaats was gekomen. Ik had een gele badstof pyjama aan met eendjes op de voorkant en ik staarde naar de mobile aan het plafond.

Hij kwam zachtjes binnen. Hij legde zijn vinger op zijn lippen en glimlachte. Hij kietelde me onder mijn kin.

'Wie is papa's meisje?' fluisterde hij.

'Dat ben ik.'

Ik glimlachte. Hij gaf me een kus op mijn wang. Hij trok het beddengoed van me af en de knuffels vielen op de grond. Hij schoof zijn hand onder me. Ik zette me schrap met mijn voeten en kromde mijn rug zodat hij mijn pyjamabroek omlaag kon doen.

'Zo, wat een leuk meisje.'

Hij maakte zijn vinger nat en die schoof mijn voorste gaatje in.

'Nou, dat is lekker, toch?'

Hij had zijn pyjama aan en zijn piemel stak door het gat aan de voorkant.

'Kijk eens wie we daar hebben,' zei hij.

Hij stopte zijn piemel in mijn mond om hem vochtig te maken, en toen duwde hij voorzichtig, zodat het niet te veel pijn deed, het kopje van zijn piemel in mijn voorste gaatje. Na korte tijd deed hij zijn plasje in me. Hij had een zakdoek in het borstzakje van zijn pyjama. Hij veegde de smurrie weg. Hij deed mijn pyjamabroek weer aan en trok het lakentje en dekentje weer over me heen. Hij boog voorover en kuste me op mijn lippen.

'Dat was heerlijk,' zei hij.

Hij ging de kamer uit en ik stond op om mijn knuffels te pakken. Die vonden het niet fijn op de vloer.

Dat was ik in dat bedje.

Alice.

Die herinnering die bovenkwam was zo walgelijk, zo vernederend, zo pijnlijk, dat ik al mijn pillen innam. Ik nam een slok cognac uit de kast in Kathy's zitkamer en ging terug naar boven om geld te halen.

Ik rende de heuvel af naar de slijterij, steeds harder en harder...

Het volgende dat ik me herinner is het vage, stoffige, sputterende licht boven mijn hoofd, de halfdichte gordijnen, de bekende geur.

Ik was weer op de EHBO.

185

Rebecca zat naast het bed. Ze pakte mijn hand en keek me aan met haar groene ogen. Ik dacht: mijn god, ze is lesbisch. En toen dacht ik: wat doen lesbiennes? Ik dacht aan het meisje op de universiteit dat een triootje had gewild. Daar had ik jarenlang over gedacht. Wat is een triootje?

Ik was incestueus verkracht, voortdurend, telkens weer, en wist niets van seks, liefde en relaties. Tranen stroomden over mijn wangen. Ik proefde het zout. Rebecca kneep in mijn hand. Ik snikte. Ze kneep harder. Ik begon nog harder te snikken.

Ik dacht: waarom raakt deze vrouw me aan? Het is fijn dat deze vrouw me aanraakt.

Mijn gezicht was een en al nattigheid, maar mijn keel was net zo uitgedroogd als de rode stad Petra. De roze stenen in de ondergaande zon moeten een hersenschim zijn geweest, een valse herinnering; ze behoorden tot een groepje cellen dat voor altijd weg was.

Ik had pijn aan mijn linkerzijde, een schaafwond op mijn wang. Kato had me tenminste geen snijwond bezorgd.

Ik maakte de kan op het nachtkastje leeg, dronk het ene glas water na het andere. Rebecca ging de hoofdzuster halen en kwam terug met een op een non lijkende Schotse vrouw in een donkerblauw uniform met een horloge dat ondersteboven hing. Het was lastig te begrijpen wat ze zei.

'La' ut 'n waarschuwing voor je zijn, meissie. 'k Wil je hier nie meer zien,' zei ze. 'Je ken lillik trechkomme as je te veel drinkt.'

Ik kon me niet herinneren dat ik was gevallen. Ik kon alleen maar vermoeden dat Shirley zich lam had gezopen en dat ik daardoor gewond was geraakt.

Rebecca kende de zuster en haalde haar over me te ontslaan en aan haar hoede toe te vertrouwen. Ik kleedde me aan en strompelde langs de zwart met gele borden die waarschuwden voor de gevaren van straling de gang door, naar buiten, naar het parkeerterrein. De ziekenhuisdeuren maakten een zuigend geluid en de autoportieren sprongen open alsof de auto er zin in had te vertrekken. We deden onze gordels om en Rebecca legde haar hand op de mijne. Het was vreemd, al dat persoonlijke gedoe, en ik keek omlaag naar haar hand die mijn vingers streelde.

'Naar mijn huis?' vroeg ze, en ik knikte aarzelend.

'Oké.'

Wat had ik te verliezen?

Het was fijn om in de auto, ik geloof dat het een Volkswagen was, te zitten, een grote speelgoedwagen die voortzoefde; de stad verdween achter ons terwijl we over de kronkelige steile weggetjes de krater uit reden. Ik besefte beschaamd dat ik de heidevelden alleen kende van de kalender van de VVV aan de muur van mijn kantoor.

'Ik dacht dat er iets mis moest zijn toen je niet kwam opdagen voor onze bespreking,' zei ze.

Het begon me te dagen dat het woensdag was. Het was de dag waarop het overleg met Gerald in Rebecca's kantoor gepland stond.

'Het spijt me vreselijk,' zei ik.

'Alice, ik maakte me zorgen om jóú, niet om de bespreking.'

Ik vroeg me af hoe ze me bij de EHBO had gevonden, maar vroeg het niet. Er kwamen weer tranen in mijn ogen. Rebecca's bezorgdheid was overweldigend. Ik huilde niet vaak. Samuel en baby Alice huilen. Ik niet. Maar lekker uithuilen wil wel eens helpen.

De lucht werd rood, oranje, lichtgroen. Rotsen stonden als door reuzen geworpen raketten verspreid in het heuvellandschap dat schaduwachtig aan de horizon oprees. Ik kan niet erg op mijn intuïtie vertrouwen, maar ik had het gevoel dat het Rebecca echt iets kon schelen en ik kon niet anders dan er het beste van hopen. Ze had me van begin af aan aangemoedigd bij mijn project en moet hebben geweten dat ik geïsoleerd was.

Kathy en Jim dachten dat ik de hele tijd aan het pimpelen was met maatjes van de universiteit. Het tegendeel was waar.

Ik liep in mijn eentje te zuipen op straat en in nachten dat ik de heuvel niet meer opkwam, sliep ik in winkelportieken of liep ik kilometers over Manchester Road. Dan beklom ik in het pikkedonker de steenbrokken van een vervallen molen, waarbij ik mijn handen schaafde, of ik zong de uren weg terwijl ik zo hoog mogelijk ging op de schommels in het park. Als Shirley of Kato, zelfs als Alice, wanneer de herinneringen een marteling werden, voelde ik me onkwetsbaar en was ik in de nachten dat ik rondzwierf alleen maar bang om door de politie te worden opgepakt.

Rebecca woonde in een stenen cottage met een door rozen begroeide ingang en meubels van blankgeschuurd grenen in de keuken en zitkamer. Er waren grote, felgekleurde kussens, Indiase kleden op de vloer en stapels boeken op de boekenplanken. Rebecca zette alle ramen open en haastte zich naar de keuken om een lekker kopje thee te maken.

Op de tafel daar stond een foto van dezelfde vrouw die ik had gezien in het lijstje op Rebecca's bureau in het kantoor.

'Dat is Zoë, mijn vriendin,' zei ze. 'Ze werkt momenteel in Newcastle.'

Rebecca zette een dienblad op de salontafel.

'Je zult haar wel missen,' zei ik.

'Voortdurend. Ook al wonen we niet samen en hebben we onze eigen interesses.'

Ik bedacht hoe prettig het moest zijn om een partner te hebben en toch niet op elkaars lip te zitten. Ik herinnerde me dat ik me in Liverpool tevreden voelde als ik wist dat Patrick zou komen; dat ik hem had, ook al was hij er niet, hield me in evenwicht. Ik had nog steeds zijn adres en besloot hem te schrijven en uit te leggen waarom ik bang was geweest.

Toen ik aan Patrick dacht, sprongen me de tranen weer in de ogen. Door de kinderen, die steeds maar zaten te kletsen in mijn hoofd, de flashbacks, de medicijnen en de drank draaide de tijd om haar as, zonder begin of einde. Verleden, heden en toekomst waren in elkaar overgegaan, versmolten tot een bol. De bolvormige tijd ging voorbij. Voordat er een nieuwe bol ontstond, was er een moment van leegte en helderheid. Ik was vaak 'weg', maar nu was ik 'terug'. Ik was ik. Daarom bleef ik huilen.

'Als je wilt, kun je het me vertellen, Alice,' zei Rebecca.

Ik staarde haar aan. Rebecca's zilvergrijze haar leek een halo in het licht achter haar. Had ze mijn gedachten gelezen? Had ze de brief gezien die ik aan Patrick wilde schrijven?

Ik keek naar de theekopjes die ze had volgeschonken.

'Heb je iets te drinken?' vroeg ik.

Ze glimlachte. 'Wat een geweldig idee.'

Ze bracht het blad weg en haalde een fles wijn, wat kaas en zoute koekjes tevoorschijn. Ik voelde onuitgesproken dingen in me opkomen die zich tot woorden vormden, dode herinneringen die verrezen als Lazarus. Als ik ging praten, moest ik buiten zijn, in de openlucht, onder het hemelgewelf. We goten de wijn naar binnen en trokken windjacks aan.

We liepen over de heide langs kronkelige stenen paadjes. De schaduwen gingen over in de nacht en onder dekking van de duisternis vertelde ik Rebecca mijn verhaal. Een versie ervan. De stemmen hield ik voor mezelf. Ik moest nog het verband zien te vatten tussen de stemmen en het misbruik. Die avond kwam het misbruik aan het licht; dat ik voortdurend was misbruikt, van baby in de wieg tot aan mijn tienertijd. Ik vertelde haar dat mijn vader me onder bedreiging met een mes op de vloer van zijn huis had verkracht. En ik vertelde haar dat ik dit nog nooit aan iemand had verteld.

Rebecca zag bleek. De wind blies.

'Maar waarom? Waarom?' vroeg ze.

Het was de voor de hand liggende vraag. Maar er was geen simpel antwoord. De vrouwen in het blijf-van-mijn-lijfhuis die ik in Liverpool had ondervraagd hadden allemaal andere antwoorden. Het was schaamte, liefde, angst dat niemand ze zou geloven; angst dat niemand iets kon doen om de mishandeling te voorkomen, zelfs al geloofden ze hen; angst om alleen te zijn – een angst die ik maar al te goed kende.

'Dat doe je gewoon niet,' zei ik.

'Arme Alice. Arme, arme meid.'

Tegen elkaar aan renden we heuvel af naar de cottage. We maakten warme soep en Rebecca liet me zien hoe oud brood door het nat te maken en in de oven te bakken weer vers wordt. Zelfs als je onder bedreiging met een mes bent verkracht, zelfs wanneer je je verhaal vertelt aan een sympathieke toehoorder, gaat het leven door. Dat moet wel. Ik was voortdurend, dagelijks, elk uur, elk moment bezig mezelf af te splitsen van dat kleine meisje met de pik van haar vader in haar mond en van de vrouw die op de versterkte kantelen van het kruisvaarderskasteel in Petra had gestaan en nu aan haar promotie werkte.

Rebecca vond godzijdank een fles gin. We bleven tot diep in de nacht zitten drinken terwijl ik haar vertelde over mijn vaders nachtelijke bezoeken, de spinnen, de kelder waar mensen reciteerden en kinderen werden misbruikt, de man met de witte Rolls Royce.

Ik herinnerde me de dag dat mijn moeder buiten voor ons huis stond toen de witte auto stopte.

'Wat is hier verdomme aan de hand?' schreeuwde ze.

'We zijn gewoon een eindje wezen rijden, Jenny. Kom eens kijken naar mijn nieuwe Rolls,' antwoordde de man.

Ze sleurde me de auto uit, ging toen in de deuropening staan en verhief haar stem: 'Als je aan mijn dochter komt, zal het je berouwen,' zei ze, en ze sloeg de deur dicht en bracht me snel naar binnen. 'Kom niet bij die man in de buurt. Ik mag hem niet.'

Na de dag dat mijn moeder razend was geworden, hield mijn vader een tijdje op naar mijn kamer te komen – een paar weken, maanden, dat weet ik niet precies. Maar toen begon hij weer. Hij was verslaafd. Hij kon er niet mee stoppen. Hij hield niet op tot ik uiteindelijk het huis uit ging.

Waarom liet ik toe dat het misbruik doorging? Zelfs als tiener?

Dat deed ik niet.

Iets wat me al jarenlang had dwarsgezeten, werd nu ineens logisch. Het was net alsof er een vreselijk geheim werd geopenbaard. Het punt is dat niet ik in mijn bed lag, het was Shirley die zich daar lag af te vragen of die man naar haar kamer zou komen, het beddengoed van haar af zou trekken en zijn penis in haar wachtende mond zou steken. Het was Shirley. Ik herinnerde me dat ik naar haar keek, een mager klein ding zonder borsten met een donkere, wrokkige gezichtsuitdrukking. Ze was boos. Ze wilde niet dat die man in haar kamer die dingen deed, maar ze wist niet hoe ze het kon laten ophouden. Hij sloeg haar niet, hij bedreigde haar niet. Hij keek haar alleen maar met donkere, hypnotiserende ogen aan en zij lag met haar benen wijd achterover en dacht nergens aan.

En waar was ik? Ik stond ernaast, of zweefde erboven, vlak onder het plafond, of zat op een vliegend tapijt. Ik hield mijn adem in en zag hoe mijn vader op en neer stootte in Shirleys magere lijfje.

Terwijl ik tegen Rebecca praatte, kwam er als een adelaar uit het verleden nog een herinnering aanvliegen. Ik herinnerde me dat tijdens mijn puberteit, in de anorectische nevelen van onregelmatige menstruatiecycli, die man, mijn vader, terwijl hij Shirleys nachtpon over haar hoofd trok, op zijn spottende manier vroeg wat voor kleur condoom ze wilde.

'Rood of geel?'

Wat koos ze?

Dat kan ik me niet herinneren. Misschien wisselde ze af. Misschien waren er andere kleuren. Het gebeurde niet eenmaal. Het gebeurde keer op keer. Ik kon het niet tegenhouden. Die man, mijn vader, had een soort macht over me. Ik was verdoofd door de onheilspellende stilte in dat grote huis, de walgelijke zweem van aftershave, de verpletterende kwelling van onvermijdelijkheid. Mijn vader neukte Shirley met rode of gele condooms en het waren die condooms die aan alles een einde maakten. Dat was het laatste wat ik me realiseerde die dag; meer zou te veel zijn geweest om over te denken.

Die keer dat mijn moeder gebruikte condooms in mijn vaders slaapkamer had gevonden had hij, nadat hij het eerst tevergeefs had ontkend, toegegeven dat hij prostituees had bezocht. Dat was ongetwijfeld waar, maar ik kan me niet voorstellen dat klanten hun gebruikte condooms meenemen; prostituees zouden ze vast weggooien. Nee; mijn vader bewaarde de condooms als trofee. Hij neukte zijn veertienjarige dochter. En hij was daar trots op.

Rebecca kreeg tranen in haar ogen.

Arme meid, bleef ze maar zeggen. Arm kind. Ik vertelde haar dat ik nooit een echte relatie had gehad, dat ik van een jongen had gehouden die Patrick heette en zijn hart had gebroken. Ze huilde. Ik merkte dat ik mijn armen om haar heen had geslagen en bedacht hoe raar het was om een mens te zijn. Ik voelde me gezuiverd. De zwarte plek in mijn binnenste was gekrompen.

Ik kon die nacht moeilijk slapen. De stemmen hielden zich koest en de stilte was griezelig. Ik sloeg *De magiër* open, maar kon me niet concentreren en lag op de futon in de logeerkamer terwijl de maan en de sterren door het ongeblindeerde raam schenen.

De volgende dag, nadat ik muesli had gegeten en ongeveer twaalf koppen thee had gedronken, vroeg Rebecca of ik iets voor haar wilde doen. Haar zus lag in het ziekenhuis, ze werd behandeld voor kanker, en elke donderdag ging Rebecca na haar werk naar Coventry om haar zwager te helpen voor hun twee kleine kinderen te zorgen. Of ik op haar huis wilde passen?

Ze gaf me de reservesleutels en ik hing ze aan de aapjessleutelhanger, waarvan ik besefte dat een of ander iemand moest hebben geweten dat die ooit van pas zou komen. Toen ik achter Rebecca aan het pad af slenterde naar haar auto, zag ik mezelf als Cathy in *Woeste hoogten* voortstappen over de heidevelden. Ik had voor een paar dagen een toevluchtsoord, in een omgeving waar ik weer op krachten kon komen. Een plek waar ik heen kon gaan om te huilen. Waar ik gewoon mezelf kon zijn.

Ik ging naar de universiteit om Gerald uit te leggen waarom ik de vorige dag de afspraak met Rebecca had gemist. Ik besloot hem de waarheid te vertellen. Ik zei dat er persoonlijke dingen speelden en om een of andere reden werd hij boos.

'Als je de hele dag geobsedeerd naar een muur wilt zitten staren, is dat jouw beslissing,' zei hij.

Ik dacht: je leeft duidelijk niet in de echte wereld, Gerald, en wat nog triester is, je beseft het niet eens. Ik probeerde te glimlachen.

'Wil je een bakkie?'

'Nee.'

Ik zette de mpc aan, luisterde naar het gezoem en opende het bestand voor mijn onderzoeksvoorstel. Ik moest er iets aan verbeteren ter voorbereiding op het artikel dat ik moest schrijven voor de jaarlijkse conferentie van de Operational Research Society, die twee weken later in het Convention Centre in Birmingham, niet ver van mijn vaders huis, zou worden gehouden.

Het lijkt wel alsof alles los van elkaar staat én verband houdt. Net als de in terrasvorm gebouwde huizen langs de straten van Huddersfield, die aan elkaar grenzen, maar toch apart staan. Ik bedacht dat we allemaal in onze eigen wereld leven. Dat Gerald met me samenwerkte maar me niet begreep; dat Brian, achter zijn bureau aan de andere kant van de kamer, me nooit iets over mezelf had gevraagd, zelfs niet mijn naam. En dat de cliënten van mijn vader geen idee hadden dat die vriendelijke man die testamenten maakte en advies gaf bij het kopen en verkopen van huizen zijn dochter gedurende haar hele jeugd had misbruikt. De Indiase man met de roze tulband had er geen idee van dat niet ík die de radio uit zijn winkel had proberen te stelen. Dat was Shirley, of Kato op aandringen van Shirley. Je ziet in de supermarkt een vrouw haar kind slaan of een stel ruziemaken en denkt dat je een beeld hebt van hun situatie, maar het zegt helemaal niets.

Het was lastig om me op mijn werk te concentreren. De uren vlogen voorbij. Uren zijn als de zee, altijd veranderlijk, ze lijken ergens toe te leiden, maar gaan helemaal nergens heen. Ik nam de bus naar Rebecca's cottage en liep uren over de heide om de verloren tijd in te halen – opzettelijke woordspeling. De kinderen leken tevreden, maar de professor liet zich horen.

Bereid je voor op je dood, Alice. Je bent blind als je denkt dat je hier veilig bent.

O, houd je kop.

Hij klakte theatraal met zijn tong en viel stil.

Ik kon helder denken. Nu ik het misbruik aan de orde had gesteld, voelde ik me beter in staat het feit onder ogen te zien dat ik hulp nodig had. Toen Rebecca die zondag terugkwam uit Coventry, vertelde ik haar dat ik hulp ging zoeken en ik merkte dat ik weer huilde toen ze zei dat ze me op alle mogelijke manieren zou steunen.

Het valt niet mee om te erkennen dat je psychische problemen hebt, maar toen ik de volgende ochtend vroeg wakker was geworden en naar de stad ging, meldde ik me bij de Counselling Service van de universiteit. Ik vertelde de secretaresse dat ik nogal dringend met iemand moest praten. Ze pleegde een aantal telefoontjes en de volgende dag om vier uur had ik een afspraak met een hulpverlener van de universiteit, een serieuze vrouw van middelbare leeftijd met een bril die aan een dunne zilveren ketting hing en een kort no-nonsensekapsel.

Met mijn ogen dicht en gebalde vuisten lukte het me haar te vertellen dat ik als kind was misbruikt en nu ten gevolge daarvan last had van depressies en angsten en andere dingen. Ik hoefde niet uit te leggen wat die andere dingen waren. Ze wist meteen dat ik hulp nodig had en maakte een afspraak voor de volgende woensdag bij een vrouw die Roberta Stoppa heette, die haar praktijk vijfentwintig kilometer verderop had in het centrum van Leeds.

Hoofdstuk 12

De kast opentrekken

Brian was woedend dat rijkdom, naar zijn idee, op een on-rechtvaardige manier voorzag in macht, aanzien en alles wat je maar voor geld kunt kopen. Tegelijkertijd benijdde hij zijn broer in Londen, die 'bakken geld' verdiende. Hij verschool zich vanwege die tweestrijd achter de leuzen op zijn T-shirts, zijn pamfletten van de Workers Revolutionary Party en zijn ver-zekering dat hij 'een betere toekomst' mogelijk wilde maken.

De toekomst is een mysterie; we kunnen een onbeschrijfelijk heden overleven omdát de toekomst onbekend is – ik dacht aan Esther in Buna-Monowitz. Naarmate ik Brian beter leerde kennen, scheen het me steeds meer toe dat hij niet zozeer de toekomst wilde veranderen als wel het verleden, de tijd dat hij voor het slecht betaalde baantje aan de universiteit koos en zijn broer voor het opwindende financiële wereldje.

Omdat ik psychologie had gestudeerd, was het voor mij niet moeilijk de gebreken van anderen te zien, maar door Rebecca's ruimhartigheid werd ik me bewuster van die van mezelf. Ego-isme is inherent aan psychische problemen, en wanneer je nor-maal probeert te zijn hoor je ook aandacht te besteden aan de behoeften en zorgen van anderen. Ik deed mijn best, maar kreeg daarbij onwelkome hulp van Shirley.

Telkens weer vond ik in mijn rugzak dingen die voor Rebecca bestemd waren: een pakje pepermuntthee, een doosje After Eight (waarom al die pepermunt?), een houten giraffe voor de verzameling op haar bureau in haar huisje. Waar kwamen die spullen vandaan? Ik had zo mijn vermoedens en voelde me schuldig wanneer ik Rebecca die cadeautjes gaf.

Het was een hele verademing om een vriendin te hebben. Misschien is dat het medicijn voor de meeste problemen: iemand met wie je wijn kunt drinken en over de heide zwerven. Ons duo werd een trio toen Zoë verscheen. Ik sloeg hen gade: liefhebbend, gevend, onzelfzuchtig – niets van de kinderlijke beelden die bij me waren opgekomen op de dag dat Rebecca zich vanachter haar bureau naar me toe had gebogen en had gezegd: 'Trouwens, Alice, ik ben lesbisch.' Zoë was ouder dan Rebecca en tijdens onze winderige wandelingen vol geklets en roddelpraat leek het alsof ik twee moeders had, aan elke hand één.

Ik was ervan overtuigd geraakt dat ik het makkelijker vond om met mannen om te gaan dan met vrouwen: Patrick, Samir, opa. Maar wanneer ik terugblikte, waren er tijdens de diverse crises in mijn leven altijd vrouwen om me heen geweest. En nu wist Rebecca, die elke vrije minuut gebruikte om voor haar zus en haar kinderen in Coventry te zorgen, toch nog tijd te vinden om me de week daarop naar Leeds te brengen voor mijn eerste afspraak met Roberta Stoppa.

Het was een heldere ochtend; de zon deed alle sporen van winterdepressie verdwijnen en verlichtte de marmeren zuilen van het stadhuis van Leeds, een Griekse akropolis die door de tijd heen vanuit het oude Athene kon zijn getransporteerd. De Victorianen, die het hadden gebouwd, hadden excentrieke ideeën over architectuur, maar op de een of andere manier leek het allemaal wel te werken. De hulpverlenende instantie was gevestigd in een rood bakstenen gebouw aan de overkant van de straat, waar het bij de ingang dromde van de mensen.

Rebecca zette me voor de deur af, keerde en reed terug naar Huddersfield.

Op de derde etage gaf ik mijn naam door aan een receptioniste en ging ik in de wachtruimte in *The Guardian* zitten bladeren, waarbij ik de aandrang om de kast met speelgoed en spelletjes eens van dichterbij te bekijken moest weerstaan. Mijn vingers tintelden en ik had het gevoel dat iemand met zijn hand voor zijn mond tegen me stond te fluisteren. Billy waarschijnlijk, misschien ook Samuel, die een nogal sjofele roze beer had ontdekt.

The Guardian en de beer. Het was een wisselwerking van linker- en rechterhersenhelft en in die tijd was de verbinding ertussen een draaideur geworden.

Ik keek op mijn horloge: negen uur. Ik keek weer. Tien over. De wereld klopte.

'Alice Jamieson.'

Dat ben ik, dacht ik, en ik haalde diep adem.

Ik liep een grote, zonnige kamer in, waar we ons aan elkaar voorstelden; we noemden elkaar bij de voornaam. Roberta was als therapeut verbonden aan een project dat een-op-een-begeleiding bood, evenals een telefonische hulplijn voor volwassenen die als kind waren misbruikt. Ze was in de veertig, had een bedaarde, bijna lome manier van doen en springerig blond haar dat als gouddraad glansde in het heldere licht.

Nadat we handen hadden geschud, gingen we tegenover elkaar zitten in postmoderne grijze stoelen met metalen poten en houten armleuningen; we waren net vreemden in een trein die onverwachts stopt, waarbij je niet weet of je een gesprek moet beginnen of niet. Roberta droeg een zwart met wit geruit pakje met zwarte nylons die een licht knetterend geluid maakten wanneer ze haar benen over elkaar sloeg of ze weer van elkaar deed.

Ik had onderweg naar Leeds besloten het niet over de stemmen te hebben, maar me te bepalen tot de flashbacks van herinneringen aan misbruik in mijn jeugd die op dat moment mijn leven zo moeilijk maakten. We bleven nog een tijdje zwijgen.

'Nou, waar wilde je over praten?' vroeg ze, waarmee het ijs werd gebroken.

'Ik weet niet precies hoe ik moet beginnen,' antwoordde ik. 'Het is iets waar ik nog nooit over heb gepraat.'

Ze vertrok een wenkbrauw en boog zich naar me toe. Ik haalde diep adem.

'Ik ben als kind seksueel misbruikt,' vervolgde ik. 'Door mijn vader.'

'Is dat één keer gebeurd, Alice?'

'Nee,' zei ik. 'Heel vaak. Honderden keren.'

'Zou je me erover willen vertellen?'

'Eigenlijk niet,' zei ik, 'maar toch wel.'

Ze glimlachte vaag en hield haar hoofd een beetje scheef.

Ik praatte vijftig minuten, de tijd die voor mijn afspraak stond. Ik vertelde haar dat mijn vader toen ik nog heel klein was naar mijn kamer was gekomen en dat was blijven doen toen ik groter werd. Ik vertelde haar dat ik zelfs als baby vaginaal en rectaal was gepenetreerd en dat ik nu besefte dat dat waarschijnlijk de oorzaak was van mijn anale beschadigingen en regelmatige blaasontstekingen. Ik vertelde haar over mijn vaders obsessie voor orale seks en dat hij graag in mijn mond en over mijn gezicht ejaculeerde. Ik vertelde dat hij me talloze keren had meegenomen naar een grote kelder in een gebouw waarvan ik altijd had gedacht dat het een kasteel was, maar dat waarschijnlijk een warenhuis of een fabriek op een industrieterrein was. Ik vertelde haar dat daar mannen en vrouwen waren, een groep pedofielen die kleine kinderen misbruikten, mijzelf inbegrepen. Ik vertelde haar dat ik als kind het misbruik normaal had gevonden, omdat ik niet anders had gekend. En dat ik het misbruik had laten voortduren omdat het onmogelijk leek een einde te maken aan een eenmaal gevestigd patroon.

Het was niet zo dat ik de ervaringen herbeleefde, net als in de nare dromen en flashbacks, maar ik beschreef ze als buitenstaander. De regels van de psychologie zijn onderhevig aan de wet van oorzaak en gevolg, net als in het boeddhisme, zo had Elaine me ooit op de universiteit verteld – en dat was in mijn hoofd blijven hangen. In psychologische termen: het effect van het feit dat ik in mijn kindertijd en als tiener was misbruikt, was op mij als volwassene dat ik voortdurend last had van depressies, anorexia, medicijn- en alcoholverslaving. En die combinatie leidde tot een laag gevoel van eigenwaarde, geheugenstoornissen en slapeloosheid.

Roberta keek me niet aan. Ze keek naar mijn sportschoenen. Het was warm doordat de zon door de grote ramen naar binnen scheen en ik voelde zweet langs mijn rug naar beneden sijpelen. Mijn keel was droog en de vijftig minuten waren om. Roberta keek meelevend; daarna wierp ze een blik op haar horloge.

'Ik denk dat we begin volgende week nog een keer moeten afspreken, Alice,' zei ze. 'Komt dat je uit?'

'Best.'

Dat was het. Geen greintje pijn. Het stelde eigenlijk weinig voor.

Ik vroeg een fietskoerier de weg naar het station en was even na elven weer op kantoor in Huddersfield. Gerald gaf college en Brian draaide rond op zijn stoel, zei hallo en draaide weer terug naar zijn computerscherm. Brian wist waar ik was geweest en waarom, maar voelde zich niet geneigd vragen te stellen. Hij had zijn baard getrimd, herinner ik me, en droeg een T-shirt met een gespierde arbeider erop die de kop afhakte van een slang met het woord FASCISMO over zijn kronkelende lichaam en CNT COMITE NACIONAL AIT bovenaan er dwars overheen.

'Zin in een bakkie?' vroeg ik.

'Da's een goeie.'

Ik had in de krant gelezen dat ons een minirecessie te wachten stond. 'Hoe is het eigenlijk met je broer in de grote stad?' vroeg ik.

'Vraag maar niks.'

'Is hij niet getroffen?'

Brian tikte tegen zijn slaap. 'O, jawel, hierboven,' antwoordde hij.

Ik zette water op, haalde een buisje Smarties tevoorschijn waarvan ik me niet kon herinneren dat ik het had gekocht en las mijn onderzoeksvoorstel door, waarbij ik alle bijvoeglijke naamwoorden uit de tekst verwijderde. Ik dronk thee uit de gebarsten Newcastle United-mok en kon mijn oren nauwelijks geloven toen ik de klok van de oude kerk twee uur hoorde slaan.

'Dag, Brian.'

'Adios, eh...'

'Alice.'

'Da's een goeie.'

Ik rende door de stad naar de bushalte en zag een jonge moeder met een jongetje van ongeveer vijf dat me aan Billy deed denken. Hij was onstuimig en nieuwsgierig, vol mannelijke grootspraak en vol vragen. Waarom is de bus groen? Zijn alle bussen in Londen rood? Waarom is de bus altijd te laat?

'Hou in godsnaam even je mond, ik krijg hoofdpijn van je,' zei zijn moeder, en ze nam een trek van haar sigaret.

Ik drukte mijn nagels in mijn handpalm om mezelf ervan te weerhouden me ermee te bemoeien en haar eens hartig toe te spreken.

Dit is wat ik in gedachten steeds herhaalde:

'Weet je dat het leven van je kind bepaald wordt door alles wat je zegt en doet? Je beschikt over het vermogen om de toekomst vorm te geven. Van het moment dat je kindje krijsend naar buiten floept totdat het naar de speelzaal gaat, moet je er zijn, naar hem kijken, met hem spelen, tegen hem praten. Hou je kindje bij je in bed, of naast je bed. Zorg dat je er bent wanneer je kind 's nachts wakker wordt van echte of denkbeeldige monsters.'

Ik hou op. Ze kijkt me aandachtig aan, neemt elk woord in zich op. Nog nooit heeft iemand zo graag advies van een volslagen vreemde aangehoord. Was ik maar zo welbespraakt wanneer ik het woord moest voeren op een conferentie.

Ik glimlach en ga zachtjes verder. 'Als je kleine meid of jongen van drie, vier of vijf teruggetrokken en stilletjes is, zet je kind dan op je schoot en vraag waarom. Als hij of zij het je niet vertelt, vraag dan of er een geheimpje is. Als er een geheimpje is, weet je al wat het is. Zet de kleine niet onder druk. Iemand anders oefent al druk uit op zijn of haar ongevormde geest of lichaam, of allebei, of nog erger. Als ze willen praten, luister dan. En geloof hen.

Ongeveer tien procent van de kinderen wordt misbruikt, meestal thuis, meestal door mannelijke familieleden, stiefvaders, halfbroers of nieuwe vriendjes. Dat betekent dat van een klas met kinderen twee tot vier daaronder te lijden hebben. Luister naar die kinderen.'

De bus kwam.

'Laten we boven gaan zitten. Laten we boven gaan zitten.'

De moeder stampte haar peuk uit en klom achter haar kind de trap op.

Misschien was ze een goede moeder en had ze haar dag niet. Hoe kon ik dat weten?

De bus reed Huddersfield uit, naar het open land. Ik stapte uit aan het eind van de weg en liep op een drafje naar Rebecca's huis. Inmiddels had ik wat van mijn spullen, samen met de rondreizende knuffels, naar de logeerkamer verhuisd. Ik was net een eekhoorn die overal wat restjes van zijn voorraad achterlaat. Ik deed mijn wandelschoenen en een oude spijkerbroek aan en stopte mijn windjack in mijn rugzak.

Het was zo'n middag op de heide van Yorkshire waar dichters over schrijven, warm maar verkwikkend, met wind die het gezoem van insecten meevoerde en de geur van ontluikend leven. Vanaf de cottage was er een wandeling van tien kilometer die me tussen vervallen ongemetselde stenen muurtjes door over een heuvel voerde. Ik houd van steen. Je kunt ertegen praten. Je kunt het vertrouwen. Het rot niet. Het behoudt zijn vorm. Het enige wat de tand des tijds doorstaat zijn de stenen vestingen en kathedralen, de piramiden van Gizeh, de Chinese muur – het enige wat door mensenhanden is gebouwd dat je vanuit de ruimte kunt zien. Zeggen ze.

Ik dacht terug aan mijn afspraak met Roberta Stoppa. Daar was niet veel uit gekomen. Maar het had een kalmerend effect om dingen onder woorden te brengen en ze uit te spreken; het was alsof je een kat was en jezelf streelde. Ik ademde de frisse Yorkshirelucht eens diep in.

Het gaf een goed gevoel de ene voet voor de andere te zetten en het knarsende geluid onder de zolen van mijn schoenen te horen, als echo's van stenen, terwijl de zon zijn kracht verloor. Ik genoot van het gevoel in mijn benen, terwijl ik eerder wandelde dan rende, andere spieren gebruikte, en het landschap zich als een schilderij voor me uitstrekte. De wind wervelde om me heen en toen ik boven aan de heuvel kwam, voelde ik me alsof mijn lichaam oploste in de lucht. Ik was opgehouden met denken, met naar mezelf te kijken, en het moet in dit vacuüm zijn geweest dat Billy tevoorschijn kwam.

Ik wist dat het Billy was omdat ik ineens plat op mijn gezicht lag met zijn plastic pistool in mijn hand en pijn in mijn knieën. Ik rolde me om. Ik was versuft en staarde naar de wolken die laag aan de hemel voorbijdreven. Ik wist niet waar ik was of hoe ik er was gekomen. Ik deed mijn ogen dicht en volgde het spoor terug, net zoals je 's nachts in het donker in een vreemd huis met je vingers langs de muren gaat om de weg te vinden.

Ik herinnerde me dat ik op kantoor was geweest om mijn voorstel te redigeren. Ik wist nog dat ik had gedacht: dit is beter. Hier zal Gerald van onder de indruk zijn. Ik herinnerde me de woorden die ik eruit had gehaald. Ik zag ze geselecteerd en zag ze dan verdwijnen wanneer ik op 'delete' drukte. Ik herinnerde me de afbeelding op Brians Spaanse Burgeroorlog-T-shirt. Maar ik kon me niet herinneren dat ik van mijn gewone pad was afgedwaald of dat ik Billy's pistool uit de rugzak had gepakt, iets wat hij deed om zich veilig te voelen. Hij moest verkeerd zijn gelopen, in paniek zijn geraakt en zijn gaan rennen, en toen gevallen zijn. Ik keek om me heen. Ik herkende niets. Waar was ik geweest toen Billy mijn tijd in beslag nam? Ik dacht: weg. Maar waar was 'weg' precies? Toen ik opstond, had ik het gevoel dat ik terug in mijn lichaam kwam, de ruimte vulde zoals een ballon door warme lucht opzwelt, letterlijk uitzet. Billy was met zijn vijf jaar klein, en wanneer hij de leiding nam, had ik het idee dat ik kromp en in het lichaam van een jongetje zat.

Kato was groter dan ik. Net als bij de Hulk zette ik uit wanneer Kato me bezocht, en kwamen mijn kleren krap te zitten. Dan voelde ik me uitgerekt, gespannen, gewelddadig. Ik had seksuele verlangens die nooit bevredigd konden worden; Kato had geen penis en ik had last van zowel penisnijd als penetratieangst. Het was vreselijk frustrerend. Kato uitte zijn frustratie door te drinken, waartoe hij door Shirley, op haar vrijpostige manier, werd aangemoedigd, en mijn armen met messen en kapotte flessen te bewerken, om alle 'anderen' te straffen en de professor en zijn kliek te provoceren.

De 'kinderen' waren zowel mijn lichaam als mijn geest binnengedrongen. Ik was 'bezeten', niet door iets van buitenaf – demonen, de duivel, goede of kwade geesten – maar door andere persoonlijkheden die de kop hadden opgestoken zonder enige bemoeienis van mij, en die zich steeds zelfbewuster en zekerder gingen gedragen.

Die wisselingen, besefte ik, hadden al plaatsgevonden zolang ik me kon herinneren. Op mijn tweede, toen mijn vader zijn piemel in mijn mond stak, had ik eraan gezogen als een baby aan een fopspeen. Maar ik had ook mezelf van buitenaf gadegeslagen en me aanvankelijk in tweeën gesplitst, en uiteindelijk in meer delen. Ik herinnerde me dat ik op het vliegende tapijt zat en naar een vierjarig meisje keek dat in de tuinschuur op een blauw zeil zat terwijl er spinnen over haar mollige blote lijfje kropen. Ik herinnerde me dat ik dacht: ik ben blij dat ik hierboven zit en dat ik het niet ben, daar beneden met die akelige spinnen. Op mijn veertiende stond ik in een hoekje van de slaapkamer met een knuffel tegen me aan geklemd naar een meisje te kijken van wie ik wist dat het Shirley was, dat met haar ogen dicht en knarsetandend op bed lag terwijl de man als een wip tussen haar benen op en neer ging. Shirley wist dat het verkeerd was. Daarom dronk ze. Daarom hongerde ze zichzelf uit. Daarom haatte ze zichzelf.

Ik had altijd geweten dat er iets mis met me was. Altijd. Ik was me er niet van bewust dat er een schare kletsende kinderen, allemaal plaatsvervangende ikken, in me huisde. Maar het betekende geen totale verrassing voor me toen ze meer naar buiten traden en zich duidelijker lieten gelden, niet als waarnemers maar als deelnemers. Ik was omgeven door andere persoonlijkheden, alsof ze allemaal een ander aspect van mij weerspiegelden, maar mijn ware ik, mijn complete ik, voor mezelf en de wereld verborgen hielden.

Mijn knieën deden pijn. Als je pijn hebt, ben je helemaal in het heden. Ik was heel erg mezelf. Het was winderig, maar afgezien daarvan was het in de wereld en in mijn hoofd wonderbaarlijk rustig. Ik had hetzelfde soort gevoel als in het Midden-Oosten, geestelijk alert, met rechte schouders en met de blik op de horizon gericht.

Ik stopte het pistool in mijn rugzak. Ik probeerde te bedenken waar de zon had gestaan toen ik op weg ging, maar die ging nu schuil achter de wolken, en bovendien had ik nooit geleerd me op die manier te oriënteren. Billy was duidelijk van het pad af gegaan en de heuvel naar het volgende dal op geklommen. Zover ik kon zien waren er alleen maar grillige kalksteenlagen met uitgestrekte heidevelden. Het leek een andere wereld, dit boomloze ongerepte landschap met blauw kleurende heuvels in de verte, zonder enig teken van leven, huisjes, kerktorens, zonder pad zelfs.

Ik nam dezelfde weg terug die Billy naar ik vermoedde had genomen en volgde zijn voetspoor omhoog naar de heuvelrug die achter me lag. Daar bleef ik in de wind staan. Ik had zo'n gevoel als wanneer je denkt dat je moet niezen maar het niet doet, alleen ging het nu om het gevoel dat ik een paniekaanval zou krijgen. Ik liet het gevoel opkomen en weer verdampen in de wind. Er was geen reden om bang te zijn, er was niets om bang voor te zijn. Het was lente. Het was niet koud. Er waren geen wilde dieren, afgezien van korhoenders of ringslangen. Ik dacht erover om het pistool weer uit de rugzak te halen en hoorde toen iemand lachen. Dat was ik.

In de verte zag ik iets wat leek op de bovenkant van een vrachtwagen die door het landschap reed. Toen nog een, die de andere kant op ging. Dat betekende dat daar een weg was en ik liep in rechte lijn van de heuvelrug naar beneden het dal in, en weer tegen de blauwe heuvels op.

De schaduwen werden langer. Het was een steile klim, die tegen de verste heuvel op, en soms moest ik op mijn handen en zere knieën naar de top klauteren. Ik scheurde mijn handen open en likte de sneden lekker dicht. Boven rustte ik uit en daarna zocht ik me aan de andere kant een weg naar beneden over een reeks richels die, zo stelde ik me voor, in de ijstijd waren uitgehouwen, een gigantisch beeldhouwwerk uit de Jura dat afstak tegen de inktachtig blauwe hemel.

Ik voelde me ongewoon zelfverzekerd en was bijna teleurgesteld toen ik een paadje vond, dat ik volgde. Ik kwam bij een kruispunt en besefte dat ik weer op de route van de tienkilometerwandeling zat. Ik had geprobeerd in een rechte lijn te gaan, maar had in feite in een kringetje rondgelopen. Ik vond dat typisch: waarheen en hoe ver we ook gaan, we zijn geneigd naar het begin terug te keren, zoals ik me ook ooit weer naar de St. Mildredkerk zou begeven, waar ik was gedoopt.

Met de stenen muurtjes als gids kostte het me toch nog een uur om bij cottage te komen. Ik had meer dan zes uur gelopen en Rebecca was in alle staten toen ik voor de deur stond.

Die avond, bij warme soep en in de oven opgebakken brood, vertelde ik Rebecca over de kinderen.

Nu ik was begonnen over het misbruik te praten, kon ik makkelijker ademhalen. Mijn tics en krampen, visuele aanwijzingen voor mijn gedachten, werden minder uitgesproken. Ik had me altijd beschaamd gevoeld, alsof ik het misbruik over mezelf had afgeroepen. Mishandelde vrouwen voelen zich net zo. Dat gevoel verdween niet, maar werd minder, en op een ochtend werd ik wakker met de plotselinge drang om dokter Purvis te bellen, wat ik op kantoor deed.

Het duurde even voor ik haar nummer had achterhaald. Toen ik belde, was ze niet aanwezig. Ik liet mijn nummer noteren, probeerde te werken en dacht aan de talloze sessies in de Naydon-kliniek, aan Jane Purvis' fleurige garderobe, aan *Quadrophenia* door mijn koptelefoon... Wat was er met dat bandje gebeurd?

Brian was net binnengekomen en Gerald nam op toen de telefoon overging.

'Het is voor jou,' zei hij, en toen kreeg ik dokter Purvis aan de lijn.

'Hallo,' zei ik.

'Ben jij dat, Alice?'

Ik dacht even na. 'Ja,' zei ik.

'Wat een leuke verrassing. Hoe gaat het met je? Wat doe je tegenwoordig?'

Ze had nog steeds die meisjesachtige stem, en de herinnering aan haar gelaatstrekken, haar glimlach en haar zachte lippen kwam weer terug.

'Ik ben bezig met mijn promotie in Huddersfield.'

'Echt waar? Nou, dat is geweldig! Ik heb altijd geweten dat je het er goed af zou brengen.'

Er viel een stilte.

'Er is iets wat ik u wil vertellen,' zei ik toen. 'U hebt me zeven jaar geleden gevraagd of ik als kind was misbruikt.'

'Ja, dat kan ik me herinneren.'

'Ik wilde u laten weten dat u het toen bij het rechte eind had. Ik werd misbruikt. Herhaaldelijk. Ook nog toen u ernaar vroeg.'

'O, Alice...'

'Het is goed, het komt er nu allemaal uit. Ik werk eraan.'

'Daar ben ik blij om.'

Ze vroeg me haar de eerstvolgende keer dat ik naar huis kwam op te zoeken. We namen afscheid en ik legde de hoorn weer op de haak.

Ik keek naar Gerald. Hij had alles gehoord; dat was onvermijdelijk in dat kantoortje. Hij perste zijn lippen op elkaar en haalde lichtjes zijn schouders op als blijk van medeleven.

'Iemand een bakkie?' vroeg Brian.

We knikten. Thee. Dat was de oplossing voor alle problemen.

Toen ik eenmaal de moed had gevonden om Rebecca over de kinderen in mijn hoofd te vertellen, was het niet erg moeilijk meer om het de daaropvolgende maanden ook aan Roberta te vertellen.

Op een dag in mei maakte ik op de heenreis een lijst van de gebruikelijke verdachten: Baby Alice, Alice 2 – die twee jaar was en graag op kleverige lolly's zoog – Billy, Samuel, Shirley, Kato en de ondoorgrondelijke Eliza. Er was een jongen van tien op wie ik bijzonder gesteld zou raken, die Jimbo heette, maar net als Eliza was hij nog in de maak. Er waren er nog meer, zonder namen of specifieke gedragingen. Ik wilde het probleem niet ingewikkelder maken met dit clubje 'anderen' en stelde alleen een lijst op met de belangrijkste deelnemers met hun naam, leeftijd en persoonlijkheid, die Roberta op een blocnote krabbelde.

Toen keek ze een beetje gegeneerd. 'Weet je, ik heb Billy een paar keer ontmoet, en Samuel ook eenmaal,' zei ze.

'Je maakt een grapje,' zei ik. Ik voelde me verraden. 'Waarom heb je me dat niet verteld?'

'Ik wilde dat jij ermee kwam, Alice, wanneer je er aan toe was.'

Om de een of andere reden rolde ik mijn mouwen op en liet haar mijn armen zien. 'Dat is Kato,' zei ik, 'of Shirley.'

Ze werd een beetje bleek toen ze de littekens bekeek. Ik had het idee dat ze niet wist wat ze moest zeggen. Het probleem met hulpverleners is dat ze erin getraind zijn om te luisteren, niet om advies te geven of een diagnose te stellen. We zaten daar met mijn armen als bewijs voor de rechtbank over de leegte tussen ons uitgestrekt, en toen deed ik mijn mouwen weer naar beneden.

'Het spijt me, Alice,' zei ze ten slotte, en ik haalde mijn schouders op.

'Jij kunt er niets aan doen.'

Nu was zíj degene die haar schouders ophaalde, en we zwegen weer.

Natuurlijk had ik moeten weten dat de kinderen zich zouden laten horen in Roberta's kantoor. Dat doen ze wanneer Alice gespannen is. Dan zien ze een gat in het continuüm van tijd en ruimte en glippen er als lichtstralen door een prisma doorheen, waarbij ze van vorm en van richting veranderen.

We waren de laatste weken onze sessies telkens begonnen met een spel met stokjes en knikkers, Ker-Plunk, dat Billy erg leuk vond. Soms merkte ik dat ik het kantoor binnenliep met een knuffel die Samuel uit de speelgoedkast in de wachtruimte had gepakt. Roberta vertelde me dat ik een paar keer met het plastic pistool op haar had geschoten en dat ik een keer, als Samuel, uit de geavanceerde stoel was geklommen, me in de hoek als een balletje had opgerold en alleen maar had liggen huilen.

'Dat is gênant,' erkende ik.

'Dat hoeft niet.'

'Dat hoeft misschien niet, maar is het wel,' zei ik.

Het punt is dat ik nooit wist wanneer de 'anderen' zich zouden laten zien. Ik ontdekte alleen dat er eentje tevoorschijn was gekomen wanneer ik tijd kwijt was of merkte dat ik met een of andere mesjogge activiteit bezig was: schilderen met vingerverf als een vijfjarige, in mijn armen snijden, of een winkel uit lopen met ongewenste, niet-betaalde rommel.

Roberta beschreef de kinderen op een afstandelijke manier; ze noemde hen een gedetailleerd verdedigingsmechanisme. Als kind had ik mijn herinneringen weggewerkt om me niet bezig te hoeven houden met pijnlijke of onzekere situaties. Zelfs als tiener had ik bizarre en angstaanjagende dingen toegelaten om normaal te lijken, omdat het alternatief de fictie van het liefhebbende gezin overhoop zou hebben gehaald.

Ik maakte in gedachten een aantekening dat ik verdedigingsmechanismen moest opzoeken, een onderwerp dat bij psychologie aan de orde was gekomen. Na afloop van de sessie was ik blij dat Roberta niet was afgeschrikt door de kinderen in mijn hoofd, maar ergerde ik me eraan dat ik nog steeds weerstand had om haar te vertellen over de stemmen van buiten mijn hoofd. Die waren zelfs in die kamer bij me. Ze gingen met me mee de trap af en de straat op en ze haalden me over om mijn neergeslagen ogen op te slaan en weer naar het monstrueuze marmeren stadhuis van Leeds te kijken.

Je moet dood... Zet door. Ga naar de bovenste verdieping van dat gebouw en spring.

'Rot op,' zei ik.

Maak jezelf van kant, Alice. Dat is de enige manier om rust te krijgen. We houden je in de gaten. We houden je altijd in de gaten.

In de trein ging ik verder met lezen in *De magiër*, maar de woorden vlogen als een zwerm vliegen van de bladzijden en kwamen neer als nieuwe woorden die me vanaf de bladzijden toespraken.

Het was de professor.

Denk maar niet dat je door met die vrouw te praten van me af komt. Ze vindt je niet aardig. Ik ben de enige vriend die je hebt. Ik weet wat het beste voor je is. Domme kleine Alice. Je zult nooit van me af zijn.

Ik sloeg het boek dicht en staarde uit het raam. Elke keer dat het beter leek te gaan, kwamen de stemmen me weer kwellen. Het was gewoon niet eerlijk.

Hoofdstuk 13

'Human Touch'
– een menselijke noot

Ik was erg gesteld op de Toshiba-laptop waarin ik had geïnvesteerd, met het blauwe lcd-scherm en de kleine muis die Muis heette.

'Hallo Muis. Hoe gaat het met je?'

'Heel goed, dankjewel.'

Het was een beleefde muis met een witte staart en een paarse neus, en echt heel handig zoals hij met een enkele klik programma's kon opzoeken en schuifbalken heen en weer bewegen. Elke keer wanneer ik Muis in mijn hand had dacht ik aan oma, die me een cheque had gestuurd voor mijn verjaardag. Ik had het geld in de laptop gestoken voordat Shirley en Kato het in hun klauwen kregen. Ik schreef oma een lange brief waarin ik liet weten dat ik haar erg miste en dat ik hard studeerde om dokter te worden. Dat laatste was een leugentje om bestwil, dat haar meer status zou geven in het verpleegtehuis.

Tot mijn schaamte moet ik bekennen dat ik oma in geen tijden meer had opgezocht. Bij een val had ze haar heup gebroken en om redenen die me nooit helemaal duidelijk waren geworden, had mijn moeder een plaats voor haar geregeld in een verpleegtehuis in Cliftonville. Het valt niet goed te praten, dat weet ik, maar naar mijn idee was een zes uur durende busreis door de Sinaï een eenvoudige onderneming vergeleken bij de treinreis naar het oosten van Kent. Steeds was ik van plan die te gaan maken, maar telkens stelde ik het weer uit.

Clive werkte nu op een advocatenkantoor in de oude binnenstad van Londen, waar hij verscheidene van zijn oudere collega's van school kende. Stephen was een hemelse stiefvader; ik vond het altijd prettiger als hij de telefoon opnam wanneer ik belde en dan als moeder dat deed. Zij was meestal weg om nieuwe schoenen te kopen, of stond anders wel op het punt om naar de kapper te gaan. Vader zat in mijn hoofd als een vlek op een witte katoenen blouse. Op een dag vluchtte ik krijsend de krantenkiosk uit toen ik merkte dat ik naast een man stond die Brylcreem gebruikte, iets wat elders misschien uit de mode was, maar niet bij de verstokte mannen in Yorkshire.

De Toshiba stond op een tafel in de hoek van mijn kamer in Kathy's huis. Ik had floppy's van kantoor meegenomen, maar mijn onderzoeksvoorstel was nog lang niet klaar om aan het College van Bestuur te kunnen voorleggen.

Natuurlijk vonden de teddyberen, Snoopy en de rode draak de Toshiba maar niks. Ze waren jaloers op alles wat mijn tijd in beslag nam, wat echt kinderachtig was omdat de laptop een dood ding was.

De Toshiba was een vriend geweest. En toen, op een dag, begon hij naar te doen.

Het was woensdag.

Er is iets raars met woensdagen. Het kind Woensdag is een en al triestigheid. Woensdag is bedroefd en bezorgd over wie hij is, wat zijn plaats in de week is. Het is een ongewoon woord. Het zou eigenlijk Vreemdag moeten zijn. Woensdag zou stiekem liever een Latijnse naam hebben, maar hij dankt zijn naam aan Wodan, de Germaanse god. In het Oudengels is het Wednesdaeg, wat lastig uit te spreken is. Er zijn gekke dingen gebeurd op woensdag.

Toen ik, nadat ik bij Roberta was geweest, vanuit Leeds terugreisde, klonk er een rechtstreeks verslag in mijn hoofd.

Kijk, ze loopt de trap af. Buiten gaat ze zo naar links en dan kijkt ze naar het stadhuis, wanneer ze daar voorbijkomt. Ze weet niet of ze het stadhuis mooi moet vinden of dat ze het maar raar vindt dat er midden in het industriële Engeland een Grieks gebouw staat. Dan komt ze bij het station, controleert of ze haar retourtje nog heeft, loopt het tweede perron een eind af, gaat naar de lucht staan kijken en zegt: 'Hou in hemelsnaam je mond.'

'Hou in hemelsnaam je mond.'

Je bent waardeloos. Je bent niets. Waarom doe je het niet vandaag? Gewoon springen wanneer de trein komt. Je weet dat je dat wilt. Het is goed voor jou. Het is goed voor de wereld. Loop naar de rand van het perron. Kijk naar die glanzende zilveren rails. Zie je je spiegelbeeld? Nou, zou het niet leuk zijn om jezelf als een geplette tomaat op de rails te zien liggen?

Dan het refrein: *Als een geplette tomaat op de rails. Als een geplette tomaat op de rails.*

De gebruikelijke onzin. Nog meer gelul. Ik probeerde de stemmen te negeren, probeerde de krant te lezen en me te herinneren of ik Roberta Stoppa ooit zo... gelukkig had gezien. Ze had een bijzonder vrouwelijk lichtroze pakje aan, met blauwe schoenen erbij.

Er was iets aan de hand. Ik had haar drie keer in de pan gehakt met Ker-Plunk. Het leek er bijna op dat ze me had láten winnen.

'Ik kan me echt niet concentreren,' zei ze.

Ik keek naar haar roze lippenstift en dacht: je hebt de hele nacht liggen neuken.

En toen bloosde ik.

Ik dacht niet aan zulke dingen. Nooit. Shirley misschien wel. Misschien was ik aan het projecteren. Misschien wilde ik een vriendje, een vrijer, seks. Ik voelde me wel eens opgewonden. Kato maakte er een potje van; hij was een puisterige puber, wellustig en vol testosteron. Projecteerde ik Kato's verlangens op Roberta? Waren de verlangens van Kato mijn eigen verlangens? Projectie is een verdedigingsmechanisme. Ik had het opgezocht. Dieven verbeelden zich dat iedereen hen probeert te bestelen. Wanneer je geen al te hoge dunk van jezelf hebt, beeld je je in dat andere mensen je niet aardig vinden. Pedofielen geloven dat kinderen er wel pap van lusten.

'Wie is papa's meisje?'

'Dat ben ik.'

Verdedigingsmechanismen beschermen ons tegen onszelf, tegen angsten, trauma's en sociale absurditeit. Ze maken de werkelijkheid draaglijk, bieden een veilige haven in moeilijke omstandigheden en bescherming tegen lastige mensen. Iedereen gebruikt verdedigingsmechanismen. Ik in elk geval wel.

Ik praat goed dat ik drank van Kathy en Jim pik door mezelf wijs te maken dat ze die niet nodig hebben en niet zullen missen. Ik vereenzelvig me met de intellectuelen van Huddersfield om te laten zien dat ik een doctorstitel verdien, net zoals mijn vader zich vereenzelvigt met de succesvolle mannen op zijn kakkineuze golfclub. Je met anderen vereenzelvigen is het laatste toevluchtsoord voor pestkoppen, lafaards en figuren met gebrek aan gevoel voor eigenwaarde. Regressie is wat mama doet wanneer ze het kleine meisje speelt om haar zin door te drijven bij Stephen. Verdringing houdt in dat je pijnlijke gedachten, gevoelens en herinneringen wegstopt in het onderbewuste, waar ze stemmen worden en de hele tijd maar doorratelen en tateren.

Klinkt dit verwarrend? Dat was het voor mij. Mijn hoofd was een aanhoudend spervuur van allerlei gedachten, meestal van de anderen, en een continu spervuur van vreemde stemmen die me hadden vergezeld sinds ik naar Dane Hall was gegaan. Mijn hoofd was een radiostation dat een eigen leven was gaan leiden, met eindeloze tapes die maar door bleven emmeren.

Woensdag: elf uur 's ochtends. Zon met enige bewolking, met veertig procent kans op neerslag.

Stap uit de trein, denk eraan dat je naar kantoor gaat, pak niet de bus de heuvel op. Ze blijven nog kalm, winden op als een oude grammofoon, de hendel draait rond, de krassende naald brengt een krakend, venijnig geluid ten gehore. *Jou, jou, we krijgen jou wel. Jij, jij, het is tijd dat jij sterft. Jij, jij, daar doe jij toch niets tegen.*

'Ach, rot op!'

Zodra ik thuis was, zette ik de laptop aan. Het scherm lichtte op, maar in plaats van de tropische vissen die gewoonlijk het bureaublad sierden, zag ik het gezicht van een ernstige man met krullerig golvend grijs haar, felle, maniakale ogen en vol heilig vuur.

Het was de professor.

Je denkt dat Gerald en Colin je voorstel goed zullen vinden. Maak me niet aan het lachen. Je bent waardeloos. Je kunt niks.

Ik was met stomheid geslagen.

Ja, Alice, je bent waardeloos. Dat ben je altijd geweest. Je bent niks. Ga maar drank van Kathy pikken. Schiet op. Schiet op, pak een fles gin. Snijd jezelf. Je weet dat je dat wilt. Er is een groot slagersmes in de keuken. Doe ons allemaal een plezier. Snijd je polsen door. Snijd je keel door. MAAK JE VAN KANT.

Ik sprong trillend op van mijn stoel en verstopte me onder het dekbed in de hoek van de kamer.

Nog steeds voelde ik de ogen van de professor als brandende hypnotische stralen en hoorde ik zijn stem in de verte galmen. *MAAK JE VAN KANT. MAAK JE VAN KANT. MAAK JE VAN KANT.*

Ik hield mijn handen tegen mijn slapen en wiegde heen en weer. Mijn hoofd stond op barsten.

'Laat me met rust. Laat me met rust. Laat me met rust.'

Ik had de adapter uit het stopcontact moeten trekken, maar ik kon niet logisch denken. In plaats daarvan ging ik naar de keuken, maakte de bestekslade open, staarde naar het slagersmes, zag mijn ogen vanaf het lemmet terugstaren en sloeg de la weer dicht.

Ik vond een rol aluminiumfolie, rende naar boven en scheurde er repen vanaf. Die spreidde ik uit over het dekbedovertrek, dat ik over me heen trok, maar ik voelde nog steeds de dodelijke stralen uit de ogen van de professor.

We krijgen je wel, Alice.

Ik ben Alice niet.

We krijgen je wel.

Ik wil mijn pistool.

Toen ik mijn ogen opendeed, was het donker. Ik lag te zweten. Ik lag in de hoek van mijn kamer onder het dekbed en er lagen overal krullerige slierten aluminiumfolie. Wat deden die in mijn kamer?

Ik was overstuur, bang, paranoïde.

Ik deed het licht aan en pakte het woordenboek van de plank. 'Paranoia' komt uit het Oudgrieks en betekent 'een verwarde geest'. De verwarring wordt veroorzaakt door een 'geestelijke stoornis met waanideeën, bijvoorbeeld grootheidswaan, achtervolgingswaan enzovoort; abnormale geneigdheid om anderen te verdenken en te wantrouwen'.

Flauwekul.

Als je aan paranoia lijdt, wéét je dat je geen waanideeën hebt. De mensen achtervolgen je echt. De professor bestond. Hij was echt. Hij had een gezicht, een stem en werd vergezeld door een rumoerig achtergrondkoor dat riep dat ik waardeloos was. Dat ik de wereld een plezier moest doen door mezelf op te knopen. Al die hatelijke dingen die ze al jaren tegen me zeiden.

De kinderen in mijn hoofd hadden de stemmen een tijdje rustig gehouden. Maar nu waren ze terug. Als een verslagen leger hadden ze nieuwe troepen laten aanrukken en nu kwamen ze weer aanmarcheren. De professor en zijn kompanen waren bezig met een ingewikkelde samenzwering, met mij als doelwit. Ze hadden niet alleen mijn laptop in bezit genomen, maar ook de telefoon en de kranten; ze kwamen uit de televisie en schreeuwden me toe vanaf de bladzijden van de roman die ik probeerde te lezen.

Ik kon de stemmen tegen me horen samenzweren. *Laten we haar te pakken nemen. We krijgen haar wel. We gaan haar misleiden. Ze zal niet weten wie het heeft gedaan. Ze is in haar eentje. Niemand vindt haar aardig. Niemand zal haar missen. Beter kwijt dan rijk. Neem haar te pakken. Neem haar te pakken.* Mijn huid tintelde. Mijn hoofd kookte. De stemmen riepen door de stoom heen. Mijn lichaam was nat van het zweet en toen ik mijn kleren afstroopte, zag ik brandwonden op plaatsen waar de lichtstralen me hadden getroffen.

Twee dagen lang sloot ik me op in mijn kamer en staarde naar het lege computerscherm, wachtend of het weer tot leven kwam. Ik dronk niet. Ik at niet. Ik plaste niet. Ik zat in de hoek naar de stemmen en het ritselende aluminiumfolie te luisteren terwijl buiten het licht verscheen en met de verloren tijd verdween.

Op de derde dag wachtte ik tot ik er zeker van was dat Kathy en Jim naar hun werk waren. Ik trok de capuchon van mijn windjack over mijn hoofd en nam de bus naar de cottage van Rebecca om haar te laten weten wat er was gebeurd. Ze drong er niet op aan het Roberta te vertellen. Zo werkte het niet. Ik had besloten het aan Roberta te vertellen, maar had er behoefte aan het er eerst met Rebecca over te hebben.

We gingen een lange wandeling maken. De zomer was in aantocht. Ik woonde nu een halfjaar in Huddersfield en tegen alle verwachtingen in was Colin Ince, mijn supervisor, tevreden over mijn vorderingen. Ik zat midden in mijn eerste grote psychotische breuk met de realiteit en vroeg me af hoeveel andere halvegaren bezig waren nieuwe strategieën te bedenken om de gezondheidszorg te verbeteren.

Tijdens mijn volgende afspraak met Roberta vertelde ik haar over de stemmen, maar de aanval was voorbij en ik liet doorschemeren dat ze als kletskousen ergens op de achtergrond in mijn hoofd aanwezig waren en met elkaar over mij praatten. Ze wapperde met haar vingers, een raar gebaar (droeg ze misschien een verlovingsring?) en ik gaf toe dat de stemmen bijna continu bij me waren en alles wat ik deed bespraken en becommentarieerden. Ik vertelde haar dat ik me soms omdraaide omdat ik dacht dat er iemand achter me stond, maar dat dat nooit het geval was. Het was iets wat begonnen was toen ik nog een tiener was en het was ontmoedigend dat het nu weer gebeurde.

Roberta bleef zwijgend zitten, haar normale modus operandi. Ik stond op het punt te zeggen: 'Je denkt dat ik gek ben, is het niet?'

Maar ze kwam in actie, deed haar in nylons gestoken benen van elkaar en boog voorover.

'Alice, ik weet niet of ik over de deskundigheid beschik om je met deze problemen te helpen. Heb je het ooit met je dokter over de stemmen gehad?'

'Niet echt.'

'Ik zal je zoveel mogelijk steunen en we kunnen gewoon doorgaan met onze sessies, maar ik denk serieus dat je dit met je dokter moet bespreken.'

Het was de eerste keer dat ze me advies gaf. Ik zat op de grond en hield mijn hoofd in mijn handen toen ze dat zei. Ik keek naar haar op, naar haar mooie benen en dure schoenen, haar geduldige gezicht dat omlijst werd door springerig gouden haar.

Het licht kwam achter haar vandaan. Er moest een schaduw voor de zon zijn gekomen. Mijn keel was droog. Mijn lichaam kromp. Mijn gezicht veranderde van vorm. Ik voelde de fundering van mijn jukbeenderen instorten en vervormen. De zon kwam weer tevoorschijn. De kleuren werden helderder en voor me zat een aardige vrouw op een grijze stoel; ik dacht dat ik haar kende, maar wist het niet zeker.

'Wie ben jij?'

'Ik ben Roberta.'

'Echt waar?'
'Ja.' Ze knikte.
'Waar ben ik?'
'In mijn kantoor.'
'Welk kantoor?'
'Het kantoor waar we Ker-Plunk spelen, Alice.'
'Ik ben Alice niet.'
'Natuurlijk ben je dat.'
'Dat ben ik niet, dat ben ik niet, dat ben ik niet. Ik ben Jimbo. Je weet wie ik ben. Ik weet dat jij die mevrouw...'
'Ben jij Jimbo?'
'Tuurlijk, suffie. Ik ben Jimbo, ik ben Jimbo, ik ben Jimbo, maar ik word liever JJ genoemd. Ik houd van ijs.'
'Echt waar?'
'Ik houd niet van taart. Ik heb de pest aan taart. Ik houd van ijs. En ik heb een hekel aan spinnen.'
'Waarom heb je een hekel aan spinnen?'
'Ze zijn akelig. Ze willen je opeten. Ik heb ooit gezien dat een spin zichzelf opat. Een man hakte hem doormidden met een groot mes en de voorste helft draaide zich om en at de andere helft op.'
'Wat betekent dat volgens jou?'
'Het betekent niks. Het was maar een petieterig spinnetje.'

Ik kon me dit gesprekje niet herinneren. Roberta vertelde me een andere keer wat er was gebeurd.

Het was de eerste keer dat Jimbo tevoorschijn was gekomen. Ik herinnerde me geen details, maar ik wist nog wel dat ik me op het moment zelf bewust was geweest van de wisseling, de gewaarwording dat ik uit mijn huid kroop en er weer in. Er was niets geweest wat JJ's verschijning opriep; het was niet tijdens een spelletje Ker-Plunk of halverwege een regressiesessie tijdens de therapie. Het gebeurde zomaar, en het zorgwekkende was dat ik nooit had gehoord dat zoiets ooit bij iemand was gebeurd en niet wist waarom het mij nu overkwam.

Ik zei dat tegen Roberta en ze gaf toe dat zij het ook niet wist.

'Je hebt hulp nodig, Alice.'

'Bedoel je dat ik meer hulp nodig heb dan jij me kunt geven?'

'Ik zal je zoveel mogelijk helpen, maar ik denk echt dat je er met je dokter over moet praten. Zul je dat doen?'

'Als je denkt dat dat helpt.' Ik wilde dat zij de beslissing nam. Dat was haar werk. 'Maar ik ben bang voor wat hij ervan zal denken,' voegde ik eraan toe.

'Ik weet zeker dat je dokter je er niet om zal veroordelen,' antwoordde ze. 'Het is onze taak om er voor mensen te zijn en naar ze te luisteren.'

Ik dacht: ze zet zichzelf op één lijn met een dokter, maar dat is ze niet. Therapeuten hebben hoogstens een certificaat. Het hing aan de muur, drie stuks eigenlijk, met wapenschild en gouden zegel.

Ik keek haar weer aan.

'Als je wilt, blijf ik hier bij je terwijl je belt om een afspraak te maken,' zei ze.

Roberta zocht het nummer op in het telefoonboek, draaide het en gaf mij de hoorn. De secretaresse zei dat er de volgende dag om elf uur nog een plekje vrij was bij dokter Michaels.

'Heel goed, Alice, je hebt de juiste beslissing genomen,' zei Roberta toen ik ophing.

'Dank je, Roberta,' zei ik, en ik klonk helemaal niet als mezelf.

Ik viel weer terug. We hadden over Jimbo gepraat en ik voelde hem in me naar boven komen. Hij was een oudere, duidelijkere, nieuwsgierigere versie van Billy, maar Billy was toen pas vijf en Jimbo was tien, een zelfverzekerde jongen die als hij op de hei verdwaald was niet in paniek zou raken en de weg naar huis zou weten te vinden.

Het zou mijn tweede bezoek in weken aan dokter Michaels worden. De laatste keer was vanwege een oorontsteking geweest, een vreemd toeval, omdat ik het nu zou gaan hebben over de stemmen die in mijn oren fluisterden. Hadden zij met hun slechte adem de ontsteking veroorzaakt?

Ik lag de hele nacht wakker, staarde naar het plafond, me afvragend wat er gebeurd was met de spiraalmobile die zijn schaduwen over mijn kinderkamer had geworpen. Ik herinnerde me hoe fascinerend de spiralen bewogen, en dat ze sneller begonnen te draaien wanneer de deur openging.

'Wie is papa's meisje?'

'Dat ben ik.'

Ik stond om zes uur op, trok mijn verwaarloosde joggingpak aan en was uitgeput zodra ik de achterdeur uit stapte. Ik liep de heuvel af naar het park, waar ik op een schommel ging zitten en zo hoog mogelijk de lucht in ging.

Ga nog hoger. Ga nog hoger. En spring. Dan raak je gewond en kun je daarvoor naar de dokter gaan.

Ik was doodsbang dat de dokter tegen me zou zeggen dat ik zijn tijd verdeed omdat ik geen duidelijk probleem met mijn gezondheid had. Maar de stemmen waren een probleem, ook al kon je ze niet zien. Terwijl ik heen en weer ging op de schommel maalden mijn gedachten rond, tot ik tot het besluit kwam de afspraak af te zeggen. Ik zou naar huis gaan en weer wat bijvoeglijke naamwoorden aan mijn onderzoeksvoorstel toevoegen, iets nuttigs doen.

Kathy en Jim zaten te ontbijten. Ik ging erbij zitten met een kop thee en wat cornflakes. Jim zat een sjekkie te roken. Kathy smeerde wat marmelade op geroosterd brood; de kruimels verspreidden zich als insecten over de tafel.

Ik koesterde nog steeds de argwaan dat Kathy en Jim me te pakken wilden nemen en lag me 's avonds in bed af te vragen of er misschien een geheime deur was tussen hun kamer en de mijne. Zij dachten dat ik een typische student was en me met tig makkers door mijn studie heen dronk. Ze hadden er geen idee van dat ik een zenuwinzinking had. Ik leefde in mijn zeepbel. Zij leefden in hun eigen zeepbel, betaalden de rekeningen, keken naar *EastEnders* en spaarden voor hun vakantie in Lloret de Mar, zich nauwelijks bewust van wat we als menselijk wezen allemaal kunnen doen en zijn. En, net als zij, deed of werd ik dat natuurlijk allemaal ook niet.

Toen ze naar hun werk gingen, blies ik het huis op met Bruce Springsteen. De zware, knarsende stem van The Boss bracht de angst voor de arbeiders van New Jersey over op de professor en zijn bende. Ik zette de volumeknop hoog en danste de kamer rond terwijl ik meezong met 'Human Touch', van het nieuwe album.

De woorden van The Boss vervaagden in mijn hoofd als het geluid van een auto die in de verte verdwijnt. Ik was weer van gedachten veranderd en zat naar de klok te staren in de wachtkamer van de Morningside-praktijk. Die was gevestigd in een groot oud landhuis met een doolhof van kamertjes, die allemaal een open haard hadden die via de schoorsteen koude lucht aanzoog.

Tiktak, tiktak, tiktak, met Alice loopt het om elf uur af.

De kleine wijzer kroop als een dikke spinnenpoot dichter naar de elf toe. Mijn handen waren klam, maar het werd elf uur en ik leefde nog steeds. Ik had het gered. Er kropen nog een paar minuten voorbij en een stem met een Yorkshire-accent zong: 'Alice Jamieson, spreekkamer nummer twee.'

Was dat een list? Was dat de assistente die riep? Of die vrouw uit *EastEnders*? Ik waagde het erop. Toen ik met bonzend hart de gang in liep, leek die als in een droom langer te worden. Ik klopte op de deur.

'Binnen.'

Ik stapte de kamer binnen alsof ik door een geheime deur kwam, zoals die in de muur tussen mijn kamer en de slaapkamer van Kathy en Jim.

'Neem plaats. Wat kan ik voor je doen, jongedame?'

'Dat weet ik eigenlijk niet.'

De stemmen waren op de achtergrond aan het gniffelen. Ze

vonden het prachtig wanneer ik in de war was. De dokter had ogen die als stralen door me heen boorden en ik kon hem niet aankijken.

'Je zult het me moeten vertellen, wil ik je kunnen helpen,' zei hij. 'Het is niet weer voor die oorontsteking, toch?'

'Nee, nee. Ik heb veel last van spanningen op de universiteit. Er zijn mensen die tegen me samenzweren. Ze blijven maar zeggen dat ik dingen moet doen.'

'Wat voor mensen, Alice?'

'Nou, u weet wel, mensen...'

'En wat moet je van ze doen?'

Ik kon niet blijven zitten. Peper in m'n reet, zou mama zeggen. Ik liep door de kamer en luisterde naar de stemmen die door de schoorsteen fluisterden. Ik was bang om erover te vertellen. Het was een marteling.

'Een heleboel mensen,' zei ik. 'En ze vallen me voortdurend lastig.'

Dokter Michaels boog zich over zijn bureau heen en ondersteunde zijn kin met zijn hand. Hij was een zware man; hij droeg een gestreepte das met een dikke knoop erin en een tweedjasje dat hij moest hebben gekocht in een winkel die gespecialiseerd was in kostuums voor medische beroepsbeoefenaren.

'Denk je aan zelfmoord?' vroeg hij me.

Stilte.

'Wat?' vroeg ik.

Hij herhaalde zijn vraag.

'Vraagt u me of ik mezelf van kant wil maken?'

'Ja. Ik probeer duidelijkheid te krijgen wat voor mensen dat volgens jou zijn en wat ze van je willen. En ik moet weten of je suïcidaal bent.'

Het vergde veel tijd en energie om de waarheid over de stemmen verborgen te houden. De druk werd steeds groter.

Dokter Michaels boog zich weer naar me toe en probeerde oogcontact te maken.

'Hoor je stemmen?' vroeg hij, waardoor ik weer een beetje

tot mezelf kwam. 'Wat moet je van die stemmen doen? Hoor je nu stemmen?'

Dat was zo, maar ik kon mezelf er niet toe zetten om het hem te vertellen, om het toe te geven. Was het een soort val?

'Niet helemaal,' zei ik.

'Je weet dat die stemmen niet echt zijn. Ze bestaan alleen maar in je geest,' voegde hij eraan toe, en toen werd ik ineens woest.

'Ze zijn wél echt, ik hoor ze. Ik verbééld me niet dat ik stemmen hoor, ik hóór stemmen. Ik hoor ze naar me toe komen en ze klinken net zo luid als de telefoon bij de receptie die overgaat, nog luider, eigenlijk.'

'Je hoort stemmen?'

'Ja. Hoort u ze niet?'

'Alice, als je stemmen hoort, is dat alleen in je geest.'

'Wat bedoelt u met áls? Ik hóór stemmen. En die bevinden zich niet in mijn geest. Ze zijn van mensen, echte mensen, en die zitten niet in mijn hoofd.'

Ik was boos op Roberta omdat ze erop had aangedrongen dat ik naar dokter Michaels ging en ik was boos op dokter Michaels omdat ik wist dat hij een vooringenomen standpunt had over hoe ik was en wat mijn probleem zou kunnen zijn.

'Ik word achtervolgd,' zei ik. 'Door mensen die me niet met rust willen laten.'

We kletsten nog wat. Mensen die praatten zonder iets te zeggen. Net als de stemmen. Uiteindelijk was mijn tijd om, en dokter Michaels kwam tot een conclusie. Hij zei dat ik een klassiek voorbeeld van schizofrenie was en deed waarin dokters het best zijn: hij schreef een recept, voor het medicijn Stelazine. Hij zei dat het op korte termijn zou helpen en hij verwees me naar een psychiater. Therapeut, dokter, zielenknijper. Het was alsof ik zo'n trappenpiramide in Mexico beklom.

Ik was uitgeput, emotieloos. Dus ik had schizofrenie? Wat betekende dat? Misschien kon Roberta me dat duidelijk maken. Ik werd behoorlijk intensief begeleid en later op de dag had ik een afspraak met haar. Voor ik de reis naar Leeds ondernam, ging ik naar de universiteitsbibliotheek. Ik vond een boek met de titel *Schizofrenie: de feiten*. Het eerste hoofdstuk heette 'Wat is schizofrenie?'

Ik maakte aantekeningen.

Volgens de internationale ziekteclassificaties van de Wereldgezondheidsorganisatie worden schizofrenie en schizofrene stoornissen in het algemeen gekarakteriseerd door fundamentele, karakteristieke verstoringen van het denken en de waarneming, en misplaatste en afgestompte emoties. Helderheid van bewustzijn en intellectueel vermogen blijven gewoonlijk behouden, hoewel er in de loop van de tijd cognitieve gebreken kunnen ontstaan.

De belangrijkste psychopathologische verschijnselen behelzen: duidelijk hoorbare gedachten; gedachte-inbrenging of gedachteonttrekking; gedachte-uitzending; waarnemingsstoornissen en controlewaan; beïnvloedingswaan of passiviteit; hallucinatoire stemmen die de patiënt in de derde persoon becommentariëren of bespreken; denkstoornissen en negatieve symptomen, wat gevoelens en vaardigheden zijn die de meeste mensen hebben en die schizofrene patiënten door hun ziekte verliezen. Dat zijn:

- motivatie;
- het vermogen tot sociale interactie;
- enthousiasme;
- adequate emotionele reacties.

De feiten:

- Schizofrenie treft één op de honderd mensen.
- Sommige schizofreniepatiënten hebben maar een enkele periode last van de ziekte, andere hebben er vele in de loop der jaren.

- De hallucinaties die schizofreniepatiënten ervaren zijn meestal auditief van aard, maar ze kunnen ook visuele hallucinaties hebben, of gevoels-, reuk- en smaakhallucinaties.
- Slechts een derde van de patiënten heeft last van paranoïde symptomen.
- Ongeveer tien procent van degenen die aan schizofrenie lijden, pleegt zelfmoord.
- Tekenen en symptomen van schizofrenie manifesteren zich gewoonlijk voor het eerst bij adolescenten en jongvolwassenen.
- Beide seksen lopen evenveel risico op de ziekte.
- De meeste schizofreniepatiënten hebben er hun hele leven lang last van, of de ziekte nu chronisch is of weerkerend.
- Slechts ongeveer één op de vijf patiënten herstelt volledig.

Met het van de bibliotheek geleende boek onder mijn arm ging ik op weg naar het station. Ik herkende veel van wat ik had gelezen, maar was geschrokken van de feiten. Mijn geest was een spervuur van vragen. Wat is de oorzaak van schizofrenie? Is het wel een ziekte? Als ik het had, met al mijn bedrieglijke waarnemingen en hallucinatoire stemmen, zou ik dan ooit herstellen of genezen?

In de rust van Roberta's kantoor reconstrueerde ik mijn gesprek met dokter Michaels. Tot in detail. Ik schoof haar mijn aantekeningen toe.

'Wat denk jij?' vroeg ik. 'Kijk hier eens naar. Dit staat in een boek over schizofrenie. Denk jij dat ik dat heb?'

Roberta wilde zich daar niet over uitspreken, maar moedigde me aan om de medicijnen in te nemen en naar de psychiater te gaan. Ze prees me omdat ik naar dokter Michaels was gegaan; dat is een truc, bekrachtigen wat de patiënt al besloten heeft te doen. Ze zei dat we bij de volgende sessie verder zouden praten over mijn diagnose, en ik vertrok in de vaste overtuiging dat Roberta Stoppa en dokter Michaels onder één hoedje speelden met de professor en in het complot zaten.

Ik ging naar huis om schone kleren te halen. Ik had besloten mijn toevlucht te nemen tot Rebecca's huis, waar het rustig was en ik het boek over schizofrenie zou kunnen bestuderen en over de conclusies van dokter Michaels kon nadenken. Zuiver logisch geredeneerd was er zonder duidelijk begrip van de oorzaak van de ziekte geen hoop op genezing.

Uit het boek begreep ik dat er bewijs is dat de oorzaken van schizofrenie op z'n minst gedeeltelijk genetisch van aard zijn. Omdat genen biologische processen reguleren, geeft dit bewijs aan dat de biologische processen in de hersenen van schizofrene mensen verstoord zijn. Aan de andere kant gaf het boek te kennen dat psychologische en sociale factoren geen prominente rol leken te spelen bij het ontstaan, hoewel het belangrijke bepalende factoren voor de ziekte konden zijn.

Het leek erop dat de analyse van het boek me als gegoten zat; niet dat dat me enige troost bood. Het maakte me eerder nog banger en paranoïde, omdat geïmpliceerd werd dat, hoewel mensen konden herstellen van schizofrenie, er geen garantie was dat ze geen terugval kregen. Zou ik er de rest van mijn leven last van hebben?

Terwijl ik las, nipte ik zonder het te beseffen van gin uit een flesje waarvan ik me niet kon herinneren dat ik het had gekocht. Ik herinnerde me ook niet of ik al een van de blauwe pillen had ingenomen die dokter Michaels me had voorgeschreven en rammelde met het plastic flesje op het ritme van de stemmen die rond mijn hoofd ratelden.

We krijgen je wel. Hij komt. Bereid je maar vast voor. Hij komt nu. Wacht maar af.

'Hij', dat moest de professor zijn. Hij was de luidste en meest sarcastische van de stemmen, een soort Hitler of Mussolini. Ik wachtte, en natuurlijk dook de professor op.

Zie je wel, nou denken de mensen dat je gek bent. Je kunt beter al die pillen innemen en nog meer drinken. Dan ga je naar de hel. Waar je thuishoort.

'Wat is er in hemelsnaam aan de hand, Alice?' hoorde ik een bekende stem zeggen.

Ik draaide me om, in de verwachting niemand te zien, en ontdekte dat Rebecca achter me stond. Ik had haar niet horen binnenkomen. Ik gaf geen antwoord. Ik keek op. Ze zag er zo mooi uit, zo competent.

'Wat zit er in dat flesje? Heb je soms pillen ingenomen met gin?' vroeg ze. 'Kom op, Alice, wat is er aan de hand? Je kijkt alsof je een spook hebt gezien.'

Ik hoorde Rebecca's stem, maar die leek van een afstand te komen, alsof ze over de heide naar me riep.

Cathy? Cathy? Cathy, waar ben je? Heathcliff, Heathcliff. Ga niet weg.

Ik nam een slok gin en ze pakte mijn hand om me te steunen toen ik van de vloer opstond.

'Alles stort in elkaar,' zei ik.

Ze legde haar handen op mijn armen; die brandden door mijn kleren heen.

'De dokter denkt dat ik schizofreen ben en ik moet naar een psychiater,' vertelde ik terwijl ik me loswurmde. 'Niemand kan mijn stemmen horen. Alleen ik.'

'Je kunt altijd bij me terecht, Alice, dat weet je,' zei Rebecca. 'Waarom heb je me niet eerder over die stemmen verteld?'

'Ik wilde niet dat je dacht dat ik gek was,' antwoordde ik.

Ze schudde haar hoofd en glimlachte. Het was heel raar om een vriendin te hebben die echt om je gaf. We bleven weer tot diep in de nacht praten. Net als Roberta had Rebecca geen medische achtergrond, maar dacht ze dat het het beste was om naar een psychiater te gaan.

Zat ze ook in het complot? Dat wilde ik niet geloven.

Ik nam een van de blauwe Stelazinetabletten in voor ik naar bed ging. Ik telde hoeveel er nog in het flesje zaten en noteerde het aantal met potlood achter in het schizofrenieboek. De stemmen hielden zich op een afstand, maar ze waren nog steeds bedreigend; ze pruttelden, mopperden en kwebbelden erop los. Ik voelde een leegte vanbinnen, een vacuüm, een holle ruimte waarin een andere versie van mezelf ronddreef in de nietsheid van het niet-bestaan. Ik wilde niet veel, geen roem of fortuin, macht of succes. Ik wilde alleen maar net als alle anderen zijn.

Hoofdstuk 14

Shirley

Mijn geheugen heeft veel kwaliteiten gemeen met dat van Raymond Babbitt, het personage uit de film *Rain Man* dat door Dustin Hoffman wordt gespeeld.

Dit is wat ik me herinner.

De film kwam uit in 1989, het jaar dat ik trainde voor de Birmingham Centenary Marathon. Het script is geschreven door Ronald Bass, de regisseur is Barry Levinson en Hoffman schittert in de rol van de *autiste-savant* Raymond, terwijl Tom Cruise diens jongere broer Charlie vertolkt, een egocentrische sjacheraar. Hun vader sterft en laat Raymond zijn hele fortuin van drie miljoen dollar na. Charlie is van plan zijn broer de erfenis af te troggelen en haalt hem weg uit de instelling waar hij woont. Tijdens de daaropvolgende reis per auto door Amerika wordt Charlie in eerste instantie woedend vanwege Raymonds obsessies en herhalingen, maar langzamerhand krijgt hij bewondering voor diens wiskundige talent en fenomenale geheugen. Op een echt sprookjesachtige manier ontwikkelen de broers een diepgaande genegenheid voor elkaar en daarna leven ze nog lang en gelukkig van al het geld.

Raymond had een fotografisch geheugen vol gaten. Stel je een detective voor waaruit bladzijden zijn gescheurd – het verhaal springt van de hak op de tak, er ontbreken scènes. Raymond was een autist. Dat ben ik niet. Dokter Michaels denkt

231

dat ik schizofreen ben, maar ik zie verband met Raymonds beschadigde geheugen, zijn oog voor grafische details, de lege plekken. Het zijn gesloten kasten met stukjes verleden waar ik niet bij kan, terwijl Billy, Jimbo, Shirley en Kato toegang tot die herinneringen hebben, waarmee ze hun fantasieleven kunnen leiden. In de jeugd wordt de volwassene gevormd, en de kinderen leken belast te zijn met delen van mijn kindertijd.

Zoals we weten wordt een kind dat mishandeld is vaak een beul, en probeert de jongen die geen liefde heeft gekend misschien liefde te vinden op plaatsen waar hij dat niet zou moeten doen. Ik voel een diep en blijvend verdriet over wat me als kind is overkomen, zonder dat ik me schaam voor wie ik ben. Ik zou niemand anders kunnen zijn. Ik verlang naar de ontbrekende stukjes van mijn jeugd zoals iemand kan verlangen naar iets kostbaars dat zoek is geraakt. Ik koester de verloren bladzijden wanneer ze op mysterieuze wijze weer opduiken.

Zelfs de foto's uit mijn jeugd zijn verdwenen en ik heb rommelmarkten afgelopen om fotoalbums op te sporen waarin op magische wijze kiekjes van mij als klein meisje zouden kunnen staan. In de loop der jaren en door alle verhuizingen heeft mijn moeder nog maar een paar gezinsfoto's over: ik als driejarige in de tuin, op mijn vijfde met Clive met zijn schoolpet en gestreepte das. Ik staar naar die foto's om erachter te komen wie ik toen was, alsof ik aan mijn gezichtsuitdrukking aanwijzingen kan aflezen voor wie ik zou worden. Wie ik ben. Ik zou graag een stip in het verleden zetten en een in de toekomst en dan de stippen met een rechte lijn verbinden – niet dat in de natuur iets ooit recht is, zelfs de tijd is een kromme en ons DNA bestaat uit een stel spiralen.

Waarom heeft mijn moeder niet meer foto's van mij?

We namen altijd foto's in de tuin, en op vakantie in Spanje. Waar zijn de foto's die ik in Petra heb genomen? En in Israël? Waar is dat kiekje van mij waarop ik drijvend in de Dode Zee de *Jerusalem Post* lees? Foto's zijn een bevestiging, ze herinneren ons eraan dat we op die plaats, in die tijd hebben bestaan, en zonder foto's uit het verleden mist het heden wortels, fundering, zijn we minder echt.

Mijn afspraak naderde.

Ik had een toekomst.

Ik zou een consult hebben bij dokter Eric Barne in zaal 10 in het psychiatrisch ziekenhuis St. Thomas.

Ik ging met een stormachtig gevoel naar bed, slikte mijn Stelazine en Valium door met water. De pillen waren lichtblauw en zonnig geel als de lucht en de zon op de tekeningen van Billy. Ik droomde van verschoten polaroidfoto's van het kasteel en herinnerde me vaag dat er op een dag iemand met een camera was gekomen om de blote kinderen te fotograferen. Ik werd met tintelende vingers wakker en vroeg me af wat er met die foto's was gebeurd. Zou ik die ooit vinden op een rommelmarkt?

Ik nam een douche, waste mijn haar, dacht erover brunette te worden om de knuffels in de war te brengen en merkte dat ik in de pannenkast aan het rommelen was toen Jim de keuken binnenkwam.

'Je gaat nu toch niet koken?' vroeg hij terwijl hij een sjekkie aanstak.

'Pannenkoeken,' antwoordde ik.

'Het is toch geen vastenavond?'

'Nee, aswoensdag.'

'Nee toch?'

'Duh,' zei ik.

Hij grijnsde toen er as op zijn trui viel en zette water op.

Ik brak twee eieren boven een kom, zocht in het bovenste aanrechtkastje naar meel en leende Jims aansteker om het gas onder de koekenpan aan te steken.

Waarom bakte ik pannenkoeken?

Ik had geen idee. Ik weet niet altijd wat ik gisteren heb gedaan en kan zelden plannen maken voor vandaag. Morgen is een ander land. Daarom is het lastig om vrienden te maken en is het nog lastiger om de vrienden die je hebt gemaakt te houden wanneer je dagelijks, uur na uur, verstrikt zit in je voortdurend veranderende emoties. Ik had Rebecca in vertrouwen genomen. Maar ik ging nieuwe contacten uit de weg omdat ik nooit wist wanneer een van de kinderen tevoorschijn zou komen, of dat ik tijd zou kwijtraken of me lam zou zuipen.

Wanneer ik wel met anderen samen was, gebeurde dat spontaan; even iets drinken met Brian, die zich kippig achter zijn baard en klassenhaat verschool. Gerald zat als een slak in zijn huisje genesteld en ik had het geluk dat Colin Ince me alleen in de gedaante van Alice had gezien en me had voorgedragen voor de eerste fase op weg naar promotie.

Zou ik het volgende jaar wel halen? Dat was moeilijk te voorspellen. Bij tijden verloor ik de controle over wie ik was, sliep in portieken, werd tot op het bot doorweekt wakker in het park of in Rebecca's huis, zonder te weten hoe ik daar terecht was gekomen. Er waren nog meer snij-incidenten geweest, waarbij ik, om niet bij de EHBO terecht te komen, thuis met moeite mijn wonden had schoongemaakt en verbonden. Bij mijn pillen bewaarde ik ook een geheim voorraadje ontsmettingsmiddel en verband.

Na een incident kwam mijn overlevingsdrang naar boven, ging mijn linkerhersenhelft in een hogere versnelling en werkte ik keihard om weer bij te raken met mijn werk. Het was geen leven, ik leefde maar half, met een half geheugen. Studenten die ik nog nooit had gezien fluisterden me iets dubbelzinnigs toe en gaven me een knipoog over de glanzend gepoetste houten tafels in de bibliotheek. Ik was een 'lekker zuiplapje', zei een jongen, en hij had het over 'de bootrace'. Dat was een drinkspel waaraan Shirley moest hebben meegedaan, maar ik kon me er helemaal niets van herinneren.

Ik was een uitstekend actrice geworden, die zonder blikken of blozen van rol verwisselde; nu eens viel ik terug op de excentriekeling, de rare snuiter, dan was ik weer de intellectueel met een boek onder de arm en het hoofd in de wolken. De tijd, dat witte doek, behoorde mij niet toe. Mijn tijd moest ik delen, en die ochtend besefte ik, toen Kathy de keuken binnenkwam, dat ik hem die dag met Shirley deelde.

Die gooide een pannenkoek in de lucht en ving hem behendig op.

'Ik vroeg me af waarom je al die citroenen hebt gekocht,' merkte Kathy op.

'Je kunt nooit te veel citroenen hebben,' antwoordde ik, en ik dacht: heb ík al die citroenen gekocht?

Ik herinnerde me niet dat ik ze had gekocht, maar ook niet dat ik ze níét had gekocht. Shirley en ik waren zoiets als zusjes; we werkten soms samen, maar niet de hele tijd. We vormden geen eenheid, gingen niet in elkaar op, maar we hadden een manier gevonden om op onderbewust niveau samen te werken. We waren ons er allebei van bewust dat we tijd met elkaar deelden, maar Shirleys aanwezigheid was voor Kathy en Jim te subtiel om die op te merken.

Jim perste met zijn grote vuist sap uit een citroen, bestrooide de pannenkoek met suiker en rolde hem op. Ze begonnen te eten. Ik niet. Ik had geen trek meer. Shirley had nooit trek.

Het was handig om Shirley in de buurt te hebben en ik kwam tot de conclusie dat ik haar toch wel mocht. Ze was de imaginaire vriendin die ik nooit had gehad en ik voelde haar zelfverzekerde tred in mijn kuiten en dijen terwijl ik over straat liep.

'Zal ik lopend naar de stad gaan?'

Hè nee, neem de bus.

Shirley was degene die verantwoordelijkheid droeg voor mijn woede en disfunctioneren op psychoseksueel gebied. Ze koesterde een oedipale haat tegen haar vader, die verergerd werd door hun incestueuze intimiteit, en leed al die jaren daarna nog onder de pijn en vernedering van die afschuwelijke herinneringen. Net als bij Raymond Babbitt in *Rain Man* waren Shirleys fobieën en fixaties steeds dezelfde. Ze was onbuigzaam, onveranderlijk. Ze was veertien en zou altijd veertien blijven. Een mager meisje met piepkleine borsten dat haar armen omhoogstak zodat haar papa haar nachtpon over haar hoofd kon uittrekken en dat haar mond opendeed zodat zijn penis zijn vertrouwde holte kon vinden. Hij ondersteunde de achterkant van haar hoofd, wond haar haar om zijn vingers, en ze keek op naar pakjes condooms in folie die hij als een waaier van speelkaarten in zijn hand hield. Hij glimlachte.

'Welke kleur wil je, rood of geel?'

Het lag in Shirleys aard zich over te geven aan vader, zoals ze zich zou overgeven aan drank en uithongering.

Ik begon te begrijpen dat Shirley, net als Kato, Billy en de anderen, was ontstaan om me te beschermen tegen de angsten en gevoelens waar ik niet tegen opgewassen was. Ze was niet mijn vijand. Ze was mij. Zij beheerde de sleutel van de dichte kast met emoties en herinneringen die voor mij te pijnlijk waren om te bewaren.

Langzamerhand werkte ik de dingen voor mezelf uit. Mettertijd zou ik, met behulp van de universiteitsbibliotheek, in staat zijn geweest de diagnose van mijn eigen stoornis te stellen. Helaas liet de medische beroepsgroep dat niet toe.

Door het raam van de bus kwam het St. Thomas in zicht en ik voelde me er onweerstaanbaar en onvermijdelijk door aangetrokken.

De koepelvormige ingang van het ziekenhuis leek op het portaal van het ruimteschip in *Close Encounters of the Third Kind*. Het controlesysteem, met al die flikkerende lichtjes en rinkelende telefoons, en al die spraakzame dokters in hun uniform met kleurcode, vervulden me met ontzag. Ik liep aarzelend de gang in, langs zombies met een lege gezichtsuitdrukking, en trof een wachtende dokter Barne in zaal 10. Hij sloeg een dossier (dat van mij, veronderstelde ik) dicht en viel met de deur in huis.

'Ik ben dokter Barne. Jij bent Alice, neem ik aan?' zei hij, en ik dacht: u mag aannemen wat u wilt. Hoe zou ik dat moeten weten?

'Ja,' zei ik. Mijn keel was droog en ik voelde de pees in mijn nek trillen.

'Neem plaats. Ik wil je wat vragen stellen, is dat goed?'

'Ik neem aan dat ik daarvoor hier ben.'

Er kwam een verpleegster binnenwippen. 'Koffie?' vroeg ze. Ik glimlachte en ze draaide zich vlug om en was alweer weg op haar witte schoenen. Ik voelde me niet mezelf, maar ik wist dat ik me normaal moest gedragen als ik uit handen van psychiaters wilde blijven en mijn proefschrift wilde afmaken.

'Hoe gaat het vandaag met je?'

De psychiater had een zware stem, die me aan de professor deed denken. Wees voorzichtig, Alice, dacht ik. Ik glimlachte flauwtjes.

'Wel goed, geloof ik,' zei ik.

'Nu wil ik alleen wat persoonlijke gegevens noteren. Wat is je geboortedatum?'

'10 januari 1969.'

'Dus je bent...'

'Drieëntwintig,' zei ik. Hij was duidelijk niet goed in rekenen.

'Vertel me eens iets over je ouders.'

'Hm, ik veronderstel dat ze het soort mensen zijn dat ik zelf nooit zou willen zijn,' antwoordde ik, en ik haalde mijn schouders op. 'Mama is oké, neem ik aan, en, nou, ik haat mijn vader.'

'Je haat je vader?'

'Dat zei ik. Hij heeft me als kind misbruikt.'

'Wat doet dat nu met je? Heb je er last van?'

Ik keek dokter Barne aan. Wat een stomme vraag. Hij had zwarte varkensoogjes achter een bril met een zwart montuur, en zijn gezichtsuitdrukking bleef verborgen onder zijn enorme baard.

'Natuurlijk,' antwoordde ik.

'Kun je je veel uit je verleden herinneren?'

'Waar bent u op uit met die vragen?' viel ik uit.

'Het spijt me,' antwoordde dokter Barne. Hij keek verbaasd

en veranderde van onderwerp. 'Misschien kun je iets zeggen over wat je eet?'

'Wat ik eet?' Hij knikte, en ik vervolgde: 'Ik eet tamelijk gezond.'

'Rook je?'

'Roken is niets voor mensen zoals ik, wier hersenen zuiver en verantwoordelijk moeten blijven.' Waar heb ik het over?

'Heb je ooit een klap op je hoofd gekregen, of ben je wel eens bewusteloos geslagen?'

'Wat probeert u te zeggen?'

'Heb je ernstige incidenten meegemaakt?' vervolgde hij.

Ik dacht even na, beet op mijn lip, en stak van wal.

'In 1991 probeerden de Irakezen een bomaanslag op me te plegen. Maar daardoor zijn alleen mijn trommelvliezen gescheurd. Ik bleef ongedeerd en dat bewees dat ik op de juiste weg was. Ik voelde me extra gesterkt in mijn missie.'

'Drink je?'

'Ik hou van gin-tonic,' antwoordde ik, maar ik zei er niet bij hoeveel ik ervan hield.

'Gebruik je drugs?'

'Nee.'

'Heb je het gevoel dat je nu iets nodig hebt?'

'Nu, op dit moment?'

'Ja.'

'Ik voel me nu prima.'

'Heb je slaapproblemen?'

'Ja, soms.'

'Heb je hobby's?'

'Ik luister graag naar muziek, schrijf gedichten en houd van lezen. Momenteel lees ik trouwens een boek over schizofrenie.'

'Aha.'

'Het heet *Schizofrenie – de feiten*. Het lijkt op *De magiër*, maar zonder de vele wendingen.'

We werden onderbroken door de verpleegster, die twee koppen koffie bracht en een schaaltje met suikerzakjes. Dokter

Barne goot drie suikerzakjes leeg in zijn kopje en roerde heftig. Ik zag de koffie kolkend ronddraaien.

'Wat doe je voor werk?' vroeg hij.

'Ik heb een studiebeurs en werk aan mijn promotie aan de universiteit.'

'Vind je dat prettig?'

'Niet echt.'

'Wat wil je uiteindelijk gaan doen?'

'Ik ben voorbestemd om diplomaat voor de Verenigde Naties te worden en vrede te brengen in het Midden-Oosten.'

'Wat verdien je als student?'

'Een schijntje.' Ik pauzeerde even. 'Eigenlijk zoiets als...'

'Weet je waarom je vandaag hier bent?'

'Niet echt, nee, Waarom?'

'Ik dacht dat je problemen had.'

'Ik denk dat ik pas geleden een beetje overstuur was.'

'Waarvan?'

'Mensen die me op mijn zenuwen werken.'

'Wie werken er op je zenuwen?'

'Bepaalde mensen.'

'Vertel me daar eens wat meer over.'

'Weet u iets van spionnen?'

'Nee, vertel eens.'

'Nou, die houden me in de gaten.'

'Hoe weet je dat?'

'Om te beginnen volgen ze me,' vertelde ik hem.

'Waarom bespioneren ze jou?'

'Ze willen valse bewijzen in handen krijgen om me erin te luizen.'

'Kun je me daar een voorbeeld van geven?'

'Nee, het zou kunnen dat ze ons gesprek afluisteren.'

'Hier kan dat niet.'

'Ze hebben afluisterapparatuur. Die is erg geraffineerd.'

'Weten ze dat je hier in het ziekenhuis bent?'

'Natuurlijk weten ze dat.'

'Heb je vrienden?'

'Een sterk mens staat in z'n eentje het sterkst,' merkte ik op.

'Je hebt mijn vraag niet beantwoord.'

'Ja, ik heb één goede vriendin.'

'Dat is mooi.'

Ik nam even de tijd om van mijn koffie te drinken. De psychiater deed hetzelfde. Hij slurpte ordinair en veegde met twee vingers koffie weg uit zijn mondhoeken. Hij had smalle lippen. 'Wat vind je tot dusverre van dit gesprek?' vroeg hij. Er kwam een opening in zijn baard, die een kleine roze tong onthulde, en ik dacht: als ik de casting zou doen voor een film, zou hij ideaal zijn als Neanderthaler.

'Het kon beter,' zei ik.

'Het spijt me.'

'Het is oké. U kunt me meer vragen stellen als u wilt.'

'Voel je je wel eens onwerkelijk?'

'Waarom vraagt u dat?'

'Hoor je stemmen?'

'Nee,' zei ik krachtig.

'Heb je hallucinaties?'

'Nee. U denkt zeker dat ik net als de andere patiënten hier ben.'

'Ben je een patiënt?'

'Nee, ik hoor hier niet.'

'Heb je behandeling nodig?'

'Nee, ik heb al gezegd dat ik hier niet hoor. Dokter Michaels heeft me trouwens medicijnen gegeven.'

'Op mij kom je anders ziek over, Alice.'

'Iemand zou u moeten leren hoe je zo'n vraaggesprek voert.'

'Misschien. Ik moet zeggen dat ik je niet normaal vind. Denk jij dat je normaal bent?'

'Waarschijnlijk is niemand volkomen normaal.'

'Hoe voel je je op dit moment, Alice?'

'Ik ben een beetje boos.'

'Waarom ben je boos?'

'Dit was een waardeloos gesprek.'

'Wat kan ik doen om je te helpen?'

'Niets,' zei ik en ik dronk weer van mijn koffie. Ik hield eigenlijk niet van koffie, maar Shirley wel.

'Wil je me nog iets vragen voor je weggaat?'

'Nee.'

'Nou, als je ermee akkoord gaat, zou ik je graag volgende week weer zien. Ik wil dat je doorgaat met de Stelazine die dokter Michaels je heeft voorgeschreven en dan kunnen we volgende week verder praten over hoe je je voelt.'

'Oké,' zei ik terwijl ik opstond.

Hij keek in zijn agenda. 'Laten we zeggen volgende week woensdag om drie uur.'

O nee, niet op zo'n verrekte woensdag.

Ik liep tussen de imbecielen en dode gezichten de lange gang door en ademde de geur in van zwavel, de stank van dood en verderf. Ik hoorde het gerammel van metalen trolleys, het gejammer van patiënten. De muren waren van een soort crèmekleur die erop wees dat ze ooit wit waren geweest. De vloer was plakkerig onder mijn sportschoenen. De zombies sisten naar me, hypnotiseerden me, trokken me hun clan in.

Ze zullen je krijgen, Alice. Ze zullen je krijgen.

'Ja, ja, ja. We hebben die ellende al eens eerder gehoord.'

Ik zag een verpleegster met een injectiespuit die groot genoeg was om er een olifant mee te kalmeren. Ze wierp me een kwade blik toe toen ik langsliep. Ze waren eropuit me te pakken, allemaal: de dode patiënten bij wie de hersenen uit hun schedel waren gezogen, de kwaadaardige verpleegsters die onder één hoedje speelden met dokter Barne, dokter Michaels, Roberta Stoppa, Gerald Brennan, Mao-Tse-Brian, Kathy Higgins, Jim Hoe-hij-ook-heet met geheime gifstoffen in zijn Golden Virginia.

De deur door, Gods frisse zomerlucht in.

Geen denken aan. Absoluut onmogelijk.

Dat waren ze; de stemmen. Voor één keer waren we het eens.

Wij en ik en zij allemaal wisten dat als ik ooit terugging naar het St. Thomas, dat het einde van alles zou betekenen, van mij in al mijn varianten, mijn promotie, mijn gezondheid, mijn hoop voor de toekomst.

Ik draaide me als de vrouw van Lot om voor een laatste snelle blik op het gekkenhuis en we renden zo hard als we konden de weg af, met een liedje dat ik niet kende in mijn hoofd. *'Oh me lads, you should've seen us gannin'/ Passing the folks along the road/ And all of them were starin'/All the lads and lasses there/ They all had smilin' faces/ Gannin' along the Scotswood Road/ To see the Blaydon races.'*

Schotland. Dat is het antwoord. We zouden blijven rennen over de hei, over de heuvels en dalen, over de kalkstenen pieken en zeeën van heide tot we in Schotland waren en asiel zouden aanvragen. Doctor Alice Jamieson. Ik was thuisgekomen.

Ik bleef rennen en merkte dat ik weer in de stad was; het was een schok te ontdekken dat alle gebouwen die we met molotovcocktails hadden opgeblazen weer waren herbouwd. Hoe doen ze dat? Zo snel? Het hoorde duidelijk bij de samenzwering. Dat deden ze om me in de war te brengen.

Had ik nu maar mijn windjack met capuchon aangehad. Ik wilde niet dat iemand me zag toen ik me de bibliotheek in haastte. Ik liet als een geheim agent mijn kaart zien en haastte me naar de medische afdeling. Ik kende mezelf goed genoeg om te weten dat de staat van paranoia waarin ik op dat moment verkeerde over zou gaan in regelrechte waanvoorstellingen en hallucinaties als ik niet oppaste. Weer een dik boek met een zwarte kaft. Ik pakte het pistool uit de rugzak en verborg het in mijn schoot. Ik wilde geen enkel risico nemen.

Paranoïci, ontdek ik, vertonen een gebrek aan vertrouwen dat voortkomt uit het ontbreken van een warme en betrouwbare relatie met hun ouders.

Nou, dat is een verrassing!

De ouders van paranoïci zijn vaak controlfreaks, star, afstandelijk en zelfs sadistisch.

'Ja,' schreeuwde ik.

'Sst,' siste iemand.

Als kind ontwikkelen paranoïci het gevoel dat ze verraden worden, dat hun ouders hen niet helpen wanneer ze teleurgesteld of gefrustreerd zijn. Ze groeien op met het gevoel dat de wereld vijandig is en ontwikkelen een overgevoeligheid voor denkbeeldige minachting.

Ja, dat zit er niet ver naast.

Zelfvoldaan klapte ik het boek dicht. Ik dacht erover mijn gezicht op kantoor te laten zien, maar besloot het niet te doen.

Onderweg naar huis kocht ik een fles gin en pas toen we begonnen te drinken, kwam het bij me op dat Shirley mee had gedaan aan het gesprek met dokter Barne. Shirley had de koffie opgedronken. Ik had er voor paal bij gezeten (weer zo'n uitdrukking van mama).

Ik, we, dronken en luisterden naar de stemmen terwijl we uitgeput en afgemat de vijf kilometer lange weg tegen de heuvel op sjokten.

Je moet dood, Alice. Hoe dan ook, je moet dood.

Ik had het gevoel dat ik in brand stond, dat ik een pan borrelend water was die overkookte. Ik stikte in de smoorhete stoom, in de stroom vergif die mijn hoofd vulde, mijn gedachten, mijn herinneringen, de kinderen, opa, het verleden, kwaadaardige, lelijke, onvriendelijke, onophoudelijke stemmen die steeds luider werden.

Je moet dood. Je moet dood.

'O, in hemelsnaam, hou op.'

Ik liet me op straat neervallen, leunend tegen een muur die met graffiti beklad was – FUCK YOU, RUKKER, KLOTE, MAN JULLIE ZIJN KLOTERIGE SCHOFTEN, FUCK, FUCK, FUCK – een poëtische stroom van de obsceniteit en wanhoop van het syndroom van Tourette die volkomen passend was. Ik ontdekte het flesje met blauwe pillen in mijn rugzak en tikte er een paar van in mijn hand, toen wat meer, en nog meer, tot er een piramide met blauwe treden in mijn hand stond.

Stelazine is een kalmerend, antipsychotisch middel. Als twee pillen op een dag je in evenwicht houden, wat zou een heel flesje dan wel niet doen? Ik bracht mijn hand naar mijn lippen, duwde de pillen naar binnen en slikte ze door met gin.

De stemmen gingen ervandoor als een bende hooligans. Ik voelde me in eerste instantie energiek, kwaad, vol spugende, giftige haat. Een enorme, niet te onderdrukken woede hoopte zich als een vulkaan in me op.

Ik goot de rest van de gin naar binnen en liet de fles op de keien vallen, gooide hem aan gruzelementen. Ik stroopte mijn mouw op, zocht een stuk glas uit en trok de scherpe rand over mijn witte huid.

Eerst deed het zeer, maar daarna voelde het goed. Het was alsof er stoom werd afgeblazen en al die vergiftigende frustratie wegvloeide met de stroom rood bloed die ik gadesloeg terwijl hij langs mijn arm naar beneden liep. Ik maakte nog een snee, gewoon voor de lol, en duwde mezelf omhoog. Ik keek naar boven, naar de heuvel, naar de blauwe lucht die eindeloos naar het eeuwige oprees, en mijn oog viel weer op de muur – FUCK YOU, RUKKER, KLOTE, MAN JULLIE ZIJN KLOTERIGE SCHOFTEN, FUCK, FUCK, FUCK.

Hoofdstuk 15

Het gekkenhuis

Felle lampen. De geur van drains. Het besliste geluid van hakken. Ik lig gestrekt in een bed, strak ingestopt.

'Dat meisje op afdeling twee moet naar het St. Thomas worden overgebracht.'

Ik spitste mijn oren.

Ben ik dat meisje op afdeling twee?

Ik probeerde overeind te komen. Het duizelde me en ik zakte weer achterover. Ik deed mijn ogen dicht, haalde diep adem en bedacht een plan. Ik sloeg het beddengoed terug, hield mijn ogen dicht en werkte me op tot zithouding. Ik zwaaide mijn benen over de rand van het bed en glipte eraf. Ik droeg een lichtblauwe nachtpon en mijn armen zaten in het verband. De vloer golfde onder mijn voeten en twee spookachtige figuren in verpleegsterskostuum tilden me op, trokken mijn benen recht, legden me plat neer als een vis en stopten me weer in.

'De specialist heeft toestemming gegeven,' zei een van hen. Toen voegde ze eraan toe: 'Ze gaan je in het St. Thomas onderzoeken.'

Nou, deze keer is je poging jammerlijk mislukt. Nu kom je bij de idioten terecht.

Ik schudde mijn hoofd eens flink.

'Wat?' vroeg de verpleegster.

'Niets,' antwoordde ik.

Ze nam mijn bloeddruk op, stak een thermometer onder mijn tong en de specialist verscheen als God omgeven door zijn apostelen in witte jassen. Hij trok het gordijn om het bed dicht en pakte mijn hand. Hij had mooie tanden. Terwijl hij praatte, dwaalde mijn blik van zijn gezicht af en bleef rusten op zijn hand die de mijne vasthield.

Ik was bewusteloos in de goot aangetroffen terwijl het bloed uit mijn armen gutste, en een aardige persoon had de ambulance gebeld. Ze hadden mijn maag leeggepompt, mijn wonden gehecht en verbonden. Het was maar net goed gegaan. Ik was buiten levensgevaar en zou, zei God met zijn mooie tanden, ter beoordeling naar het St. Thomas worden overgebracht. De apostelen knikten wijs.

'Maar ik ben in orde, echt waar,' zei ik. 'Ik probeerde geen zelfmoord te plegen, ik was alleen maar in de war.'

'We willen niet dat het nog eens gebeurt, toch?' zei hij, en voor ik iets te berde kon brengen vervolgde hij: 'Dokter Barne zal later op de dag met je praten.'

De specialist stond op en trok het gordijn weer weg, alsof hij een schilderij onthulde. De zwerm witte jassen schuifelde weg en ik luisterde naar het geruis van hun schoenen terwijl ze de zaal uit liepen. Ik hoorde een klok tikken, iemand kuchend hoesten, een schaar op een schaal kletteren. Om me heen en in me mompelden stemmen. Ik werd in de gaten gehouden, daar was ik zeker van. Ik zocht de zaal af op camera's tot mijn ogen zwaar werden en dichtvielen. Ik was zo uitgeput als Pheidippides nadat hij naar Athene was gerend.

De tijd verstreek, viel als laagjes dode huid af, tot de verpleegsters kwamen en me uit bed haalden. De lichtblauwe nachtpon werd van me afgestroopt en ze trokken me de bebloede kleren aan die ik aanhad toen ze me met spoed naar de Royal Infirmary hadden gebracht.

Ik werd in een ambulance weggebracht onder begeleiding van een vrouw die aantekeningen in een dossier zat te lezen en geen woord met me wisselde; duidelijk een spion van het ministerie. Ik staarde naar de herbouwde straten van Huddersfield alsof ik in een lijkwagen lag en dit mijn laatste reis was. Toen we bij het ziekenhuis kwamen, zuchtte ik van opluchting. Ik zag het ruimteschip voor me opdoemen en kreeg het gevoel dat ik was uitverkoren. Ik was een van de gelukkigen. Het was allemaal een test geweest en die had ik doorstaan. Ik zou naar een betere plaats worden gebracht.

Joepie, schreeuwde Billy.

Zijn teleurstelling viel niet te beschrijven. We waren weer in het St. Thomas, bij de gekken. Niet de poliklinische patiënten. De interne patiënten. Ik kreeg het bed vlak naast de verpleegstersbalie toegewezen, zodat ik voortdurend in de gaten kon worden gehouden. Dat heet speciale observatie, en als je onder speciale observatie staat, pakken ze je schoenveters en je broekriem af.

Door het bloedverlies en de gin was ik mijn energie kwijtgeraakt. Ik doezelde tot iemand me uit mijn dromen haalde en me, alsof ik in Stalag 13 was, de gang door commandeerde naar de martelkamer die eetzaal werd genoemd. Ik kwam klem te zitten tussen twee echt gestoorden; de zuster zat achter ons te kijken terwijl er op metalen borden porties grauw, stinkend eten werden opgediend. Ik dacht dat dit waarschijnlijk een test was: ze wilden zien of ik echt gek was en zo gewillig dat ik het naar binnen schrokte. Sommige gestoorden aten het spul echt op, maar de meeste besmeurden zichzelf ermee.

De stemmen zeiden dat ik moest maken dat ik wegkwam, wat ik deed, maar ik werd algauw gepakt door drie verpleegsters, die me op de gang tegen de vloer werkten.

'Ik zal de dienstdoende psychiater oppiepen,' zei een van hen. Ze mompelde nog iets, wat ik niet verstond omdat de dikke boven op me zat.

Ik gaf het niet op. Zo loop je een marathon niet uit. Ik bleef schoppen en slaan. Een stoot testosteron van Kato en diens kracht namen bezit van mijn magere postuur.

'Klootzakken, ga van me af. Rot op, dikke teef. Teringlijers, ik sla jullie op je gezicht.'

Kato was prikkelbaar, gewelddadig en lastig, maar hij had ook een zachte kant. Hij was en is beschermend tegen de kinderen; hij zorgt ervoor dat Billy altijd zijn pistool in mijn rugzak heeft zitten, hij troost Samuel wanneer die moet huilen. Kato snijdt me en beschermt me. Is dat tegenstrijdig? Ja, dat denk ik wel. Maar zo is het nu eenmaal.

Een mannelijke zaalhulp schoot te hulp en ze sleepten de schreeuwende en schoppende Kato naar wat ze de isoleer noemen, een kleine vierkante ruimte die stonk als een wc en waarin op de kale vloer een witte vinyl matras lag. Er was een enkel raam dat bedekt was met plaatgaas. Aan het plafond, te hoog om erbij te kunnen, hing een spiegel, zo schuin dat iemand die van buitenaf door het plaatgazen raam in de deur keek de hele ruimte goed kon overzien.

Nog een paar zwaargewichten wierpen zich in de strijd. Het gevecht was verloren. Kato verdween. Voor ik op adem kon komen, werd ik tegen de grond gedrukt; iemand pakte de rits van mijn broek vast, mijn broek en slipje werden omlaag getrokken en ik kreeg een prik in mijn bil.

Wisten ze dan niet dat ik zestien jaar lang seksueel misbruikt was en dat op deze manier half uitgekleed worden niet zo'n goed idee was, niet voor iemand in de mentale toestand waarin ik verkeerde, niet in mijn geval?

Zo werkt dat nu eenmaal niet. Je bent slechts een idioot.

De dikke grijnsde. Toen de naald erin ging, zei ze: 'Recht in de roos,' en ik dacht: stomme trut, en wist dat ze dat al heel vaak had gezegd, dat ze omdat ze dik was zo nodig grappig moest doen.

'Verhoog de dosis met tien milligram,' zei de vrouw die me de injectie had gegeven.

'Bij elke injectie?' vroeg de zaalhulp.

'Vier keer per dag,' antwoordde de vrouw. 'Opdracht van de dokter.'

De verpleegsters pakten me alles af. Sieraden, schoenen, de inhoud van mijn zakken. Toen ze de deur dichtdeden en me alleen lieten op de witte matras, voelde ik een moment van triomf. Het maakte niet uit hoe dringend of hoe luid de stemmen me aanmoedigden me van kant te maken; ik zou het niet kunnen doen, niet in die cel. Ik voelde me ook trots dat ik niet gezwicht was voor het gif in de eetzaal en vond het niet bepaald verrassend dat de halvegaren die het spul hadden gegeten in een inrichting zaten.

Een van de voordelen van het antipsychotische middel dat ze me hadden ingespoten was dat ik me nauwelijks bewust was van mijn omgeving. In die lege ruimte voelde ik me alsof ik de raadselachtige Rubiks kubus was binnengestapt. Ik krulde me op de dunne matras in foetushouding op en sliep terwijl de tijd deed wat hij moest doen en verstreek.

Ik werd weer gewekt. Ze brachten me door de gang naar een andere kamer, waar ik, naar ik aannam, gemarteld zou worden. Ik beschikte over informatie. Dat wisten ze. Ze hielden me in isolatie voor het geval ik een uitbraak uit de gevangenis zou organiseren. Ze probeerden me te vermurwen met een koekje en thee die naar vissoep smaakte. Ik ging zitten op een plastic stoel en krabde mezelf als een hond met vlooien. De verpleegster legde uit dat de jeuk werd veroorzaakt door gevoeligheid voor licht, een bijwerking van Chloropromazine, het medicijn dat ze me hadden toegediend.

Ze vertelde de dokter over de jeuk en ik kreeg voortaan Haloperidol. Dat is een sterk antipsychotisch kalmeringsmiddel dat de receptoren blokkeert in de toevoerkanalen van dopamine, de raadselachtige wegen die bij schizofrenie verduisterd raken en die, om het leven voor psychotici interessanter te maken, lichaamsfuncties en bewegingen zoals praten, lopen en een kopje naar je mond brengen reguleren.

Ik stelde mijn achterste zonder verweer bloot aan de volgende prik. De Haloperidol begon te werken, mijn lichaam werd gevoelloos en ik zakte op de matras in elkaar. Ik sliep de slaap van de marmeren ridders in de St. Mildredkerk en werd weer als uit een middeleeuwse vloek gewekt voor een nieuw shot. 'Om de zes uur,' hoorde ik iemand zeggen, hoewel het ook om de paar dagen of jaren had kunnen zijn. De tijd was opgehouden zijn curve te volgen en draaide in cirkels rond als de spiraal boven het bed.

Op wakkere momenten merkte ik dat mijn keel droog was en mijn lippen begonnen te barsten. Mijn ogen waren dichtgelijmd. Ik sluimerde verder. De schone slaapster met korstige ogen, gebarsten lippen en jeukende huid. Ik had net zo goed in een dwangbuis kunnen zitten, want wanneer ik wakker was, was ik niet in staat me te bewegen.

Zelfs als ik me niet kon bewegen en sliep, werd ik zonder het te weten als een gevaar voor mezelf beschouwd. Tot de verloren dagen voorbij waren dat er permanent een personeelslid voor de deur zat, met per uur wisselende diensten, wiens enige verantwoordelijkheid het was naar mijn door de spiegel boven de matras gereflecteerde, machteloze gedaante te staren.

Er kwam een einde aan. De sprookjesprins moet mijn gebarsten lippen hebben gekust; ik werd naar een kamer gebracht en in een stoel tegenover de behaarde dokter Eric Barne gezet.

Hij zat achter een lange tafel met enkele gezichtsloze functionarissen, zes in getal; naar ik me kan herinneren vrouwen met parelkettinkjes, mannen met das. Ze praatten met elkaar, en ik had willen zeggen: 'Ik hoop dat ik niets of niemand tot last ben,' maar mijn lippen zaten op elkaar gelijmd. Ik voelde me verloren, leeg en slap en vroeg me af of Colin Ince in het complot zat. Ik begreep het nu. Ik begreep alles. Die mensen hadden er belang bij dat de gezondheidszorg gewoon op dezelfde manier bleef werken. Ze wilden niet dat ik mijn proefschrift schreef en alles veranderde.

Ze bleven zo'n tien minuten praten; dat leek een eeuwigheid. Nadat ik zo lang comateus was geweest, ontwaakten de stemmen in mijn hoofd op volle kracht uit hun siësta en kwamen plotseling uit alle richtingen op me af, zodat mijn geest werd omgehusseld als een gemengde salade.

Uiteindelijk begon dokter Barne te praten.

'Weet je nog wie ik ben?' vroeg hij.

Ik knikte.

'Weet je welke dag het is?'

Ik schudde mijn hoofd.

'Weet je welke maand het is?'

'Water,' mompelde ik.

'Wat zeg je?'

'Water.'

'Ze wil water,' zei een van de kwallerige vrouwen.

'Ach, ja, natuurlijk.'

Ze regelden een glas water, waarvan ik een paar slokjes nam.

'Het is 1992,' zei ik.

'Wat zeg je?'

'Als dat de volgende vraag is, het is 1992. Ik ben drieëntwintig. Ik ben bezig met mijn promotieonderzoek. Ik heet Alice McJamieson.'

'O, ja.'

'Alice Jamieson,' verbeterde ik mezelf.

'Laat me je nog een vraag stellen,' vervolgde dokter Barne. 'Hoor je stemmen?'

'Ja.'

'Wat zeggen die tegen jou?'

'Ik zou niet weten waar ik moest beginnen dat te vertellen,' antwoordde ik.

'Je moet erg moe zijn,' zei hij. 'Ik denk dat het tijd wordt dat je uit de isoleer komt, maar ik wil je graag nog een tijdje onder speciale observatie houden.'

De rest van het zootje knikte, en ik herinnerde me de geneeskundestudenten, die dat ook hadden gedaan. Als ik eenmaal de baas was, zou ik een einde maken aan al dat jaknikken en zou ik die parelkettinkjes en tweedjasjes de laan uit sturen en er een stokje voor steken dat mannelijke zaalhulpen je broek naar beneden trokken.

Op de grote slaapzaal werd ik in het bed gestopt dat vlak bij de verpleegstersbalie stond. Een verpleegster vroeg of ze iemand van de familie kon bellen om me schone kleren te brengen. Na vijf dagen zonder me te verkleden moet ik wel hebben gestonken. Ik gaf haar Rebecca's privénummer en deed mijn ogen dicht.

Mijn nieuwe bed was heel wat comfortabeler dan de matras in de isoleercel. Ik was blij dat er verbetering kwam in mijn leven. Ik was al vergeten wat leven eigenlijk inhoudt: we werken hard en studeren hard, we rennen om de bus te halen en we eten pizza, we hebben vrienden en lezen boeken. Dat het een strijd is. Zo is het leven.

Ik had 's middags geen honger. Ik kreeg weer een injectie en toen was ik opnieuw in niemandsland. Later op de avond kwam Rebecca, en ik was dolblij dat ik een vriendelijk gezicht zag, iemand uit het echte leven. We kletsten over van alles en nog wat en ze beloofde bij Kath langs te gaan om schone kleren voor me te halen.

Toen ze wegging, hoorde ik haar tegen een van de verpleegsters zeggen: 'Zo is Alice normaal niet. Kijk eens naar haar ogen. Ze zit zo onder de medicijnen dat ze in trance is.'

'Op dit moment moet ze gesedeerd worden,' vertelde de verpleegster haar. 'Ze is paranoïde en vertoont tekenen van psychose.'

Rebecca bleef even staan. Ze keek achterom en zwaaide zwakjes naar me. Ik zwaaide terug, maar ik dacht: Psychose. *Psycho-se*. Het woord riep beelden op van Norman Bates bij die heftige aanval met dat mes in de douchescène in *Psycho*. Dat was ik niet. Ik was geen psychopaat. Kato is geen psychopaat.

De klok sloeg tien en het was weer tijd voor mijn medicijnen. De dikke verpleegster was druk bezig pillen te sorteren.

'Van dokter Barne hoef je voorlopig geen injecties meer,' vertelde ze me. 'Je moet dit voor mijn ogen opdrinken, zodat ik er zeker van ben dat je het doorslikt.'

Het was groen als schimmel.

'Wat is het?' wilde ik weten.

'Het is hetzelfde spul als je eerder hebt gehad, maar dan in vloeibare vorm,' antwoordde ze; haar stem sloeg over toen ze eraan toevoegde: 'Ik kan me voorstellen dat het prettiger is dan al die prikken.'

Het groene spul zag eruit als vloeibaar gemaakte restjes uit de eetzaal. Ik werkte het naar binnen, kroop tussen de lakens en bedacht dat het soort mensen dat in psychiatrische ziekenhuizen werkt niet het soort mensen is dat er zou moeten werken. Dat moest ik onthouden. Opschrijven. Een stuk schrijven op mijn Toshiba. Ik miste Muis.

Er verscheen een andere zuster, die een stoel bijtrok, waarop zij of iemand anders de hele nacht zou blijven zitten. Ik stond nog onder speciale observatie.

Het lastige van ziekenhuizen is dat je geen rust krijgt. Ik droomde over in de rotsen uitgehakte beeldhouwwerken of zoiets toen ik werd gewekt door een verpleegster die me een borrelglaasje met mijn medicijn voorhield. Het moest ochtend zijn.

Ik slikte het door en vroeg of ik onder de douche mocht.

Daar moest ze over nadenken. Het was alsof ik had gevraagd of ik vijf pond kon lenen.

'Ik moet dan bij je blijven in de doucheruimte... maar niet onder de douche,' zei ze.

Hahaha.

En daar gingen we. Ik waste de plakkerige korsten van mijn ogen en trok de schone kleren aan die Rebecca onderweg naar haar werk had langsgebracht.

Ze gaven me nog steeds medicijnen. Ik wilde ze niet innemen, maar ik wist dat ze me, als ik het niet deed, weer tegen de grond zouden werken en een naald in mijn bil steken. Je wint het nooit. Ik werd door een verpleegster gevolgd naar de eetzaal, waar ik wat cornflakes at uit een nieuw pak waar nog niet mee gerotzooid was. Het leek wel een theepartijtje van een chimpansee. Terwijl ik naar de gekken keek die probeerden hun eten naar binnen te werken, bedacht ik dat ik, als ik niet oppaste, net zo zou worden als zij: gehospitaliseerd.

Van de eetzaal reisden we dieper de geneugten van het gekkenhuis in. Het was mijn eerste bezoek aan het dagverblijf. Er waren ongeveer twintig patiënten op de zaal, een ratjetoe van mannen en vrouwen. Ik besefte plotseling tot mijn afgrijzen dat ik nu bij de patiënten hoorde.

Er waren enkele mensen van mijn leeftijd; de meesten waren ouder. Een man liep de hele ochtend rondjes; anderen zaten met een been heen en weer te wiebelen, een beweging die ik als de mijne herkende. In de wereld van mijn psychose had ik, totdat het tot mijn hersenen doordrong, er geen benul van dat de anderen, net als ik, onder de medicijnen zaten. Het rondjes lopen en de innerlijke rusteloosheid staan bekend als akathisie, een normaal bijverschijnsel van antipsychotica.

De routine werd nooit eens onderbroken. Tussen acht en negen uur ontbijten. Om twaalf uur lunchen. Theetijd om vijf uur. Tussen de maaltijden en de bezoekuren, van vier tot acht, waren er groepsactiviteiten. Ik bleef bij de andere patiënten uit de buurt en keek soms toe wanneer twee mensen met akathisie tafeltennisten.

Voor hem moet je uitkijken. Hij kan je doodmaken.

Zelfs terwijl ik onder de invloed van medicijnen was, bleven de stemmen, en zouden ze blijven, misschien wel voor altijd.

Toen ik probeerde te lezen, wilden mijn ogen zich niet scherpstellen.

'Dat is een bijwerking van je medicatie,' zei de verpleegster die op dat moment toezicht op me hield. 'Daardoor zie je wazig. Het is niets ernstigs.'

Niets ernstigs? Als ik niet kon lezen, zou ik beslist gek worden in dit gekkenhuis.

Je wordt gek, gek, gek.

Lezen was mijn enige vorm van verlichting, en nu ik niet kon lezen staarde ik uit het raam en zag het licht veranderen terwijl de wereld doordraaide. Als je van dag tot dag leeft heb je geen enkel tijdsbesef meer. De tijd verglijdt, snel en langzaam, slepend en gehaast vanwege deadlines, maandagen worden gevolgd door dinsdagen, weekenden, vakanties, Kerstmis, de volgende verjaardag, een nieuw jaar. In het gekkenhuis wordt tijd een eeuwigheid zonder variatie, een uitgestrekte lichtblauwe nevelsluier die te zwaar is om vast te houden; dat bedoelen mensen wanneer ze het erover hebben hoe zwaar de tijd kan vallen.

Wanneer je niet meer aan de tijd denkt, denk je niet meer, en niet denken is een soort dood zijn. Als je jong bent, denk je niet na over de dood. Tenzij er, net als voor Kato en Shirley, een ondraaglijk verdriet is dat je geest zodanig kwelt dat de dood de enige oplossing is. Het waren Kato en Shirley die hadden samengespannen om ervoor te zorgen dat ik die pillen nam, de gin opdronk, de fles kapotgooide en mijn onderarmen opensneed. Ik begreep waarom en vergaf hun.

Onder theetijd, waarbij we een cracker kregen en de gebruikelijke dikke brij die naar vis smaakte, ving ik een glimp van mijn spiegelbeeld op in een chromen dienblad. Er waren geen spiegels, geen glas waarmee je je kon snijden – en ik zag nu dat ik er helemaal niet uitzag als mezelf. Ik was ouder en jonger tegelijk, verteerd door zorgen als de kinderen die je in documentaires ziet, die op de velden werken of gebogen staan over met de hand aangedreven naaimachines. Het geluid van mijn eigen stem kwam boven de inwendige stemmen uit en ik besefte dat ik tegen mezelf praatte.

Avondeten, zonsondergang, licht uit. Tussen de dode slaap onder invloed van medicijnen duren de lange uren nog langer. 's Nachts zijn er stilte en het geschreeuw van patiënten die tegen de grond gewerkt en gedrogeerd worden. Hun kreten zijn doordringend en helder als vallende sterren; de stilte daalt neer als een dik, verstommend sneeuwdek, een donker omhulsel waaronder je nare dromen hebt en bang en hulpeloos wakker wordt.

Nu ik niet langer geïsoleerd was en op de grote zaal lag, kreeg ik meer privileges. Ik nam via de buitenlijn contact op met Roberta Stoppa en verontschuldigde me dat ik niet op onze laatste sessie was verschenen. Ze zei dat ze zich zorgen om me had gemaakt en beweerde dat ze niet wist dat ik in het ziekenhuis lag.

Het aantal privileges werd een paar dagen later nog vergroot toen ik uit de speciale observatie werd ontheven. Ik mocht nu zonder geleide douchen en naar de wc gaan, hoewel er elk kwartier nog iemand kwam controleren.

Ze stopten me nog steeds vol met antipsychotica. Ik sliep heel veel. Mijn haar werd langer. Mijn loopschoenen moesten nodig schoongemaakt worden. Tijdens bewuste momenten in het dagverblijf luisterde ik naar het innerlijke geklets en zag ik mijn geest als een schijnwerper in een gevangenenkamp diverse scènes uit mijn leven belichten: het kleine meisje met spinnen op haar buik, met haar vaders piemel in haar anus, het meisje met de weerschijn van de roze rotsen van Petra op haar wangen, het meisje in toga met baret dat cum laude afstudeerde.

Het was belangrijk uit te zoeken wie ik was, zodat ik niet iemand anders werd. De andere patiënten waren altijd aan het snuiven en kwijlen, hoesten, spugen, beven, trillen, in kringetjes rondlopen. Als iemand een ander achternazat, werd het dagverblijf een absurdistisch theater met al die gestoorden, die buitensporig routinematig zaten te staren, op de vloer stampten, in hun broek piesten, lachten, schreeuwden, zichzelf met een tafeltennisbatje op de kop sloegen. Als je bij je verstand bent, of dat denkt te zijn, kijk je daar vreemd van op. Ik wilde geen slechte gewoontes van de andere patiënten overnemen en bleef bij ze uit de buurt.

Ik stelde mezelf voortdurend dezelfde vragen. Moest ik naar

elke stem luisteren? Elke impuls volgen? Moest ik mijn gedachten ten uitvoer brengen? Medicijnen en deze omgeving helpen niet erg wanneer je bij je verstand probeert te blijven. Als iemand die zomer van 1992 had gezegd: hier heb je vierhonderd pond, ga een maand naar Israël, dan weet ik zeker dat ik prima in orde was geweest. Terwijl ik uit het raam staarde, sterkte het me in de gedachte dat er een complot was om me ervan te weerhouden me met de National Health Service te bemoeien.

Verschillende psychiaters zagen me op verschillende dagen op hun ronde door de zaal; allemaal schroefden ze, alsof ze het gerepeteerd hadden, of getest werden voor een nieuwe rol, de dop van hun vulpen om analytische aantekeningen aan mijn dossier toe te voegen. Een slanke vrouw met lange, sensuele benen en goed zittende kleren met een Frans accent zei op een dag tegen me: 'Freud zegt dat we allemaal onder de oppervlakte iemand anders zijn, en dat de echte persoon onder de oppervlakte andere gevoelens heeft.'

Ze schudde haar prachtige haar en glimlachte.

'Wat?' vroeg ik, maar ze was al weg, met haar lange benen op stilettohakken die zich als schaarpunten een weg sneden door de zaal.

De zes volgende weken rebelleerde Kato, wanneer hij 'eruit' was, tegen het systeem. Hij vocht met de dikke verpleegster en ik voelde me als een pion heen en weer geschoven in andermans strijd. Na die gevechten belandden we steevast in de isoleercel omdat ik als 'een gevaar voor mezelf' werd beschouwd, en werd mijn medicatie opnieuw gewijzigd.

Uiteindelijk kwamen de psychiaters met hun diagnose.

Ik zat aan de lange tafel tegenover dokter Barne, met zijn maten aan weerszijden van hem.

Er heerste een lange stilte, zwanger van mogelijkheden.

Ik was, zo verkondigde hij ten slotte, psychotisch, en leed aan auditieve hallucinaties.

Ik liet mijn schouders hangen en kromde mijn tenen. Ik had

de pest aan het woord 'psychotisch', en 'hallucinaties' betekende dat ik stemmen hoorde die niet bestonden. Dat was allemaal best, maar als de stemmen niet bestonden, hoe kwam het dan dat ze de hele tijd aan het kletsen waren? Zelfs toen, op dat moment.

Dokter Barne verfijnde zijn diagnose tijdens onze volgende sessie. Hij leek erg zelfingenomen toen hij me vertelde dat ik aan paranoïde schizofrenie leed, of, anders gezegd, 'schizofrenie met uitgesproken paranoïde ideatie'. Ik had, zo concludeerde hij, last van niet-bestaande stemmen en een verwrongen manier om ideeën en beelden te vormen.

Er verscheen een glimlach in zijn donkere baard. 'Het mooie is, Alice, dat de symptomen bestreden kunnen worden met medicijnen.'

Nou, dat was een hele opluchting. Onjuist, maar toch een opluchting.

Ik had al drie verschillende antipsychotische middelen uitgeprobeerd, die niet erg effectief waren geweest. Nu schreef hij Clopixol voor.

Het nieuwe medicijn bracht de stemmen tot rust en verminderde mijn paranoia. Dokter Barne was 'ontzettend blij' dat ik zo vooruitging en ik begon meer om te gaan met de andere patiënten.

Op een dag raakte ik aan de praat met een meisje dat Sophie heette, dat even oud was als ik. Net als ik was ze in het St. Thomas terechtgekomen omdat ze als een gevaar voor zichzelf werd beschouwd en twee keer had geprobeerd zelfmoord te plegen. Ze was ook bij diverse gelegenheden naar de isoleercel verbannen. Ik dacht dat ze net als ik stemmen hoorde, maar ze vertrouwde me toe dat ze als kind door haar vader was misbruikt en dat ze twee kinderen van hem had gekregen.

Sophie kon nooit vergeten wat er met haar was gebeurd. Er waren twee kinderen die haar er dagelijks aan herinnerden. Haar verdriet was zo groot dat ze op de dagen dat ze haar haastig naar de isoleercel brachten, een indringend geschreeuw liet ontsnappen dat uit de diepten van haar gewonde ziel kwam. Die kreet bracht je alle nachtmerries en verschrikkingen van de eeuwigheid voor de geest.

Ik herinnerde me een fragment van Shakespeare uit de vierde klas van de middelbare school:

Geef verdriet woorden. [Want] verdriet dat niet spreekt
fluistert tot het overladen hart
en nodigt het uit te breken.

Ik lag daar in de donkere nacht, kon niet meer slapen, dacht eraan dat ik ook was misbruikt en dat er in mij een gapende wond vol verdriet, rouw en pijn zat. Er zou een tijd komen dat ik, net als Sophie, die schreeuw in mezelf zou vinden en eruit zou gooien.

Hoofdstuk 16

Regressie

Nu ze meenden te weten wat er met me aan de hand was, kwam er een einde aan de acht weken durende ontluistering in het St. Thomas en werd ik bij een ijzige kou die dwars door mijn windjack heen sneed weer de wereld in gestuurd met een rugzak vol medicijnen en een afspraak met een psychiatrisch verpleegkundige.

Dat was een meid met blozende wangen uit Yorkshire die Lynne Tucker heette en ik zou haar, net als mama haar kapper, wekelijks bezoeken om een praatje te maken. Lynne was een zwaargebouwde vrouw die alleen maar over zichzelf praatte, alsof ze op die manier de patiënten duidelijk wilde maken dat ze dan misschien wel gestoord waren, maar dat ze tenminste geen last hadden van een slechte rug, zoals zij, of amandelontsteking, zoals haar dochter, enzovoort.

'En hoe voel je je vandaag, liefje?'

'IJskoud,' antwoordde ik.

'Dat komt door het weer.'

Hahaha.

De zomer was voorbij. Verdwenen. Ik had er niets van gemerkt. Vanuit het raam in het St. Thomas zag je nooit de zon, alleen een bleek, waterig waas, net zo vaal als mijn verschoten spijkerbroek.

Ik was verrast dat mijn onderzoeksvoorstel door het College

van Bestuur was aangenomen. Ik had het eerste jaar in Huddersfield gehaald en zat weer in de opwaartse spiraal naar de promotiehemel. Op beheerste, typisch Engelse wijze hadden Gerald Brennan, Brian en Colin Ince met geen woord gerept over mijn afwezigheid aan het eind van het zomersemester. Ik realiseerde me dat gek zijn en promoveren niet onverenigbaar waren.

Ik ging weer naar Roberta Stoppa. Zij had al spelletjes als Ker-Plunk geïntroduceerd om Billy uit zijn tent te lokken, en wanneer hij nu tevoorschijn kwam, moedigde ze hem aan over zijn dromen en geheimen te praten. Als onderdeel van haar opleiding hypnotherapie bij de National Council for Hypnotherapy (NCH) had Roberta een door Penny Parks, de auteur van *Rescuing the Inner Child*, ontwikkelde procedure geleerd.

Het is niet genoeg om je nachtmerries te beschrijven, legde ze uit. Alleen door de nachtmerries opnieuw te beleven kon ik het pad naar genezing blijven volgen.

Met behulp van zorgvuldig opgestelde vragen en geheugensteuntjes, maar zonder hypnose toe te passen, slaagde Roberta erin me terug te brengen naar mijn kindertijd. De kinderen hadden allemaal andere herinneringen, die over diverse hokjes waren verdeeld om mij, Alice, tegen die herinneringen te beschermen. Nu de herinneringen naar boven mochten komen, leed het kind dat zich die herinnerde onder de kwelling en de angst van het herbeleven van de herinneringen aan misbruik. Wanneer diezelfde herinneringen langzaam tot mijn bewustzijn doordrongen, onderging ik dezelfde marteling. Ik ging als een volkomen normale jonge vrouw, nou ja, iets wat daarop lijkt, naar therapie, werd een jongetje van vijf, of een tweejarig meisje, en kwam er trillend als een wrak vandaan.

Na die sessies was ik volkomen uitgeput en liep ik snikkend terug naar het station. Ik stond dan een eindje van de rand van perron twee te kijken naar de steeds groter wordende trein die over de zilveren rails kwam aanstormen. Dan balde ik mijn vuisten en stuurde boodschappen naar mijn voetzolen. Blijf staan, wacht tot de trein stilstaat; blijf staan, wacht tot de trein stilstaat.

Ik probeerde normaal te zijn. Ik probeerde niet te drinken, mezelf niet te verwonden, geen overdosis te nemen. Maar de verleiding was te groot, die zat in me. Wanneer een koorddanser boven de afgrond schuifelt, draagt hij een stok die hij evenwijdig aan de grond houdt om zijn evenwicht te bewaren. Clopixol was mijn stok. Maar ik balanceerde nog steeds op een koord, zwevend boven de afgrond. Af en toe viel ik. Ik raakte tijd kwijt. Miste afspraken. Dronk. Viel. Sliep buiten.

Op een ochtend zette Rebecca me in Leeds af voor een afspraak met Roberta. Ik zwaaide toen de auto keerde; ik had geen idee waar ik was. Ik pakte mijn pistool.

Pang, pang.

Je bent dood.

Er is een marmeren tempel, een roodstenen gebouw, met drie trappen. Het moet haast wel woensdag zijn.

Ik dacht dat het gisteren woensdag was.

Waar ben ik?

Spring, Alice, spring. Je weet dat je dat wilt.

'Rot op. Gewoon oprotten.'

De tijd liep uit de hand.

Ik stond weer op perron twee te kijken naar de trein die over het spoor aan kwam denderen, ervoor Billy's angst om Kato's manie ruim baan te geven, zijn woede verwrong mijn gezichtsuitdrukking. Ik ga verdomme straks iemand in elkaar slaan.

Spring, Alice, spring. Je weet dat je dat wilt.

De professor leek op een oude grammofoon die was blijven steken. Hij bleef maar herhalen: *Maak jezelf van kant, maak jezelf van kant*, met een brommende stem die als een drilboor gaten maakte in het beschermende schild van mijn antipsychotica.

Die nacht lag ik in bed in Kathy's huis, met de geheime doorgang kunstig verborgen, terwijl Valium me in slaap hielp. Toen ik begon weg te doezelen besefte ik, meer dan dat ik het me herinnerde, dat ik die dag een therapiesessie bij Roberta had gehad, maar omdat de tijd in beslag was genomen door Billy en Kato, had ik geen heldere herinnering aan wat ze hadden gezegd en doorgemaakt. Hun herinneringen waren rauwe open wonden. Terwijl die herinneringen mijn slapende geest binnenglipten, werd ik wakker met een misselijkmakende terugblik van de fysieke verschijning van mijn vader, die mijn slaapkamer binnenkwam, mij mijn kleren uittrok, zijn penis in mijn mond vochtig maakte en me anaal verkrachtte door me om te draaien en zijn vochtig gemaakte erectie in mijn kleinemeisjesachterste te steken.

Ik lag daar wakker, ik, Alice, trillend, zwetend, misselijk, bang. Ik was gaan begrijpen dat seks, net als Bach met zijn Goldbergvariaties, veel thema's, afwijkingen, invalshoeken en uitweidingen kende. Ik kon me niet voorstellen dat ik aan een triootje zou meedoen, maar nu wist ik tenminste wat het was. Billy's herinneringen waren de mistige nachtmerries van een vijfjarige, maar ze kwamen bij me terug als de levendige herinneringen van een drieëntwintigjarige vrouw.

Ik duwde het beddengoed van me af, liep de gang door en gaf over in de wc. Die herinneringen waren een marteling. Het was alsof er zonder verdoving in je tanden werd geboord, een overweldigende, aanhoudende, ondraaglijke pijn. Ik voelde walging bij de aanraking van mijn eigen huid; wanneer ik mijn handen over het toetsenbord van de Toshiba zag bewegen, de lege blik in mijn ogen zag, en de zeldzame keren dat ik mijn spiegelbeeld in de spiegel opving.

Twee vragen bleven door mijn hoofd spoken: Hoeveel langer kan ik deze marteling nog verdragen? Hoelang duurt het voor mijn geest genezen is?

Lynne Tucker wist het niet. Roberta wist het niet. Ik draaide het noodnummer van het National Children's Home. De hulpverleners hadden geen antwoord op mijn vragen, maar ze konden wel goed luisteren. Ik ben een telefoonmens. Je kunt vrijer praten door de koperen draden, je stem is bevrijd van de gevangenis van je lichaam. Je hoeft niet in elkaar te kruipen en je te verstoppen, je tranen weg te vegen, het braaksel van je T-shirt te poetsen.

Ik belde Stephen. Ik vertelde hem dat ik flashbacks had van eerder onderdrukte herinneringen dat ik als kind was misbruikt en moed aan het verzamelen was om het uiteindelijk aan mijn moeder te vertellen. Hij beloofde me te steunen wanneer het zover was. Mijn stiefvader, daar ben ik zeker van, had altijd geweten dat er taboes in de ziel van ons gezin waren. Hij was altijd hartelijk voor me geweest en daarmee hielp hij me meer dan hij besefte.

De wens om mijn moeder te vertellen wat mijn vader met me had gedaan, speelde al zeker tien jaar. Ik wilde dat ze alle walgelijke, onverteerbare details te weten kwam.

'Wie is papa's meisje?'

'Dat ben ik.'

De lange tong die mijn intieme delen likt, in mijn gat wordt gestoken om de kringspier van mijn anus los te maken, zijn lul in mijn mond, om het geval te smeren, die gulzige lul die in mijn vagina wordt geduwd, het warme zaad dat over mijn gezicht spuit, de kussen op mijn lippen. Toen ik in een boek van Anaïs Nin las dat prostituees hun klanten nooit kussen, begreep ik waarom.

Ik wilde dat mijn moeder naar me luisterde. Ik wilde dat ze me geloofde. En ik wilde dat ze de 'bedekte' waarheid instinctief zou herkennen, met het instinct dat een moeder heeft wanneer ze haar baby 's nachts hoort huilen. Ik wilde de lijken uit de kast halen en, meer nog, ik wilde dat moeder begreep dat wat ik onthulde geen aanval was op haar. Ik gaf haar niet de schuld.

In de volgende weken schreef ik in een notitieboekje alles op wat ik me over het misbruik kon herinneren. Op een gure donderdag midden in de winter nam ik de trein naar Birmingham om een lang weekend thuis door te brengen.

Het was laat toen ik aankwam. We gebruikten het avondeten op een dienblad op onze schoot in de zitkamer. Mijn maag was samengeknepen tot een bal en de pees in mijn nek trilde. Ik bracht mijn blad naar de keuken en ging toen weer zitten. Moeder had gemerkt dat er iets in de lucht hing.

'Mama, ik moet je iets vertellen,' zei ik.

Ze schudde onwillekeurig haar hoofd. 'Het is niet nodig zo formeel tegen me te doen, Alice,' antwoordde ze.

'Dat weet ik. Maar ik wil graag dat je naar me luistert zonder me te onderbreken.'

'Doe ik dat dan niet altijd?'

'Laten we gewoon maar luisteren,' zei Stephen.

Ik sloeg mijn notitieboek open. Mijn hart bonkte in mijn oren. Het was in de kamer net zo stil als in een theater wanneer het stuk bijna gaat beginnen. Ik had het gevoel dat mijn moeder het al een tijdje had zien aankomen. Ik vertelde haar alles. Elk ellendig, smerig detail van de mislukking die mijn jeugd was geweest: de spinnen, het kasteel, de man in de Rolls Royce, de gekleurde condooms, die keer dat ik in de Vogelkooi was opgesloten met een blik Spaghetti Hoops, de anorexia, de beker met alcohol die ik elke dag mee naar school had genomen, mijn bezoekjes aan dokter Purvis de kinderpsychiater, de vernederende acht weken die ik zwaar onder de medicijnen, die zelfs mijn gezichtsvermogen hadden belemmerd, in het St. Thomas had doorgebracht.

Ze bleef stil zitten, met vurige blosjes op haar wangen. Ik klapte het boek dicht en begon te huilen. Ik huilde en huilde. Ik weende bittere tranen, en het waren de tranen van baby Alice en Samuel, van Shirley en Kato, die van Billy, van Jimbo en van mijzelf. Ik huilde en mijn moeder kwam naast me op de bank zitten. Ze sloeg haar armen om me heen. Ze gaf me kleine klopjes en ondanks al het gesnik hoorde ik haar zeggen dat ze me geloofde, me geloofde, me geloofde.

Bij de verdere aanklacht tegen mijn vader vermeldde ik niet de verkrachting toen ik eenentwintig was. Ik weet niet waarom. Sommige dingen geef je prijs, maar je houdt ook wat achter. Ik zat op de bank en liet de gelegenheid voorbijgaan. Mijn moeder had haar arm om me heen geslagen. Ze geloofde me. Ik had op dat vluchtige moment ontzettend behoefte aan directe troost. Maar ik zei dat ik mijn vader ermee wilde confronteren en vroeg Stephen met me mee te gaan.

Waarom ik hem er opnieuw mee wilde confronteren? Ik ben obsessief. Ik val in herhaling. Dat kan ik niet helpen. Ik leef in mijn eentje in mijn hoofd. Ik heb weinig vrienden, en raak de vrienden die ik heb weer kwijt. De mensen vinden me raar, en ik neem aan dat dat klopt. Ik wilde dat mijn vader met eigen ogen zag dat het kleine meisje dat op haar gezicht had gelegen terwijl hij de sluitspier van haar anus openwrikte en zijn penis in haar stak nog leefde, nog strijdbaar was, nog haar best deed om normaal te zijn, gelukkig te zijn. Ik had gevangengezeten in het concentratiekamp van mijn kamer met de roze muren, maar net als mijn vriendin Esther had ik het overleefd.

We reden op vrijdagavond naar zijn huis. Ik stond op het bordes en zei wat ik te zeggen had. Ik heb geen idee wat ik precies heb gezegd; ik spuugde het uit als vergif. Mijn vader stond te trillen. Zijn schouders schokten. Hij zag er oud en gek uit zoals hij daar stond en geconfronteerd werd met de gruwel van wie hij was en wat hij had gedaan. Niets, maar dan ook niets kan ooit het onrecht vergelden dat mijn vader me heeft aangedaan, maar het feit dat ik mijn gal kon spuwen gaf me tenminste een ogenblik zelfrespect.

Mijn vader zag Stephen in de auto zitten en bleef in de deuropening staan terwijl hij gedwee alles wat ik uitbraakte over zich heen liet komen. Hij liep niet weg om een mes uit de keuken te halen. Hij bedreigde me niet. Het punt is dat pestkoppen altijd lafaards zijn. Altijd. Ik draaide me om. Ik beende met rechte rug het tuinpad af en deed zachtjes het hek dicht. De kinderen waren beslist trots op me.

Terwijl we naar huis reden, belde mijn vader mijn moeder om zijn onschuld te bepleiten, en mijn moeder vertelde hem dat ze mij geloofde, niet hem.

Nu ik het mijn moeder had verteld en de confrontatie met mijn vader was aangegaan, kon ik veel gemakkelijker met Roberta teruggaan naar mijn jeugd. Ik zette mijn gedachten vaak op papier. Eens schreef ik:

Roberta, er zijn een paar vragen waar ik antwoord op wil hebben:
1. Waarom zijn de kinderen er? (Maar ik denk dat ik het antwoord op die vraag eigenlijk wel weet: misschien omdat ik het gevoel heb dat ik nooit kind ben geweest?)
2. Hoe kan ik ervoor zorgen dat ze weggaan, of dat ze volwassen worden, of wat dan ook?
3. Hoe kan ik dat snel voor elkaar krijgen?

Er zijn meer dingen waarover ik graag gerustgesteld wil worden:
Zeg me alsjeblieft dat je me gelooft.

Voelen andere mensen hetzelfde, of ben ik de enige die stom doet/gek wordt/een of andere vreselijke kant van mezelf niet onder ogen wil zien (bijvoorbeeld dat ik een pathologische leugenaar ben, of zoiets)?

En, ten slotte, mag Billy volgende week met zijn pet op komen en krijgt hij dan verjaardagstaart, ook al is hij nog niet jarig? En mag hij misschien tekenen of verven? Ik weet dat het raar klinkt, maar Billy zou het echt leuk vinden. Ik weet dat je misschien denkt dat het idioot is, maar het is omdat ik verdrietig ben. Ik ben nooit kind geweest en het is niet mijn schuld dat ik nu zo ben. Billy is een lekker knulletje en hij kan het niet helpen dat hij wil spelen. Vind je het bezwaarlijk als hij speelt wanneer hij naar Leeds komt, of krijg je dan genoeg van hem en denk je dat hij niet zijn best doet? (Hij probeert het heus, hij doet echt heel erg zijn best.)

Toen ik op mijn verjaardag de therapiekamer binnenkwam, trof ik er sandwiches, chips en een taart met kaarsjes aan, en cadeautjes, waaronder een stel boerderijdieren en een Legovrachtwagen.

Billy floepte tevoorschijn. Hij was gefascineerd door Lego. Af en toe, wanneer ik in Rebecca's huisje was begonnen te werken aan mijn langzaam vorderende onderzoeksproject, gebeurde het dat ik wakker werd, als uit een droom. Dan voelde ik me in mijn kleren krimpen en merkte dat ik in kleermakerszit op de vloer bezig was een auto of een kasteel in elkaar te zetten van mijn groeiende verzameling Lego – gekocht of gestolen. Waar het allemaal vandaan kwam en hoe het kon dat het steeds meer werd, wist ik niet precies.

Ik bracht nog steeds veel tijd in het huisje door, liep in die koude winterdagen op bergschoenen over de heide en hield sneeuwbalgevechten met Rebecca en Zoë. Het was alweer Kerstmis geweest. Het was 10 januari en ik was weer een jaar ouder; drieëntwintig had jong geleken, vierentwintig klonk oud, en de wereld leek met me mee te groeien.

Wat het verjaarspartijtje voor Billy betreft; Roberta vertelde me later dat Billy en zij een beetje gekibbeld hadden. Ze had laten merken dat als Billy vijf was geweest, hij nu zes moest zijn. Maar dat was hij niet. Billy had gelijk. Billy zal altijd vijf zijn, net als Kato altijd de puistige puber van zestien zal blijven, en Jimbo een stoere kleine tienjarige. Ik weet niet hoe ik dat allemaal wist, ik wist het gewoon, net zoals ik wist dat Billy Billy heette, en Shirley, vreemd genoeg, Shirley.

Natuurlijk was Samuel op de dag dat Billy weer vijf was nog steeds zes. Nadat ik op het verjaardagsfeestje terug in mijn jeugd was gegaan, bleef ik aan het einde van de sessie kind. Toen ik de deur achter me dichtdeed, kreeg ik het benauwd en stond ik ineens verlamd. Ik voelde me ondraaglijk verdrietig. Ik gleed op mijn knieën, rolde me als een balletje op en huilde.

Ik huilde tot Roberta me vond, boven aan de trap, aan de spijlen vastgeklampt. Gelukkig had ze Samuel al eens eerder ontmoet en wist ze hoe ze hem moest troosten met de sjofele roze beer.

Ze zegde haar volgende afspraken af en besteedde de middag aan Samuel door in de absoluut vreselijkste aspecten van het misbruik te wroeten: die keren dat mijn vader me meenam naar het kasteel en zijn trouwhartige kleine zesjarige meisje met pedofielen deelde op de heksenbijeenkomst van duivelaanbidders. De herinneringen werden in mijn onderbewuste als een puzzel met tienduizend stukjes langzaam maar zeker van fragmenten in Samuels hoofd omgevormd tot een steeds duidelijker plaatje.

Aan het einde van de dag was ik weer in Alice gemetamorfoseerd en bracht Roberta me naar de EHBO, waar ik een consult had bij een psychiater – vreemd dat er een psychiater is voor eerste hulp bij ongelukken, maar daar zat ik dan. Aan wat er besproken is, hoe ik aan de klauwen van de psychiatrische gevestigde orde ben ontsnapt, of hoe ik uiteindelijk thuis ben gekomen, heb ik geen enkele herinnering.

Waar ik die dag achter kwam, was dat er tussen de kinderen meer contact was dan ik aanvankelijk had gedacht. Ik wist dat Shirley en Kato met elkaar communiceerden. Nu leek het duidelijk dat ze allemaal door dezelfde telepathische stroom werden gevoed en elkaars gedachten kenden. Soms was ik in het ploegje opgenomen, maar andere keren sprong de zekering, werd de stroom onderbroken en had ik alleen mezelf als gezelschap.

Ik weet nog dat opa zei dat ik me niet door het leven moest laten verbitteren, maar me erdoor moest laten verrijken.

Dat had ik helemaal uit het oog verloren. Eigenlijk zag ik niet in hoe al mijn problemen me zouden kunnen verrijken. Ik had een psychiatrisch etiket opgeplakt gekregen, ik had maanden in een gesticht gezeten en was een groot deel van de tijd psychotisch. Ik was blij dat opa geen getuige van mijn lijdensweg was. In mijn dagboek schreef ik dit:

Ik wil alleen maar slapen en het allemaal vergeten. Het is niet eerlijk. Vandaag is weer zo'n dag waarop ik me het misbruik herinner. De waarheid is te pijnlijk om te verdragen. Het is een geestelijke en emotionele kwelling. Lichamelijk voel ik me opnieuw getraumatiseerd. Help! Help! Ik voel me zo geïsoleerd. Ik heb er behoefte aan te worden aangeraakt (op een veilige manier); om iemands stem te horen; om te weten dat er iemand is. Help! Help! Laat me hier alsjeblieft niet weer mee alleen. O, god, het doet zo'n pijn. En nu herinner ik me dat ik me zoveel jaren geleden zo heb gevoeld. Het komt nu allemaal weer terug...
HELP! HELP!
Ik wil huilen, maar het lijkt alsof ik van steen ben, koud en hard. Ik kan mezelf niet de diepten van mijn gevoelens laten ervaren, dus ik zet mijn emoties maar uit. Maar nu zegt een commentaarstem ergens in mijn geest dat het echt is. Het is gebeurd. Shit, het is echt gebeurd. Dan lijkt de stem nog sterker te worden en herhaalt: 'O god, help me alsjeblieft; laat iemand me helpen!' En weer: 'Help! Help me alsjeblieft!' En weer, nog dringender. Dan valt alles stil. Ik ben verstijfd en voel me weer van steen. Het enige spoor van emotie is het gehuil in mijn hoofd. Het gehuil van een kind. Bittere, trieste tranen. Tranen van wanhoop. Ik wil mijn hand uitsteken en het kind aanraken, maar dat kan ik niet. Ik zit naar het gehuil te luisteren en ik wil ook tranen vergieten. Maar dat kan ik niet. Toch leidt het niet af van het gevoel van wanhoop. Ik heb pijn. Wat gebeurt er toch met me? Ik heb het gevoel dat ik gek word!

Diezelfde maand werd de financiering voor therapie van de NCH voor iedereen die op de lijst stond stopgezet. Samuel was volkomen ontredderd. Hij vertrouwde Roberta. Hij kon niet begrijpen waarom hij haar nooit meer zou zien en bleef urenlang als een balletje opgerold naar de muur liggen staren terwijl hem de tranen over de wangen liepen.

Alice komt tevoorschijn. Ze blijft met betraand gezicht in bed liggen doezelen, drinkt, krabbelt gedichten, tekent, leest. Ze behoort, zoals Blake schreef, 'tot degenen die voor ellende geboren zijn'.

Ik stevende af op mijn tweede zenuwinzinking. Of was het de derde? Ik zal de rekenmachine erbij halen. Mijn dagboeken erop naslaan. Touchline bellen. Die brief naar Patrick O'Hay sturen. Ik leefde niet. Ik bestond ternauwernood. Ik was bezig in mezelf weg te zinken als in een mijnschacht die naar de verborgen diepten van mijn wezen leidde. Naar mijn ziel.

Roberta had ooit gezegd: 'Er is iets kapot en dat moet worden gemaakt,' en wat ik die dag zag, was een visioen van gebroken potten in zondoorstoofde musea.

Andere keren verkeerde ik in wat een *fugue* wordt genoemd, een schemertoestand waarin het gewone leven als zand in een zandloper wegsijpelt, het licht in donker overgaat, het donker in licht; de knuffels nu eens spraakzaam zijn en vrolijk glimlachen, dan weer gemeen zijn en kwaadaardig grijnzen; het gat in de muur tussen mijn kamer en die van Kathy open- en dichtgaat als het oog van een reusachtige vis. De beelden van het misbruik kwamen en gingen als vliegers die door de wind werden meegevoerd. Slapen was er niet meer bij.

Het leven van de mensen gaat door; ze gaan naar hun werk, betalen de rekeningen, sparen, lopen een keelontsteking op, trouwen, krijgen kinderen, scheiden, voelen zich gedeprimeerd, gaan naar hun werk, sparen, vallen in de afgrond. Ik begon net als een van de idioten in het St. Thomas in kringetjes rond te lopen. Ik moet bezig blijven, blijven bewegen, vooruitkomen.

Maak je van kant, Alice, maak je van kant.

De stemmen. Altijd aanwezig. Altijd.

Het huis is stil. Het gat is hermetisch dicht. Kathy en Jim zijn naar hun werk. Lang onder de douche. Mijn medicijnen halen.

Hamsteren. Het is maandag. Ik weet niet precies waarom het belangrijk is, maar als iemand me vraagt welke dag het vandaag is, ben ik in staat antwoord te geven: 'Het is maandag.'

Ik ga op weg naar kantoor. Onder aan de heuvel staat buiten voor een winkel een wandelwagentje waarin een kindje zit te huilen, één lange, trieste, snikkende uithaal...

Ik kon er niet achter komen wat ik daar deed, op het perron van station Manchester Piccadilly.

Had ik een trein genomen?

Mijn kleren leken krap te zitten.

Kato was bezig Clopixol te slikken alsof het Smarties waren. Hij stapte in de volgende trein en sloeg de deur zo hard mogelijk dicht. Een of andere ouwe lul schudt zijn hoofd, en Kato kijkt hem dreigend aan. Hij blijft pillen slikken terwijl de trein slingerend over de bielzen dendert. Hij drukt zijn nagels in zijn handpalm. Hij voelt zich zweterig en angstig. Hij wil iets doen, maar hij weet niet precies wat.

Birmingham New Street. De deur van de wagon dichtknallen. Over straat zwalken, oppervlakkig ademhalend, met zwaar wordende armen en benen, droge keel, wazige ogen.

Gewoon doorgaan.

Ik heb gelezen dat de afstand tot de horizon veertig kilometer bedraagt. Je kunt blijven lopen om aan de einder te komen, maar hij trekt zich terug. Zo is het met het leven. Je bereikt nooit je doel. Dat beweegt zich altijd bij je vandaan. We zijn gedoemd teleurgesteld te raken omdat we er in ons streven naar perfectie voortdurend aan worden herinnerd dat we die nooit zullen bereiken. Het doel ligt, net als de horizon, buiten ons bereik. Als je een marathon loopt, kun je er altijd nog wel een minuut afknabbelen.

Een bus zet Kato aan het einde van de straat af. Hij telt de huisnummers, strompelt het tuinpad op, drukt op de bel en zakt in elkaar wanneer de deur opengaat.

Is hij dood?

Hoe mama het voor elkaar heeft gekregen Kato in de auto te krijgen, zal niemand ooit weten. Maar het is haar gelukt. Ze bracht hem naar het ziekenhuis en alle pillen die hij had geslikt, werden er weer uit gepompt. Ze stuurden hem naar huis, naar mama.

En hij deed het weer. Nog twee keer in één week tijd.

Kato kan de pijn niet verdragen. Kato leende mijn lichaam toen ik zestien was. Als een meisje dat beter had moeten weten, maar niet wist hoe ze moest voorkomen wat er ging gebeuren omdat het altijd was gebeurd, keek hij, als mij, toe terwijl papa het condoom uitrolde en lag met gespreide benen en kleine borsten klaar voor papa zodat die kon doen wat papa's nu eenmaal doen.

Hoofdstuk 17

Lichamelijke herinneringen

Ze glimlachen altijd wanneer ze de spuit in je steken. Het is alsof de handeling van het prikken direct verbonden is met een spier die een grijns om hun geopende mond tevoorschijn tovert. Ik zat weer in het gekkenhuis. Niet een mooi futuristisch gekkenhuis als het St. Thomas met haardrogers in de badkamer, maar een victoriaans gesticht waar ik zonder met mijn ogen te knipperen naar de vochtplekken in het plafond zat te staren en naar de ratten luisterde die tussen de muren rondrenden. Ze hadden me op een slaapzaal gezet tussen krijsende, snikkende, jammerende en in zichzelf pratende idioten. Zelfs het gebouw kreunde; de oude stenen gemaakt van dode opa's en dinosaurusbotten waren bezig tot stof te vergaan. Ik stond weer onder speciale observatie en een onbeweeglijke verpleegster, die een wassen beeld had kunnen zijn, zat naast mijn bed. Mijn geest was koortsachtig bezig.

Shirley had achter een pijp in de badkamer een stuk glas gevonden en het onder haar matras verstopt. Het wassen beeld zat te knikkebollen. Shirley glipte haar bed uit, haalde de glasscherf onder de matras vandaan en rende de gang door terwijl ze japen maakte in mijn armen en het bloed tegen de muren spoot.

Het wassen beeld kwam tot leven, trommelde een stel maten op en zette met veel geschreeuw de achtervolging in, de door medicijnen versufte gekken wekkend, die begonnen te krijsen en zich bij de klopjacht aansloten. Het rode spul spoot in stralen uit me en maakte van de vloer in de gang een glijbaan van vers nat bloed. Ik werd gepakt, tegen de grond gewerkt, gesedeerd en sliep daarna als een dood vogeltje.

Het was geen goede start. Met mijn armen in het verband en onder de kalmerende middelen kreeg ik van de gestichtspsychiaters te horen dat ik, als ik het weer deed, gedwongen zou worden opgenomen, een dreigement dat alle gekken met schrik vervult. Onder de Wet op de geestelijke gezondheid betekende dat dat ze me konden opsluiten voor gedwongen behandeling zolang ze dat noodzakelijk achtten. Zuster Ratched. Jack Nicholson. *One Flew over the Cuckoo's Nest*. Alle kennis is in films te vinden.

Shirley verdween – typisch voor haar – weer in de schaduw en ik beloofde me aan de regeltjes te houden.

De dienstdoende psychiater besloot de diagnose van dokter Barne naast zich neer te leggen. Ze kon geen tekenen van psychose bij me ontdekken en schrapte de antipsychotica uit mijn dieet. Ik mocht Prozac hebben, en Diazepam en Temazepam – slaappillen.

Dokter Adele Armstrong, de behandelend psychiater, dook enkele dagen later op. Ze was streng en onbuigzaam en had een onbewogen gezicht: een victoriaanse lerares in een victoriaanse instelling. Als je psychische problemen hebt, is dat een ernstige zaak, niet iets waar je grapjes over maakt.

Zij vertelde me dat ze van plan was me een week ter observatie in het ziekenhuis te houden, en dat ik daarna naar een dagopvang in de Naydon-kliniek zou gaan – elke dag.

'Maar dat kan niet, ik moet terug naar Huddersfield.'

'Daar heb je niets te zoeken.'

'Maar ik ben halverwege mijn proefschrift,' verklaarde ik.

'Nu niet meer.'

Ze kunnen zo wreed zijn.

Ik keerde terug naar de moederschoot, een kind met een mammie en oom Stephen die voor haar zorgden. We haalden mijn spullen in Huddersfield op.

'Waar heb je al die Lego vandaan?'

'Geen idee.'

We lieten Kathy en Jim op de stoep achter, de kofferbak van de auto vol met dozen. Ik keek weemoedig achterom naar het huis op de heuvel met zijn geur van Golden Virginia en met Bruce Springsteen vastgelegd in zijn DNA.

Samuel barstte in tranen uit toen we afscheid namen van Roberta Stoppa. Het lukte ons nog vijf minuten over te houden voor Lynne Tucker, Gerald Brennan en Brian. Laat wat van je horen, zeiden ze. We zien je gauw weer. Maar ik was gaan beseffen dat wanneer mensen tegen je zeggen dat ze je gauw weer zullen zien, je weet dat je ze nooit meer zult zien. Vriendschap lijkt op vuur: je moet het onderhouden, anders dooft het uit. We reden over de heide naar de cottage. Toen Rebecca Wallington haar armen om me heen sloeg, voelde ik een steek in mijn borst en spleet mijn hart in tweeën.

Het was zondag. Geen tijd voor thee. Stephen had me over de snelweg hierheen gebracht om aan mijn promotie te gaan werken, en nu nam hij me weer mee terug, de cirkel rond makend zodat ik maandag vroeg op kon staan om een andere cyclus te voltooien.

De dagopvang was in hetzelfde gebouw als de kliniek waar ik als tiener elke week bij dokter Purvis was geweest. Er waren acht jaar voorbijgegaan en mijn geest speelde me nog steeds parten.

Moeder zette me bij de ingang af.

'Veel plezier,' zei ze. 'Doe je best.'

Het was alsof ze me bij school afzette en ik Billy was. Ze noemde de kliniek het Paleis van Plezier, en dat voorzag in wat de psychiaters blijkbaar beschouwden als leuke dingen voor mensen die in de war zijn. Er waren ongeveer vijftien patiënten in diverse stadia van psychisch verval; om onze geest te helpen genezen konden we ons bezighouden met kunstnijverheid, puzzels en Scrabble. Toen ik de tafeltennistafel zag, was dat een bevestiging dat er verborgen camera's waren die deze akathisiespelletjes filmden ter vermaak op psychiatrische conferenties.

Drie keer per week, op maandag, woensdag en vrijdag, had ik een sessie van twee uur bij een therapeut die Jo Lewin heette en die een heel ander soort therapie toepaste dan het mij vertrouwde NCH-systeem dat Roberta Stoppa in Leeds had gebruikt. Jo was een levendige, slanke vrouw met een rond gezicht, sprankelende blauwe ogen en een voorkeur voor zwart, waardoor ze een elegante maar sombere indruk wekte.

Haar methode noemde ze 'de stoel'.

De stoel wordt erbij gehaald wanneer de therapeut denkt dat de patiënt eraantoe is om zijn of haar ongewenste gevoelens openlijk onder ogen te zien. Je begint met ademhalingsoefeningen en wanneer je ontspannen bent, vraagt de therapeut je of je op de stoel wilt gaan zitten. Wanneer je dat doet, word je door voorzichtige vragen van de therapeut aangemoedigd contact te maken met je diepste gevoelens, je pijnlijkste onderdrukte herinneringen. Je moet wat er in het verleden is gebeurd opnieuw beleven om die gevoelens naar boven te krijgen, in de tegenwoordige tijd. Als, of wanneer, dat is gelukt, laat je bij het opstaan je nare gevoelens en slechte herinneringen achter op de stoel, en daarna lijken ze nooit meer zo pijnlijk.

Dat is de methode. Maar het punt is dat ik het niet prettig vond om op de stoel te zitten en op de grond wilde zitten, als een kind. Ik vroeg Jo voortdurend waarom ik niet het tapijt als stoel kon laten fungeren en daarop mijn herinneringen opnieuw beleven. Voor een kind hebben een stoel en een tapijt dezelfde functie.

Ik wilde Jo niet over de kinderen vertellen. Ik hield ze zo lang mogelijk verborgen, maar in een andere huid kruipen was een automatische reactie op dingen die ik niet onder controle had. Het huilende kindje voor de winkel in Huddersfield had

Kato ertoe aangezet de treinreis naar huis te ondernemen. En door de overdoses waren we in het gekkenhuis en de dagopvang terechtgekomen en had ik mijn promotieonderzoek plotseling moeten staken, wat mijn hart had gebroken. Waardoor Samuel tevoorschijn kwam, weet ik niet precies. Het kan de geur in de therapieruimte zijn geweest, de platen aan de muren, de geconcentreerde blik van Jo. Samuel werd overspoeld door een plotselinge herinnering die tot een martelende pijn transformeerde. Hij sloeg met zijn hoofd tegen de tafel en huilde twee uur lang.

Jo besefte dat dit geen normale regressie of impulsief gedrag was. Ze kwam van haar stoel af en ging bij Samuel op de grond zitten en hij liet toe dat ze hem in haar armen nam en troostte.

Roberta Stoppa was met het proces om de kinderen met behulp van NHC naar buiten te lokken begonnen. Jo Lewin leerde eerst Samuel kennen, toen Billy en een paar anderen. Ze wist dat er iets aan de hand was wat niet in het normale patroon paste. Ze hield nog wat meer sessies met me, deed onderzoek en uiteindelijk belde ze dokter Armstrong.

En na dat telefoontje veranderde alles.

Net als met familiefoto's die op de verkeerde plaats zijn opgeborgen, kan het lastig zijn de verstoring in een verwarde geest te ontdekken.

Dankzij het telefoontje van Jo Lewin, en dankzij haar kennis, kon dokter Armstrong mijn klachten diagnosticeren als een meervoudige persoonlijkheidsstoornis (Multiple Personality Disorder of MPD), in de wereld van de psychiatrie gewoonlijk dissociatieve identiteitsstoornis (Dissociative Identity Disorder of DID) genoemd. Uiteindelijk werd me verteld dat ik toch niet gek was. De stemmen in mijn hoofd waren echo's van afgesplitste herinneringen aan seksueel en emotioneel misbruik.

In mijn jeugd was ik bij diverse huisartsen, kinderartsen, een psycholoog en een kinderpsychiater geweest. Ieder van hen had een ander stukje van de puzzel gezien. Bij elkaar vormden de stukjes ondersteunend bewijs voor langdurig misbruik, maar geen van hen beschikte over genoeg puzzelstukjes om tot die conclusie te kunnen komen.

De kinderpsychiater had me gevraagd of ik was misbruikt, maar door mijn 'dissociatie' (een nieuw woord voor mij) besefte ik als vijftienjarige gewoon niet dat ik was misbruikt. En aangezien we in het mooie huis het volmaakte gezinnetje speelden, zou ik het toch al niet hebben toegegeven.

Nadat de diagnose MPD/DID was gesteld, deed ik wat ik altijd had gedaan en ging zelf op onderzoek uit.

De *Diagnostic and Statistic Manual of Mental Disorders (DSM-IV-TR)* van de American Psychiatric Association definieert MPD/DID als een geesteziekte waarbij iemand verschillende identiteiten of persoonlijkheden vertoont, die soms *alters* worden genoemd, die allemaal hun eigen waarnemings- en interactiepatroon met de omgeving hebben. Wanneer ik – Alice – overschakel naar een van die andere persoonlijkheden, beheerst hij of zij mijn gedrag volkomen en ervaar ik geheugenverlies voor de tijd dat de alter naar buiten treedt. Ik was me dit bewust zolang ik me kon herinneren, maar had er nooit een etiket op kunnen plakken, of kunnen begrijpen waarom dat zo was. Tijdens mijn onderzoek viel alles op zijn plaats.

In *Multiple Personality Disorder*, in 1989 gepubliceerd door de Canadese psychiater Colin A. Ross, stuitte ik op de volgende alinea op bladzijde 2 van de inleiding:

MPD berust niet op een gebrek maar op een gave en bepaalde vermogens. De patiënten hebben hun vermogen om zich te splitsen gebruikt om een overweldigend jeugdtrauma de baas te blijven, dat meestal te maken heeft met mishandeling en/of seksueel misbruik. MPD is een creatieve en effectieve strategie om de integriteit van het organisme te bewaren in het aangezicht van chronisch rampzalig trauma.

Op bladzijde 55 en 56 stelt dokter Ross een alarmerende vraag:

Wat is MPD? MPD is een klein meisje dat zich voorstelt dat het misbruik iemand anders overkomt. Dat is de kern van de stoornis, waarnaast alle andere kenmerken secundair zijn. Het zich voorstellen gebeurt zo intensief, zo subjectief meeslepend en met een zo groot aanpassingsvermogen, dat het misbruikte kind de afgesplitste delen van zichzelf als andere mensen ervaart. Deze belangrijkste karakteristiek van MPD maakt het tot een behandelbare stoornis, omdat het zich voorstellen kan worden afgeleerd, en men het verleden onder ogen kan zien en beheersen.

Wat van de pagina af sprong, waren de woorden 'MPD is een klein meisje dat zich voorstelt dat het misbruik iemand anders overkomt'. Daar wist ik alles van. Ik had het altijd geweten. Het altijd geweten en altijd van me af gezet, mijn gevoelens, mijn intuïtie genegeerd. Je hoort stemmen en herinnert je verschrikkelijke, ongelooflijke dingen en je moet wel denken dat je gek bent, dat het niet echt kan zijn, dat er iets mis met je is. En dat was zo. En nu wist ik wat er mis was: ik was een meervoudige persoonlijkheid.

Het verbaasde me niet te ontdekken dat de meerderheid van MPD/DID-patiënten vrouwen zijn. Kleine meisjes worden het vaakst misbruikt, meestal thuis, meestal door mannelijke leden van hun eigen familie. Mannelijke meervoudige persoonlijkheden hebben vaak weerstand om hulp te zoeken en komen meestal in de gevangenis of in een inrichting terecht.

Dokter Ross voegt er in zijn tekst aan toe dat naar zijn ervaring complexe meervoudige persoonlijkheden met talloze alterpersoonlijkheden en ingewikkelde vormen van geheugenverlies voor honderd procent samengaan met fysieke en emotionele mishandeling en seksueel misbruik in de jeugd. 'Ik heb nooit van een complexe meervoudige persoonlijkheid gehoord of er een ontmoet die niet alle drie had ervaren.'

Ik zuchtte. Ik voelde wat mensen vreugde noemen. Dank u, dokter Ross. U hebt mijn leven gered. Ik ben toch niet gestoord. Er zijn anderen die net zo zijn als ik, meisjes die nietaflatend 'lichamelijk en emotioneel zijn mishandeld en seksueel misbruikt'. Ik had onder alle drie te lijden gehad. Mijn vader had me niet met zijn vuist geslagen, maar ik was op mijn tweede anaal gepenetreerd en voor mij staat dat voor zowel lichamelijk als seksueel misbruik, en elke vorm van mishandeling of misbruik is op zichzelf emotionele mishandeling.

Ik heb het overleefd. Ik ben er nog. Met behandelingen, therapie en medicijnen zou ik beter worden.

Ik verscheen voor mijn volgende sessie op de dagopvang; ik voelde me net een muis in een tredmolen die getest en geanalyseerd werd toen dokter Armstrong en Jo Lewin aan de slag gingen om me beter te maken.

Jo had geen ervaring met meervoudige persoonlijkheden, maar ze was een slimme vrouw en leerde met mijn omschakelingen om te gaan. Nadat ze eerst Samuel had leren kennen, begon ze contact met hem op te bouwen. Ik ging naar therapie, nam plaats op de stoel en was direct terug in mijn jeugd.

Ik weet niet exact op welke datum de diagnose was gesteld, maar het was vlak voor de verjaardag van mijn opa. Opa was de enige mannelijke factor in mijn jonge leventje die ik had vertrouwd en ik had nooit goed gerouwd om zijn overlijden.

Samuel bewaarde mijn herinneringen aan en ervaringen met opa. Hij vertelde Jo dat hij verdrietig was omdat hij nooit afscheid had kunnen nemen. Jo legde Samuel op een bij zijn leeftijd passende manier uit dat opa net een oude auto was, en dat zijn lichaam het gewoon had begeven. Dat was voor Samuel niet genoeg en ik hoorde hem in mijn geest hartverscheurend snikken. Dit greep me enorm aan. Ik had alle emoties die met opa's dood te maken hadden weggestopt, en nu moest ik ze onder ogen leren zien.

Samuel, diep in regressie, wilde een brief aan opa schrijven. Jo hielp hem met de spelling:

Lieve opa

Ik mis u heel erg. Ik wilde niet dat uw lichaam ermee ophield omdat u mijn beste vriend was en me een heleboel hebt geleerd. U hebt me over de planten en de blaadjes geleerd en de tomaten in uw kas laten zien. U zei dat de beste de Moneymakers waren. Ik mis u en ik wil dat u terugkomt, maar ik weet dat uw lichaam het niet meer doet en dus denk ik er alleen maar aan hoe u zwaaide en naar me glimlachte wanneer we weggingen en ik probeer niet te huilen en niet verdrietig te zijn.

Veel liefs
van Samuel xx

Samuel koos een kaart uit met bloeiende bosgrasklokjes en schreef de tekst zo netjes mogelijk over. Hij wist dat opa de kaart mooi zou vinden, want de tuin was opa's trots en hij was altijd één met de natuur geweest.

Ik heb de kaart nog steeds en vind het vreemd dat Samuels handschrift helemaal niet op het mijne lijkt. Ik heb kattebelletjes van Kato (vooral verontschuldigingen voor het opensnijden van mijn armen), met dik aangezette, onderstreepte letters. Shirleys handschrift is plomp; haar met misselijkmakende beeldspraak geïllustreerde gedachten staan, in prozagedichten die ik later met een brok in mijn keel zou lezen, over de bladzijde verspreid.

Ik was Samuel dankbaar omdat hij zich opa zo levendig voor de geest wist te halen, maar ook omdat hij me eraan hielp herinneren dat opa altijd diep met me begaan was geweest.

In mijn dagboek schreef ik:

Opa, ik zal altijd van je blijven houden. Vandaag zal ik aan je denken; het is acht jaar geleden dat je bent gestorven en ik mis je nog steeds. Ik zal altijd met genegenheid aan je terugdenken.

De volgende vierentwintig uur moet er iets zijn gebeurd. Dit is de volgende notitie:

O god, wat moet ik doen? Billy schiet met zijn pistool op van alles en nog wat en Samuel denkt na over twee tv-programma's waar ik als kind altijd naar keek – Rent-a-Ghost *en* De phoenix and the Magic Carpet. *Samuel houdt zijn neus net als de man in* Rent-a-Ghost, *die gewoon verdwijnt of op een vliegend tapijt in de lucht zweeft, zodat hij niets meer voelt, maar kan zien wat er met zijn lichaam gebeurt. Misbruik. Dat is Samuels manier om daarmee om te gaan.*

Samuel kwam steeds vaker tevoorschijn en dat moedigde Alice 2 aan zijn voorbeeld te volgen. Alice 2 huilde achter elkaar door. Daar werd ik verdrietig van, maar ook geïrriteerd. Ik was vierentwintig en die stomme kinderen zaten in me. Als ik niet bezig was met mijn pistool te schieten en dingen op te blazen, pleegde ik wel winkeldiefstal of dronk, of speelde met Lego, of stopte de baby met een flesje in bed.

Net als bij een koortsaanval zou het vuur me na aan de schenen worden gelegd voor de koorts ging zakken en ik beter werd. In de tussentijd waren de professor en zijn maten nog steeds dood en verderf aan het prediken. Elke avond moest ik opnieuw het gevecht aangaan met de drang om de doodsslaap te slapen en een overdosis Temazepam te nemen.

Soms bezweek ik voor de drang, gleed van het koord waarop ik danste en viel in de afgrond.

Mama was vreselijk bezorgd en deed alles om me door deze periode heen te helpen. Ze sliep met de deur open en kwam regelmatig binnenvallen om er zeker van te zijn dat het goed met me ging. Als dat niet zo was, en dat gebeurde diverse keren, belde ze midden in de nacht 112. Dan bracht een ambulance me met spoed naar de EHBO en werd ik wakker onder de tl-lampen, met een zere keel door het leegpompen van mijn maag of met verband om mijn armen, of allebei.

Dokter Armstrong veranderde weer in de onverbiddelijke directrice en beperkte de voorgeschreven hoeveelheid medicijnen per keer, zodat ik geen overdosis meer kon nemen. Jo Lewin liet me op de stoel zitten, en net als de muis in de tredmolen liep ik rondjes om erachter te komen waardoor de laatste terugval was veroorzaakt.

Dokter Ross maakt duidelijk dat de behandeling van MPD pijnlijk en slopend is en tot nieuwe inzinkingen kan leiden. Het uiteindelijke doel van de behandeling is de alters te integreren. Maar, zo maakte dokter Armstrong me duidelijk, dat zou jaren van analyse en therapie gaan kosten. Ondertussen zette ze me weer op antipsychotica. Dat soort medicijnen had ik voor het eerst voorgeschreven gekregen toen bij mij de diagnose schizofrenie was gesteld. MPD/DID is heel andere koek, maar deze medicijnen waren er nog altijd op gericht auditieve hallucinaties, met andere woorden de stemmen van buiten, van de professor en consorten, te bestrijden.

Hielpen ze? Niet echt. De doos van Pandora was opengegaan. Het duveltje-in-een-doosje had een nieuwe veer en de kinderen waren opgewonden alsof de vakantie was aangebroken; ze stonden te popelen om tevoorschijn te komen.

Op een ochtend vergezelde Billy me bij het hardlopen. Die dag had hij sadistische ideeën. Hij wilde de mannen die we voorbijliepen neerschieten en martelen. Het was een vreemde gewaarwording, Billy's gedachten naast de mijne, twee parallelle gedachtestromen die elkaar overlapten en zich met elkaar vermengden. Ik hoorde Billy's stem en zijn herinneringen sijpelden in mijn eigen bewustzijn door. En ik begreep het. Ik begreep Billy erg goed. Billy haatte mannen – hij haat mannen –

en die ochtend moesten we ophouden met hardlopen zodat hij kon rondstampen.

Pang, pang.

Hij wilde de hele wereld opblazen. Mensen in gijzeling nemen zoals we op het journaal hadden gezien. Wanneer we op een zebrapad overstaken, stelde hij zich voor dat hij de man voor hem zijn pistool in de rug zette en hem dwong naar de martelkamer te lopen. Pang, pang, pang. En door met de volgende. Pang, pang. De straten staan in brand. De vlammen slaan uit de gebouwen. Ik ben de baas.

Billy's verbeeldingskracht maakte me doodsbang, maar stimuleerde me ook. In zijn fantasie had hij een machinegeweer en patrouilleerde hij in een legertruck door de brandende straten. Hij wilde alle mannen in auto's wegvagen. Hij had vooral de pest aan Rovers en witte auto's. Hij wilde de mannen uit hun auto sleuren en hen vastbinden zodat ze niet wisten wat er met hen zou gaan gebeuren. Misschien zou hij ze eerst blinddoeken en daarna vastbinden.

Maar daar wordt Billy bang van. Hij herinnert zich een keer dat hij was vastgebonden. Die herinnering kwam bij hem boven, bij mij, en die was zo pijnlijk dat we het pistool uit de rugzak haalden en gewoon op alle mensen schoten die in hun auto voorbijreden.

Pang, pang, pang, pang, pang.

We kwamen thuis en Billy gooide mijn boeken door de kamer. Toen ging hij in de hoek zitten en huilde net als Samuel. Ik wilde ook huilen. Of anders overgeven. Of mijn duim in mijn mond stoppen en gaan slapen. Geen gepangpang meer. Ik ben maar klein en weet daar nog helemaal niets van. Ik ben moe en wil mijn flesje hebben en met mijn knuffels spelen. Ik wil bij papa op schoot zitten en televisiekijken.

24 mei
Ik denk dat Alice 2, Billy en Samuel staan voor drie dingen die ik heb verloren: de onschuldige, kwetsbare baby, het

spontane, speelse en ondeugende kind en de verlegen, timide kant van mijn karakter. Vandaag voel ik me verdrietig en rouw ik omdat ik nooit kind heb mogen zijn. Ik kan het niet uitleggen. Wanneer er seks, seks en nog eens seks is in je jeugd, heb je geen jeugd. Ik voel me triest en leeg. En ook eenzaam – van de wereld afgesneden, in die zin dat ik slechts besta, terwijl er om me heen wordt geleefd. Waarom kan dit verdriet niet snel over zijn? Geef me alsjeblieft de datum waarop alles in orde zal zijn. O god, ik doe zo hard mijn best, maar het doet vreselijk zeer. Niemand geeft me antwoord. Ik weet het niet en ik wil er niet aan denken. Laat me alsjeblieft gewoon slapen – of confronteer me direct met alle gruwelijkheden, zodat het daarna voorbij is, ook al is het nog zo verschrikkelijk.

Nu Jo en de psychiater zich met mijn onderbewuste bemoeiden, kwamen de herinneringen als zulke duidelijke taferelen bovendrijven dat ik het voelde tochten als de deur openging en de mobile boven mijn bed begon te draaien, en dat ik de geur van Old Spice rook. Ik kon de handen van mijn vader voelen terwijl hij mijn lichaam streelde, zijn vinger over mijn lippen liet gaan tot ze van elkaar gingen en hij de vinger in mijn mond stak.

'Kijk eens wie daar is.'

Mij hoefde niet te worden verteld wat ik moest doen. Ik was een barbiepop. Ik ging op mijn knieën zitten, deed mijn mond open en zijn lul gleed tussen mijn lippen. Ik zoog zo hard als ik kon, want het was beter als dat crèmeachtige spul in mijn mond terechtkwam; anders spoot hij alles plakkerig en warm in mijn gezicht. En dan hoefde hij hem niet in mijn voorste of achterste gaatje te steken, wat echt pijn deed.

Het waren de herinneringen van een vijfjarige. Op mijn vijfde was ik geen baby meer. Ik voelde me verward, en boos ook, een gevoel dat ik het niet leuk vond om dit te blijven doen, maar mijn vader deed dit nu eenmaal en ik was niet bij machte hem tegen te houden. Er was tussen ons een pact, een geheim, iets onontkoombaars. Dit gebeurde 's nachts als het donker was in mijn slaapkamer. Het was altijd gebeurd. Het was normaal. Ik hield van mijn vader en ik keek vanaf het vliegende tapijt of vanuit de hoek van mijn kamer toe wanneer het meisje het witte spul inslikte en papa haar welterusten kuste. Dat was ik niet. Ik ben Billy. Ik ben Billy en ik herinner me dat dit allemaal gebeurt alsof het mij overkomt, maar het is niet mij overkomen, maar haar, Alice.

Ik kwam steeds uitgeput en leeg uit de regressie, een schaduw van mezelf.

Op een middag haalde mama me na de sessie op, bracht me naar huis en ging toen weer weg om boodschappen doen. Ik hoorde de deur dichtslaan. Het geluid van de deur die in het slot viel riep de herinnering op aan haar ruzies met vader waarna hij me opsloot in de Vogelkooi.

Het was míjn schuld dat ze ruzie hadden gemaakt. Ik ben een slecht meisje. Ik verdien het gestraft te worden. De tranen liepen me over de wangen. De psychische en emotionele gewaarwordingen die me als kind in beslag hadden genomen, hielden me twintig jaar later in hun ijzeren greep met wat ik als lichamelijke herinneringen ben gaan zien. Ik voelde me misselijk en zwak. De ondraaglijke pijn die ik in mijn kleinemeisjeslichaam had geleden wanneer ik door mijn vader werd gepenetreerd, voelde ik weer. Als een echo ging die kloppend door me heen.

Naarmate de therapie vorderde, kwamen de herinneringen als zwarte pus naar buiten. Ik zag Jo's potlood verwoed over het papier gaan. Soms gaf ik over op het tapijt. Het was verwarrend, surrealistisch, een griezelfilm, een schemertoestand: uit de auto klimmen voor het kasteel, papa's hand vasthouden als we de trap af lopen, het flikkerende schijnsel van kaarsen...

Mijn naam is Lucy. Ik ben vier. En ik ben erg dapper. Ik ben dol op zuster Nancy uit mijn stripboek en ik word later ook verpleegster als ik groot ben. Zuster Nancy geeft me in het kinder-

ziekenhuis een prikje en ik huil niet wanneer ik in die grote machine ga waarin ze binnen in me kijken naar mijn nieren en mijn bloed. Ik heb een blaasontsteking. En toen ik klein was kon ik twee weken lang niet poepen, en toen moesten acht zusters me vasthouden zodat ze in mijn achterste gaatje konden kijken. Ik vind het niet fijn als mensen in mijn gaatje kijken. Mijn achterste gaatje doet zeer omdat er een scheur in zit. Ik vind het niet fijn in de kerker.

Lucy? Lucy? Wie is verdomme Lucy nou weer? Ze dook ineens op tijdens een therapiesessie en Jo's pen vatte bijna vlam toen Lucy plaatsmaakte voor Billy, en Billy voor Eliza.

Verwarrend?

Dat is het voor mij ook, en het zou Jo Lewin en mij, Alice, maanden therapie kosten om duidelijkheid te krijgen.

Lucy (vier), Billy (vijf) en Samuel (zes) herinneren zich allemaal fragmentarisch dat ze met papa in de auto naar het kasteel gaan. Ze pakken papa's hand en lopen de steile trap af naar de kerker.

Eliza kwam aanvankelijk in mijn geest voor als het Duivelskind, een naam die haar was gegeven door 'de mensen in het zwart'. Ze herinnert zich het rituele misbruik in duivelaanbiddingsscènes en maakt luidkeels duidelijk dat ze geen Duivelskind is. Ze heet Eliza. Eliza is zeven, maar zit in een lichaam – mijn lichaam – dat tien jaar oud is op het moment van haar levendigste en opvallendste herinneringen.

Wat voor Lucy, Billy en Samuel een kasteel was, is voor Eliza een leegstaande fabriek op een industrieterrein niet ver van huis. Ze is daar vaak mee naartoe genomen. Daar waren ook andere kinderen. Slechte kinderen, net als zij, bij wie de slechtheid moest worden uitgedreven in geheime ceremonies waarvan niemand mocht weten.

De kelder is ingericht als een protserige kerk, met wandtapijten, een altaar en een groot omgekeerd pentagram aan de achterste muur. Kaarsen veroorzaken grote, angstaanjagende schaduwen. De ogen van de kinderen zijn wijd opengesperd. Ze zijn bang, maar gehoorzaam. De volwassenen dragen donkere gewaden met capuchons, want ze weten hoe ze de duivels in slechte kinderen moeten aanpakken. Er klinkt een bel. De mensen beginnen te reciteren. Eliza kan niet verstaan wat ze zeggen. Een van hen, een belangrijk iemand, pakt de Bijbel, scheurt er de bladzijden uit en verbrandt het boek op een metalen schaal op de tafel achter het altaar. Iemand geeft Eliza een stapel gebonden bedrukte vellen, zoiets als een psalmboek, maar met symbolen en woorden die ze niet begrijpt.

Eliza herinnert zich dat een van de mannen in gewaden ooit tegen haar heeft gezegd dat ze het zilveren kruisje dat ze droeg van het kettinkje moest halen. Hij gooide het op de grond en begon erop te stampen. Ze moest haar kleren uitdoen. Ze lag uitgestrekt als een zeester op wat ze de marteltafel noemden, eigenlijk het altaar, en net als de andere kinderen werd er aan haar gelikt en gezogen en werd ze gepenetreerd. Mannen spoten hun zaad over haar uit, vrouwen staken dingen in haar – de steel van een haarborstel, een vork – wat echt pijn deed. Ze herinnert zich dat ze dacht dat het bij mama ook zo moest zijn als ze Tampax inbracht en dat ze nooit groot wilde worden.

De volwassenen speelden met de kinderen en soms moesten de kinderen met elkaar spelen. Eliza herinnert zich dat Lucy op haar vierde seksspelletjes deed met haar barbiepop en Clives Action Man. Dat was toen ze voor het eerst naar de kerker was geweest. Toen ze vier was.

Eliza herinnert zich in diepe trance Shirley op haar veertiende, in die met kaarsen verlichte kelder met een masker op om de kleintjes bang te maken. Ze herinnert zich de keer dat er een doodskist op het altaar stond en daaruit een naakte vrouw tevoorschijn kwam alsof ze uit de dood oprees. Haar gezicht was bedekt met iets wat op aarde of stof leek, maar haar witte lichaam glansde als porselein en haar borsten zaten vol harde roze tepels. De mensen reciteerden van onder hun capuchons en maskers en je moest ervoor zorgen dat je niet ging huilen of probeerde weg te kruipen, want als je dat deed stopten ze je in de kist en deden het deksel dicht. Dat was Eliza een keer gebeurd en ze had gedacht dat ze haar levend gingen begraven.

Satanisch misbruik? Ritueel misbruik? Duivelbezwering? Nee. Nee. Nee. Uit mijn hervonden herinneringen en Jo's aantekeningen blijkt dat mijn vader me als kind en tiener liet misbruiken door een kring van pedofielen, door volwassenen die opgewonden raakten door kinderen pijn te doen en bang te maken. Het duivelsgedoe was een dekmantel, een truc die op de kinderen als echt overkwam. Maar kinderen zijn gemakkelijk om de tuin te leiden. Met mijn vermogen tot dissociëren leidde ik mezelf om de tuin en met behulp van de alterpersoonlijkheden Billy, Lucy, Samuel, Eliza, Shirley en Kato kon ik Alice 'uitzetten'; de kinderen ondergingen de pijn en het misbruik in mijn plaats. Dat is de essentie van de meervoudige persoonlijkheidsstoornis; de alters zijn beschermers die als instrument het licht zien, maar langzaam uitgroeien tot persoonlijkheden met hun eigen voorkeuren en dromen.

Het was Shirley die na een sessie op de dagopvang in het dagboek haar herinnering opschreef aan de keer dat haar vader haar meenam naar de fabriek. De kelder was helemaal donker. Ze werd naar een kleinere ruimte gebracht, waar ze nog niet eerder was geweest. Er brandde maar één kaars en toen ze zich omdraaide, keek ze in het gezicht van de man met de witte Rolls Royce. Het was beangstigend.

Hij duwde haar naar het midden van de ruimte, waar een nepaltaar stond. Op het altaar lag een schaap. De man gaf haar een groot mes en terwijl hij met zijn hand haar hand leidde, sneed ze de buik van het schaap open. Ze bleven maar in het dier snijden, het bloed spoot haar in het gezicht. Ze kwamen bij het hart van het beest en sneden het eruit. De man verwijderde de andere organen. Ze werden op een zilveren dienblad gelegd en alle aanwezigen aten van het offerlam.

Shirley schreef:

Het verbaasde me niet dat dit gebeurde en ik sneed het schaap open alsof het niks voorstelde.

Kato schreef op een latere datum:

Daarbinnen is het een hel. Je houdt altijd je hoofd omlaag in afwachting van de volgende wreedheid. Na een tijdje voel je niets meer, zelfs niet de angst en misselijkheid die je eerst voelde. Je wordt net een dode. Je maakt je niet eens meer druk over wat er verder gaat gebeuren.

De therapie werd specifieker, intensiever, en aan het einde van elke sessie was Jo Lewin net zo bleek en uitgeput als ik. Het misbruik was begonnen toen ik een halfjaar was. Alles wat een kind, een vrouw, kon worden aangedaan, was mij aangedaan. Zijn mijn herinneringen echt? Zijn ze betrouwbaar?

Het is wat de kinderen zich herinneren en die herinneringen zijn echt voor het deel van mij, die afsplitsing, die alter, dat stukje van mijn persoonlijkheid dat de herinnering bewaart. Ik heb geen reden eraan te twijfelen dat deze wreedheden hebben plaatsgevonden. Als het taalgebruik kinderachtig is of onwezenlijk of ingewikkeld, komt dat doordat de herinneringen afkomstig zijn van kinderen, van mij als gedissocieerd kind.

De onderdrukte herinneringen kwamen aan de oppervlakte door niet-aflatende therapiesessies, waarvoor dokter Armstrong had gewaarschuwd. Ze doken niet op onder hypnose, en ook werden er geen suggestieve ideeën door therapeuten geopperd. Ze kwamen bij mij vandaan.

Ik zou bladzijden vol kunnen schrijven, een eindeloze pornografische litanie van herinneringen waar ik misselijk van word, ook als ik ze zwart op wit gezet zie worden. Ik wil die herin-

neringen achter me laten met een gedicht dat me is bijgebleven met de titel 'Ik zal nooit vergeten en ik zal nooit vergeven'.
Ik heb dat gedicht niet geschreven. Dat heeft Shirley gedaan. Toen ik het vond in een notitieboekje, was ik geschokt, bang, verbijsterd en verdrietig.

DEEL 1

Met pas 14 jaar,
maakte een man
me zwanger.
Weken later,
aborteerde hij het embryo,
dwong me het op te eten...
Maakte een moordenaar van me...
Woorden heb ik er niet voor...
Hoe kan ik hier poëzie van maken?
Ik weet niet eens of ik het er wel over moet hebben...

DEEL 2

Ik voelde me ten dode opgeschreven,
maar in een flits,
voor ik mijn gedachten tot emotie kon maken,
voelde ik dat iets mijn lichaam verliet:
vertrok.
Dan wordt mijn geest anoniem
zoals elke avond.
Alleen onafgemaakte gedachten,
en misselijkheid diep vanbinnen,
toen ik werd gedwongen het in te slikken,
iets wat ik heb geprobeerd te begraven diep in mijn
ziel tot op de dag van vandaag.

DEEL 3

Op dit moment
houdt de stem die mijn gids is
zich stil.
Er is alleen een straat vol spiegels
die oneindig veel angst weerspiegelen
Dingen vermenigvuldigen in mijn geest
waar ik ook kijk
Zelfs wanneer mijn ogen stijf dicht zijn
doemen herinneringen op
aan die baby
die ik opat.
Het leven dat ik gedwongen was te nemen
De stem zwijgt nog steeds
Alleen een drukkend gevoel
En nu heb ik overgegeven
Overgegeven door die blijvende herinnering
En, uiteindelijk, zegt de stem vanbinnen:
'Ik zal nooit vergeten en ik zal nooit vergeven,
want zal ik ooit nog vrij zijn?'

Hoofdstuk 18

Complexe meervoudige persoonlijkheden

Het woord is 'dissociëren'. Er staat geen 'a' tussen 'dis' en 'sociëren'. Mensen zeggen onveranderlijk 'dis-a-ssociëren', wat irritant kan zijn als je aan dissociatieve identiteitsstoornis/meervoudige persoonlijkheidsstoornis lijdt. De mensen willen dan weten hoeveel persoonlijkheden ik heb, en het antwoord is: dat weet ik niet.

Het eerste boek over de meervoudige persoonlijkheidsstoornis dat indruk maakte, is *Sybil* van Flora Rheta Schreiber, uitgegeven in 1973, met de ondertitel: *De vrouw met zestien persoonlijkheden*. Corbett H. Thigpen en Hervey M. Cleckley publiceerden al veel eerder, in 1957, het controversiële *De vrouw met drie levens*, en Pete Townsend van The Who zong 'Four Faces'. Aantallen lijken de mensen een veilig gevoel te geven.

De werkelijkheid is gecompliceerder. De kinderen doken in de loop van de tijd op. Billy, de onstuimige vijfjarige, was meteen het meest overheersend. Maar hij maakte langzaam plaats voor Jimbo, de zelfbewuste tienjarige die verschijnt wanneer Alice gestrest is en ingewikkelde situaties afhandelt, zoals met de metro reizen en kennismaken met nieuwe mensen. De eerste *entiteit* die op bezoek kwam, was de stem van buiten van de professor. Maar hij had een koor van naamloze handlangers.

Dus, hoeveel echte alterpersoonlijkheden zijn er? Ik zou zeggen meer dan vijftien en minder dan dertig, een combinatie van beschermers, achtervolgers en vrienden – mijn persoonlijke stamboom.

Sommige alters zijn wat dokter Ross in *Meervoudige persoonlijkheidsstoornis* beschrijft als 'fragmenten', wat 'betrekkelijk beperkte psychische toestanden' zijn 'die slechts één gevoel uitdrukken, één herinnering bevatten of een beperkte taak in het leven van de betrokken persoon uitvoeren. Een fragment kan een bang kind zijn dat de herinnering bewaart aan één bepaald misbruikincident'.

In complexe meervoudige persoonlijkheden, vervolgt dokter Ross, 'zijn de persoonlijkheden relatief uitgebreid belichaamd, volledige toestanden waarin een reeks van emoties en gedragingen kan worden vertoond'. De alters zullen 'een aanzienlijk deel van de tijd het leven van de betrokkene beheersen'. Hij benadrukt, en ook ik wil daar de nadruk op leggen, dat 'complexe MPD met meer dan vijftien alterpersoonlijkheden en ingewikkelde geheugenbarrières wordt geassocieerd met het voor honderd procent voorkomen van lichamelijke, seksuele en emotionele mishandeling'.

Had ik het kasteel, de kerker, de rituele orgieën en aanrandingen gefantaseerd? Hebben Lucy, Billy, Samuel, Eliza, Shirley en Kato het allemaal verzonnen?

Ik ging naar het industrieterrein en vond het kasteel. Het was een oude fabriek die tot op de grond was afgebrand, maar de verkoolde restanten van de kelder waren er nog. Ik deed mijn ogen dicht en zag de zwarte kaarsen, de dansende schaduwen, het omgekeerde pentagram, de reciterende mensen met hun gewaden met capuchon. Ik zag mezelf tussen de andere kinderen misbruikt worden op manieren die elke beschrijving tarten. Nu twijfel ik er niet aan dat de cultus van duivelaanbidding niets anders was dan een netwerk van pedofielen, en de satanische attributen een dekmantel om hun werkelijke lusten te kunnen botvieren: op de weerloze lichamen van kleine kinderen.

Het is moeilijk om pedofiele netwerken voor het gerecht te

brengen. Gelukkig gebeurt het. Misschien wel het afschuwe-lijkste recente geval kwam in juni 2007 in Edinburgh voor het hooggerechtshof. Het had betrekking op een moeder die erbij stond te kijken toen haar negenjarige dochter bij haar thuis in Granton, in Edinburgh-Noord, een groepsverkrachting onder-ging door leden van een pedofielennetwerk. De moeder, Caro-line Dunsmore, had haar twee dochters vanaf hun vijfde op die manier laten misbruiken.

De rechter, lord Malcolm, veroordeelde Dunsmore tot twaalf jaar gevangenisstraf, waarbij hij aangaf dat hij de publieke afkeer van de ernstige misdaden tegen de twee meisjes in zijn overwegingen had meegenomen. Hij zei tegen de drieënveer-tigjarige vrouw: 'Een ernstiger schending van het vertrouwen door een moeder tegenover haar kind is moeilijk voorstelbaar.'

Morris Petch en John O'Flaherty werden ook gevangengezet voor hun aandeel in de kinderverkrachtingen.

Kindermisbruik vindt bijna altijd thuis plaats; doorgaans zijn er familieleden bij betrokken.

Dokter Armstrong bleef mijn psychiater. Nadat ze mijn stoor-nis had geïdentificeerd, bestond haar behandeling vooral uit het voorschrijven van medicijnen. Ik heb ze allemaal, in diverse combinaties, geprobeerd, een feestmaal van antipsychotica en antidepressiva, waardoor ik me soms geweldig voel, maar op andere momenten paranoïde en suïcidaal. Onder invloed van zware stress greep Shirley naar de fles of schoot Kato in mijn kleren, en dan zoop ik me weer lam of verwondde mezelf. In totaal heb ik wel honderd keer een overdosis genomen en meer dan zeshonderd hechtingen in mijn armen gehad; oorlogsver-wondingen noemen we die. Dat ik alle veldslagen heb over-leefd, mag een wonder heten.

Waarom pak ik een mes en haal ik mijn armen open? Waar-om zuip ik mezelf lam? Waarom slik ik hele flesjes pillen, zodat ik op de EHBO terechtkom en mijn maag moet worden leegge-pompt? Is het vragen om aandacht? Doe ik dat om indruk te maken? De pijn van de snijwonden verlicht de geestelijke pijn van de herinneringen, maar de pijn van het genezingsproces duurt weken. Na elke zelfverminking of overdosis loop ik het risico te worden opgenomen in een psychiatrische kliniek, een schokkend vooruitzicht dat ik niemand kan aanbevelen.

Dus, waarom doe ik het? Ík doe het niet.

Als ik de alters in mijn macht had, zou ik ze tegenhouden. Maar die macht heb ik niet. Wanneer ze er zijn, zijn ze er. Ik ervaar lacunes en verlies tijd, bewustzijn, waardigheid. Als ik, Alice Jamieson, aandacht had willen trekken, had ik mijn promotieonderzoek afgemaakt en was ik aan een academische carrière begonnen. Wanneer je loopt te pronken met het etiket doctor trek je meer aandacht dan wanneer je van alle hoop beroofd in het ziekenhuis ligt met zwaluwstaartjes op je armen en de smerige smaak in je mond van vloeibare actieve kool die de chemische stoffen in je maag absorbeert.

Als we iets doen, gaan we er meestal van uit dat er een beloning of betaling tegenover staat. We studeren om meer status te krijgen en een betere baan; we werken om geld te verdienen; onze kinderen zijn een afspiegeling van onze sociale positie; als we geld aan een goed doel schenken, geeft ons dat een prettig gevoel. Met alle aardige dingen die je doet wordt de mogelijkheid opgeroepen dezelfde aardige dingen terug te krijgen: wat je zaait, zul je oogsten. Mijn zelfverminking biedt me geen voordelen; er is geen reden om waanideeën over incestueuze herinneringen en ritueel misbruik te verzinnen. Er valt op de EHBO niets te winnen.

Dit moet worden benadrukt als antwoord op de 'iatrogene' theorie dat het onthullen van onderdrukte herinneringen bij MPD-patiënten, paranoïci en schizofrenen tijdens de analyse kan worden gecreëerd: een product van de arts-patiëntrelatie. Volgens dokter Ross is deze theorie, een soort psychiatrisch pingpongspel, 'nooit volledig en op een helder beargumenteerde manier in druk verschenen'.

Mijn geval bevestigt de verklaringen van dokter Ross. Mijn herinneringen kwamen lang voordat ik met therapie begon in de vorm van fragmenten en flashbacks bij me terug. Aanwijzingen voor het misbruik, ritueel of anderszins, zijn te vinden in mijn medische dossiers en in notitieboeken en gedichten uit een tijd voordat Adele Armstrong en Jo Lewin in mijn leven kwamen.

Er is de afgelopen jaren een aantal gevallen geweest waarin de politie groepen mensen ten laste heeft gelegd dat ze kinderen aan zogenaamd satanisch of ritueel misbruik in pedofiele kring hebben blootgesteld. Weinig zaken resulteren in een veroordeling. Maar dat is nog geen bewijs dat het misbruik niet heeft plaatsgevonden. Dat de politie de zaken voor de rechter heeft gebracht, geeft aan dat men om te beginnen heel zeker van het bewijs is geweest. Er vindt misbruik plaats. Ik weet dat het gebeurt. Meisjes in psychiatrische instellingen vertellen het de psychiaters niet altijd, maar ze moeten er wel over praten, en dat doen ze met elkaar.

Als kind ben ik bij talloze gelegenheden meegenomen naar dokter Bradshaw; in zijn praktijk heeft Billy het bestaan van Lego ontdekt. Toen ik groter werd, kwam ik ook bij dokter Robinson, de marathonloper. Nu ik weer thuis woonde, was hij opnieuw mijn huisarts. Toen moeder hem heel moedig vertelde dat ik werd behandeld voor MPD/DID ten gevolge van seksueel misbruik in mijn jeugd, sloeg hij zijn handen voor zijn gezicht en huilde.

Kindermisbruik zal altijd weer opduiken, hoeveel tijd er ook voorbijgaat. We lezen over gevallen van mensen die er pas na dertig of veertig jaar voor zijn uitgekomen dat ze als kind zijn misbruikt, door verzorgers in kindertehuizen, door onderwijzers, buren, vaders of priesters. De katholieke Kerk in de Verenigde Staten heeft de laatste decennia honderden miljoenen dollars betaald ter compensatie van 'sodomie en verdorven daden jegens kinderen', om informatie op een website te citeren. Waarom brengen die mensen het misbruik zo laat in hun leven nog in de openbaarheid? Om aandacht te trekken? Nee, dat doen ze omdat er diep vanbinnen een wond zit die aan de lucht moet worden blootgesteld om te kunnen helen.

Veel medici en psychologen herkennen de signalen van kindermisbruik niet. Dat komt omdat ze, als fatsoenlijke mensen, niet de bewijzen willen ontdekken van wat volgens dokter Ross 'een zieke maatschappij is die nog zieker is geworden, waarin kindermisbruik extra bizar is geworden'. Hij vervolgt: 'In Noord-Amerika is het bijgeloof populair dat kinderen het grootste goed zijn en dat een intact gezin de ideale plaats is om op te groeien. Voor veel kinderen gaat dat niet op. Het intacte gezin is voor veel Noord-Amerikaanse kinderen een oorlogsgebied geweest met lichamelijke mishandeling en seksueel misbruik, hun eigen Vietnam.'

Nu hebben we nieuwe oorlogen als analogie. Het boek van dokter Ross kwam meer dan twintig jaar geleden uit. Als onze zieke maatschappij, in Europa en de Verenigde Staten, toen al steeds zieker begon te worden, hoe zit dat dan nu in het nieuwe millennium, het tijdperk van het wereldwijde web?

Op mijn tocht door die akelige psychiatrische ziekenhuizen heb ik veel jonge vrouwen ontmoet die net als ik seksueel, emotioneel en lichamelijk zijn mishandeld: mooie woorden voor verkracht, tot zwijgen gebracht, geschopt en gewurgd. Hun lichaam werd gebruikt als boksbal, hun huid als asbak. Ik herinner me de verwarde, mishandelde vrouwen in het blijf-van-mijn-lijfhuis in Liverpool, en ik zal nooit de oerkreet vergeten die door de gangen van het St. Thomas weerklonk toen ze Sophie tegen de grond werkten om haar plat te spuiten. Wat ze had misdaan? Ze had twee kinderen van haar vader gekregen.

Wie zorgt er voor Sophies kinderen wanneer ze in een inrichting zit? Hun (groot)vader? Haar radeloze moeder? Verzorgers in een kindertehuis? Wonen Sophies kinderen in een oorlogsgebied? Heeft dokter Ross het bij het juiste eind als hij zegt dat onze toch al zieke maatschappij nog zieker is geworden?

Die is in elk geval sexyer geworden, zoals we in alle films, televisiesoaps en advertentiecampagnes kunnen zien. In vrouwenbladen is de volmaakte vrouw maar net haar kindertijd ontgroeid, met onverklaarbaar volle borsten, een smalle taille en een enigszins gepijnigde, onscherpe blik. Haar kleding lijkt een bondagekostuum dat eerder is ontworpen om te onthullen dan te bedekken. Als je een man wilt vinden, je man wilt houden, hem wilt behagen, zijn er Botox, plastische chirurgie en allerlei crèmes die je een eeuwige jeugd beloven. Jong is sexy. Tegenwoordig verkoopt een toonaangevend Brits bedrijf voorgevormde beha's voor zevenjarigen. Kleine meisjes zijn consumenten geworden. Ze spelen niet, ze gaan winkelen. We hebben het laten gebeuren dat de commerciële druk van een zieke maatschappij kleine meisjes van hun jeugd berooft en hen doet geloven dat ze seksuele objecten zijn. Als meisjes van zeven worden aangemoedigd om 'er sexy uit te zien', zou het ons niet moeten verbazen als het op seks uitloopt.

Waarom misbruiken mannen kleine meisjes? Hoe begint dat?

Kleine meisjes, jongetjes ook, zijn zacht, roze, mooi, onschuldig. Papa kietelt het kleintje en ze giechelt. Ze vindt het leuk. Papa wrijft met zijn neus tegen de hare en dan giechelt ze nog harder. Ze vindt het echt leuk. Ze vindt het prettig te worden geliefkoosd, aangeraakt, geplaagd. Hij geeft kusjes op haar bolle buikie en kan het niet laten met de punt van zijn tong de plooi van haar vagina aan te raken. Het kleintje giechelt nog steeds en die man, haar papa, de oppas, de kinderverzorger heeft een erectie. Daar kan hij niets aan doen. En sommige mannen lukt het niet het daarbij te laten. Ze vindt het leuk, ze wil het zelf, dat sletje.

De meeste mannen kunnen zich beheersen, hebben principes, zijn fatsoenlijk. Maar voor een schrikbarend aantal geldt dat niet. Wanneer een man met macht over een kind er eenmaal de smaak van te pakken heeft om haar als seksobject te gebruiken, raakt hij verslaafd aan het machtsgevoel en gaat hij haar nog subtieler en erger misbruiken. Seks met een kind is een schending van een taboe, en wanneer de grens eenmaal is overschreden, is de verleiding groot die te verleggen, om het misbruik met een ritueel als dekmantel te verhullen. Maagden werden in heidense godsdiensten geofferd om de goden te verzoenen. Mannen, zo schijnt het, zijn gefixeerd op maagdelijkheid, jong, ongerept vlees, en die mannen, die niet in staat zijn normale relaties met volwassen vrouwen te onderhouden, beroven een kind van haar of zijn zuiverheid om aan die ziekelijke obsessie te voldoen.

Het internet heeft het mogelijk gemaakt dat de overheid pedofielen die kinderen benaderen om ze te misbruiken opspoort. De keerzijde ervan is dat ze elkaar vinden, die kindermisbruikers, pederasten, onderkruipers die altijd slinkse wegen weten te bewandelen. Ze wisselen doodgemoedereerd pornografische foto's uit van beschadigde kinderen en ontlenen een perverse legitimiteit aan de wetenschap dat ze hun lusten kunnen delen. Ach, wat maakt het uit, iedereen doet het.

De analyse van dokter Ross is zeker juist. Onze zieke maatschappij wordt steeds zieker.

Ik wilde niet de vergaarbak zijn van al die onaangename kennis. Ik wilde alleen maar een gewoon meisje zijn met vrienden en een leuke familie. Ik was bijna vijfentwintig, was in therapie, verslaafd aan medicijnen. Ik was prikkelbaar, nerveus, schrikachtig, seksueel onwetend, seksueel ontregeld – een slachtoffer van onze door seks geobsedeerde cultuur. Ik woonde thuis, niet in staat te werken. Ik strompelde blindelings langs de rand van de afgrond en moest dag in dag uit weerstand bieden aan mijn gefixeerdheid op diepten, steile trappen, plastic zakken, glasscherven en de scherpe mesjes in het handenarbeidlokaal van de dagopvang.

Door welke verstoring van de chemische balans wordt een terugval veroorzaakt? Komt zoiets gewoon door donkere wolken die de blauwe lucht verduisteren? Door een moment van geïrriteerdheid bij Jo Lewin? De blik in de ogen van een vreemde? Hoe de knuffels kijken? Ja, dat klopt, vijfentwintig en ik slaap nog steeds met knuffels.

Ironisch genoeg maakte ik een goede periode door. Ik had weer contact gekregen met Jacob Williams, een opgewekte jongen die op school bij me in de klas had gezeten en nu op de dagopvang zat omdat hij aan een bipolaire stoornis/manische depressiviteit leed. We hadden elkaar altijd aardig gevonden, maar waren te verlegen geweest om iets tegen elkaar te zeggen. Nu, verenigd door psychische problemen, gingen we met elkaar om, dronken af en toe samen koffie of thee en praatten over onze behandeling. Jacob wist dat ik als kind seksueel misbruikt was, maar had niet verteld wat bij hem de depressies veroorzaakte.

Ik dacht aan Jacob toen ik door de gang van de kliniek liep; het volgende moment bevond ik me in de toiletruimte en gutste het bloed uit mijn armen. Ik was versuft en mijn lippen tintelden door een paniekaanval. Binnen enkele ogenblikken had ik mijn eigen bloedbad aangericht. Mijn linkeronderarm was op verscheidene plaatsen opengesneden en over de rechter liepen allemaal fijne, diepe krassen, die met een mesje uit het handenarbeidlokaal waren gemaakt. Ik zag het als een driehoekig zilveren oog glanzen in de steeds groter wordende plas bloed op de witbetegelde vloer.

Gelukkig kwam Jimbo naar buiten en bracht, met zíjn stem, met een angstkreet – net als de schreeuw van Sophie die keer in het St. Thomas – de hele kliniek tot zwijgen. Binnen een paar tellen arriveerden er drie verpleegsters. Tegen die tijd had ik al minstens een liter bloed verloren. Terwijl de verpleegsters de bloedstroom met dikke wattenverbanden probeerden te stelpen, verscheen dokter Spencer, de arts-assistent van dokter Armstrong, met haar mooie benen op het toneel in een zwart kokerrokje. Ze hield mijn rechterarm boven mijn hoofd en oefende druk uit terwijl het bloed door de watten heen op haar witte blouse sijpelde.

Ik werd haastig in een ambulance met loeiende sirene naar

de EHBO gebracht, waar de slagader van mijn rechterarm werd dichtgeklemd en gehecht. Ik moest diverse infusen hebben om een transfusie te voorkomen en werd in een taxi, onder toezicht van een personeelslid, naar de dagopvang teruggebracht, met mijn armen dik ingepakt in verband, als een Egyptische mummie. Dokter Armstrong zat in haar kantoor op de rand van haar bureau met een geforceerde glimlach op me te wachten.

'Tot maandag hoef je hier niet meer te komen, Alice,' zei ze.

'Wilt u daarmee zeggen dat u me morgen niet wilt zien?' vroeg ik.

'Nee, het is beter van niet,' antwoordde ze. 'We moeten het maar tot maandag laten rusten. Je moet eerst eens even bijkomen. Ik zal je wat meer slaaptabletten geven.'

'Echt?'

'Ja, Alice.'

We keken elkaar zwijgend aan. We hadden altijd meningsverschillen over mijn pillen, over de hoeveelheden en de sterkte. Ik liep snel naar de apotheek voor die dichtging en nam de bus naar huis. De stemmen kletsten maar raak; ik luisterde niet. De regen kletterde tegen de ruit. Ik dacht aan dokter Armstrong. Hoewel zij de diagnose DID had gesteld, kon mijn behandelend psychiater niet helemaal bevatten dat niet ík degene was die in mijn armen sneed, maar een alterspersoonlijkheid die het moeilijk had – iets wat ik kon begrijpen en vergeven. Kato had me kwaad gedaan, Jimbo had me gered. Ik maakte deel uit van die groep.

Wat de slaappillen betreft: omdat er voortdurend gevaar bestond dat ik een overdosis nam, kreeg ik altijd recepten op vierentwintiguursbasis. Soms spaarde ik ze op; dan sliep ik het hele weekend en zag ik mama en Stephen nauwelijks. Ze deden hun uiterste best om geduld met me te hebben en gingen mee met de alters wanneer die tevoorschijn kwamen, bijvoorbeeld tijdens het eten.

'Ik vind dit niet lekker.'

'Dan eet je het toch niet op, Alice.'

'Ik ben Alice niet. Ik ben Alice niet. Ik ben Alice niet.'

'Wie ben je dan?'

'Billy. Billy. Billy.'

'Het is hier net een gekkenhuis.'

Pang, pang.

Arme mama. Op dagen dat mijn gedachten helder waren, en ik gewoon Alice was, zag ik aan de blik in haar ogen dat ze in mijn plaats leed, dat het enige wat ze wilde was wat iedere goede moeder voor haar dochter wilde. Ze had de stoornis nooit helemaal begrepen en was, nadat ze aan enkele sessies had deelgenomen, gestopt met de begeleiding voor de familie van slachtoffers van seksueel misbruik. Ze dacht dat ik alleen maar 'opgemonterd' hoefde te worden.

'Ik wil weten waar het meisje is gebleven dat doctor wilde worden.'

'Pardon?'

'Wat is er gebeurd met de Alice die marathons liep?'

'Ze kan momenteel nauwelijks gewoon lopen.'

'Ik weet het goed gemaakt. Ik ga voor iemand die ik ken een paar nieuwe hardloopschoenen kopen.'

Ze deed haar best. Ze kwam me de volgende dag na haar werk afhalen en we kochten een paar Nikes met roze stiksels en veters. Zelfs sportschoenen werden sexy.

Nu ik weer door de straten banjerde, kwam ik oude schoolvrienden tegen, van wie de meesten afhaakten zodra ze wisten dat ik psychische problemen had, alsof mijn stoornis besmettelijk was. Het is nuttig om te weten wie je vrienden zijn, en ik was blij dat ik Jacob had.

Jacob en ik gingen naar de film, omhelsden elkaar zenuwachtig, vlochten onze handen in elkaar onder een tafeltje in een wijnbar. Er ging een rilling door me heen, maar net zoals ik bij Patrick niet in staat was geweest mijn gestremde instincten te beïnvloeden, liet ik niet toe dat Jacob dichter bij me kwam dan contact van wang tegen wang, of elkaar over de haren strelen – de trieste interactie tussen beschadigde mensen.

Jo Lewin was niet alleen mijn therapeut, maar werd ook een vriendin en besteedde zoveel mogelijk tijd aan me. Op z'n Shirleys maakte ik thuis wel eens lasagne, om het naar Jo mee te nemen en de avond bij haar en haar zoon door te brengen. We maakten wandeltochten in het Lake District. Tijdens de sessies op de dagopvang pelde ze laag na laag van begraven herinneringen af, die me vaak verwarden en waardoor ik me ook fysiek onwel voelde. De 'lichamelijke herinnering' aan het gevoel dat er een ijzeren staaf in je anus wordt gestoken veroorzaakt een heel realistische pijn die je zelf niet kunt teweegbrengen of verklaren.

Het was een opluchting dat de medici me beschouwden als een slachtoffer van 'het vreselijkste misbruik dat iemand kan ondergaan', zoals Jo Lewin eens zei. Maar de marteling om op de vloerbedekking van de dagopvang te zitten terwijl zich in mijn hoofd allemaal scènes afspeelden met die grote man die boven op een klein meisje lag en haar dwong tot seksuele omgang, werd door die erkenning niet minder.

Diezelfde beelden die in de therapie naar boven kwamen, komen nog steeds terug, nu, op rare tijden, op elk moment. Stel je voor dat je ziet dat je kind door een auto aangereden wordt, of je moeder doodgestoken, een raket boven op je huis ontploft wanneer je je door de straten van Bagdad of Jeruzalem naar huis haast. Die beelden zijn er altijd. Je probeert de stukjes van je leven bij elkaar te rapen, maar de littekens blijven.

Soms, wanneer ik thuis in bed lig, hoor ik de buren in hun huis de trap op lopen en dan herinner ik me onwillekeurig het geluid dat mijn vader maakte wanneer hij naar boven kwam toen ik nog een kind was. De deur gaat open, de mobile beweegt. Hij gooit de knuffels op de grond en trekt de rits van zijn broek omlaag met een raspend geluid waarvan mijn haren overeind gaan staan. Ik zie mezelf op mijn knieën overeind komen, mijn mond openvallen, zijn piemel stotend heen en weer gaan voor wat wel een eeuwigheid lijkt te duren. Hij houdt mijn achterhoofd vast om ervoor te zorgen dat ik zijn sperma inslik, of hij laat het van mijn lippen druipen zodat hij de 'crème' over mijn blote buik kan smeren. Soms penetreerde hij me anaal en ejaculeerde daarna in mijn mond. Dat vond papa leuk. Ik herinner me de smerige smaak, de knopen in mijn maag, het gevoel van verlatenheid, isolement, een kleine luchtbel die helemaal alleen door een groot zwart heelal zweeft. Ik herinner het me nu. Ik kan het me allemaal herinneren. Er was geen enkele vorm van perversiteit die mijn vader mij, zijn dochtertje, niet heeft opgedrongen.

Verschillende persoonlijkheden kwamen door dissociatie op in verschillende periodes in mijn leven. Ze bewaren allemaal unieke herinneringen aan misbruik; een virtuele bibliotheek van schunnig en verderfelijk gedrag. Kato en Shirley waren terughoudender om mijn vaders wreedheid te beschrijven dan de jongere alters, die veel minder benul hadden van de implicaties. Ik werd beschermd door een dieper geheugenverlies van naamloze alters met herinneringen die te grondig begraven waren om verbaal te kunnen worden uitgedrukt. Die kregen vorm door 'automatische' tekeningen die ik in de creativiteitsruimte van de dagopvang had gemaakt. Het waren ruwe voorstellingen van gestalten in zwarte gewaden, uitgelicht met stralende flarden scharlakenrood. De tekeningen wekten tegelijkertijd afkeer en fascinatie bij me op.

Net als Kato en Shirley ontwikkelde ik een obsessie voor bloed. Het choqueerde me toen ik me herinnerde dat ik met veertien jaar (Shirleys leeftijd) de eerste krassen en sneden in mijn armen had gemaakt, alleen maar om het bloed te zien, een herontdekte herinnering die werd bevestigd door mijn oude schoolvriendin Lisa Wainwright.

De herinneringen ebden weg en kwamen weer op, een getij van menselijke verdorvenheid waarvan goede mensen zich geen voorstelling kunnen maken. Mama haalde me op bij de dagopvang of ik nam de bus naar huis, waarbij ik voor mezelf mijn onderzoeksvoorstel reciteerde. De straten verschenen als een stadsgezicht uit een droom, zo hyperrealistisch dat ze onwerkelijk leken. Mama had het beheer van mijn medicijnen op zich genomen. Zij pakte de overdosis- en zelfverminkingsincidenten aan. Ze wist dat het misbruik had plaatsgevonden, dat de herinneringen echt waren. Ze kende de omvang van het misbruik, en ze deed in de twee jaar dat ik thuis woonde haar best om me de traumatische ervaring van de therapie te helpen overleven.

Er waren twee jaar voorbijgegaan. Zomaar. In rook opgegaan als afval in opa's tuin. Ik wist dat het twee jaar was omdat ik ineens in aanmerking kwam voor een flat van de gemeente en de bende knuffels naar een tweekamerwoninkje verhuisde terwijl er, daarvan ben ik overtuigd, onder het dak van mijn moeders huis een zucht van verlichting klonk.

Rond die tijd stuurde mijn vader me heel raadselachtig een cheque voor een zeer aanzienlijk geldbedrag, ongeveer genoeg om een gloednieuwe auto van te kopen. Toen de cheque kwam, hing ik hem op het prikbord in de keuken en staarde ernaar alsof het een stuk van de Dode-Zeerollen was.

Die enorme som geld. Van mijn vader. Zomaar ineens.

Het was duidelijk zwijggeld, bedoeld om mij mijn mond te laten houden. Maar het had het tegenovergestelde effect. Ik maakte een fotokopie van de cheque en legde een dossier aan van zijn pogingen om contact met me te krijgen in keurige plastic zichtmappen in een ordner die vijf centimeter dik zou worden. Ik neem geen halve maatregelen.

Mijn eerste opwelling was de cheque terug te sturen. Ik kwam tot een verstandiger besluit en zette het geld op de bank voor later. Maar ik gebruikte vijftig pond voor de aanschaf van wijn en eten, nieuwe muziek en twee rode kaarsen met glazen kandelaars. Ik maakte gebakken vis met groene groenten en Jacob kwam naar mijn flat voor een romantisch samenzijn. We aten bijna niets, dronken wijn, dronken nog meer wijn, zaten op de bank die ik van mama had gekregen, en dachten aan seks. Er gebeurde niets. Geen van beiden wisten we hoe te beginnen, waar te beginnen. We waren bang voor onze gevoelens, bang dat we niets zouden voelen, bang om elkaar te kwetsen. We waren een ramp.

Jacob vertelde me dat ook hij als kind was misbruikt, op school. Ik was ontzet toen ik hoorde dat de dader een leraar was die ik me nog herinnerde. Ik barstte in tranen uit. We omhelsden elkaar, we kusten zo'n beetje, maar er was geen sprake van seks die nacht, of eigenlijk geen enkele nacht.

Mijn aanwezigheid op de dagopvang was teruggebracht tot drie keer per week op mijn therapiedagen. Om mijn tijd te vullen en de therapie aan de gang te houden ging ik naar het inloopcentrum voor cliënten van de psychische gezondheidszorg. Ik raakte vooral bevriend met een levendige vrouw met enorme blauwe ogen die Megan Sorensen heette, een personeelslid. Ze was er heel goed in de alters, met name Jimbo, naar boven te halen, en met hen aan de gang te gaan. Eén keer dook Kato op en toen ze in het gesprek een gevoelige snaar raakte, gaf Kato Megan heel onvriendelijk een klap op haar arm.

Ik heb geen idee of het een harde klap was of niet. Kato is een zelfstandige persoonlijkheid en doet stomme dingen die ik niet goedkeur en waar ik geen controle over heb. Ik wist zelfs niets van die beruchte klap tot de directeur me op haar kantoor ontbood en me meedeelde dat ik geen afspraken meer met Megan kon maken.

Ik barstte in tranen uit. Ik was dol op Megan. 'Maar waarom niet?' vroeg ik.

'Omdat je haar een klap op haar arm hebt gegeven, Alice, en ze dat niet prettig vond.'

'Maar dat heb ík niet gedaan.'

'Megan zei van wel.'

'Ja, natuurlijk heb ik het gedaan. Maar dat was ík niet.'

'Hoor eens, ik ga hier niet met je zitten discussiëren.'

Ik bleef maar snikken. Een van de nadelen van MPD/DID is dat psychiaters, therapeuten en medewerkers in de psychische gezondheidszorg, behalve dat ze het niet altijd eens zijn over de behandeling, ook soms vergeten dat je een meervoudige persoonlijkheid bent. De stoornis is niet zichtbaar, zoals een onbetrouwbaar hart of een plek met kwaadaardige cellen op een röntgenfoto. Je ziet er normaal uit. Ik deed mijn best om normaal te zijn, en blijkbaar was ik daar zo goed in geslaagd dat de directeur het incident met de klap behandelde zoals men het onder normale omstandigheden zou doen.

Maar dat er een verwarde zestienjarige jongen in Alice' geest en in haar vrouwenlichaam verschijnt, dat is niet normaal. Het is abnormaal. De stoornis is niet zo zeldzaam als ooit werd gedacht, maar complexe meervoudige persoonlijkheden kunnen alleen worden 'genezen' als de alters worden geïntegreerd door middel van een proces dat jarenlange therapie, voortdurend aangepaste medicatie en bovenmenselijk geduld en begrip vergt.

Die dag in het inloopcentrum voelde ik me als een leproos in de middeleeuwen, een verschoppeling met een ratel die mijn status van verstotene aankondigt. Ik ging naar huis, slikte een handvol pillen en sliep en huilde vier dagen lang zonder mijn bed uit te komen.

Maak jezelf van kant, Alice. Niemand vindt je aardig. Neem een overdosis. Snijd je polsen door.

Dat ik in therapie was en antipsychotica slikte, betekende nog niet dat de stemmen stil waren geworden. Verward soms, maar nooit stil. Het kon nog steeds gebeuren dat ik de incidentele drie uur durende douche nam en mijn huid tot bloedens toe afboende, mijn spijkerbroek perste, mijn loopschoenen schoonmaakte, 's avonds in bed een boek begon te lezen en de volgende ochtend wanneer de zon opkwam merkte dat ik nog steeds aan het lezen was, terwijl de uren verdwenen waren, de woorden vergeten, de maanden van de kalender glipten.

Nadat ik vier dagen het bed had gehouden, sleepte ik mezelf eruit om naar een afspraak met een nieuwe psychiater te gaan, die dokter Armstrong verving, die met zwangerschapsverlof was. Deze psych was elegant en zelfverzekerd, praatte bekakt en haar stem trilde toen ze ontdekte dat ik zestig milligram Temazepam nam in plaats van de aanbevolen dosis van tien milligram. Ze pleegde een paar telefoontjes, fluisterde gebiedend met haar prettige stem en toen was er een bed voor me gevonden op de psychiatrische afdeling van de Josiah Jenninskliniek om onder toezicht te ontwennen.

Ik weet niet meer precies hoe ik ertoe kwam om zoveel Temazepam te nemen. Ik moest acht dagen op de afdeling blijven om te ontwennen. De chemische samenstelling van Temazepam geeft een tranceachtig effect, waardoor je gemakkelijk kunt vallen en gewond raken. Ik bracht de eerste vierentwintig uur in bed door, en daarna bleef ik elke dag een paar uur langer op, in het dagverblijf of rondhangend op de gang, en vroeg me af of ik ooit nog beter zou worden. Ik werd ontslagen met een nieuw recept, voor Welldorm (chloraalbetaïne), geen benzodiazepine en minder verslavend.

Jacob kwam me in het ziekenhuis opzoeken, net zoals ik later bij hem op bezoek zou gaan toen er in een van zijn manische periodes calamiteiten plaatsvonden. Hij bracht zijn walkman voor me mee, een exemplaar van *De druiven der gramschap* van John Steinbeck en een tros druiven omdat hij, naar hij zei, zich 'bacchantisch' voelde. Ik vond die thematische geschenken geweldig en vroeg me nog steeds af wat hij met 'bacchantisch' bedoelde toen hij me de volgende dag kwam halen om me naar huis te brengen. Een enkel woord kan in je geest kruipen als een insect in een appel, en je dagenlang bezighouden.

Nu ik geen Temazepam meer had, begon ik te drinken: aanvankelijk wijn, daarna sterkedrank, de gebruikelijke cyclus, die tot een nieuwe verslaving leidde, wat irritant was omdat ik het niet prettig vond het geld op de bank aan te spreken, mijn buffer. Ik vond het verschrikkelijk na gebroken nachten met vreselijke hoofdpijn wakker te worden. Op de psychiatrische afdeling had ik een jongen leren kennen die bezig was van zijn alcoholverslaving af te komen en ik besloot met hem mee te gaan naar de Anonieme Alcoholisten. Het was amusant om naar de mensen te luisteren die zittend in een kring aan zichzelf en anderen toegaven dat ze alcoholist waren. Maar dat gold niet voor mij. Ik was alleen een zuipschuit bij gebrek aan allerlei chemische stofjes.

Medicijnen, alcohol, slaapgebrek, overdoses, zelfverminking. Tijdens therapie werden de alters aangemoedigd hun herinneringen te spuien. Verdovende middelen in allerlei varianten vormden de enige verlichting bij de kwellingen die daarmee gepaard gingen. Mijn geest zat boordevol herinneringen aan het misbruik en mijn lichaam ging ten onder aan de lichamelijke herinneringen aan fysieke en geestelijke marteling.

Zou Billy ooit over de ervaring van misbruik door vreemden heen komen in de kerker van zijn geest? Ik had, zoals dokter Ross het beschrijft, het middel dissociatie bedacht om mezelf weg te halen bij de pijn van de verkrachtingen, maar ze hadden nog altijd plaatsgevonden. Ze moesten nog steeds onder ogen worden gezien als ik ooit wilde integreren en beter worden. Dat inzicht bleef als een lastige vlieg in mijn hoofd rondzoemen.

Op een dag kwam ik langs het politiebureau. Ik bleef ervoor staan en keek door de open deuren naar de prikborden, de affiches. Het was warm weer, de lucht was helder met een paar opgeblazen wolken zoals je op kindertekeningen ziet. Met rechte rug, gerichte blik en de stemmen ver weg kuierde ik de trappen op.

'Goedemorgen,' zei ik tegen de agent achter de balie, een gezette, aardig uitziende man. 'Ik ben Alice Jamieson. Ik wil graag aangifte doen tegen mijn vader wegens seksueel misbruik toen ik een kind was.'

De mollige agent boog zijn hoofd en keek me over de rand van zijn bril heen aan. Hij stond op.

'Deze kant op,' zei hij, en hij leidde me via de balie naar het hart van het gebouw.

Ik werd naar een kamertje gebracht, waar ik tegen een jonge vrouwelijke rechercheur verklaarde dat ik als kind door mijn vader en anderen stelselmatig was misbruikt. Ze was geduldig en meevoelend. Ze maakte aantekeningen, ze pleegde een paar telefoontjes. Er werd een afspraak voor mij gemaakt om op neutraal terrein een verklaring af te leggen in het Callaghan Centre, een opvanghuis voor mensen met psychische problemen, met mijn toenmalige psychosociaal werkster als de aangewezen volwassene. De ondervraging duurde de hele dag en de volgende tot halverwege de middag. Ik wilde niets weglaten.

De politie onderzocht mijn beschuldigingen door mijn medische en psychiatrische dossiers in te zien.

En ook kopieën van verslagen van mijn huisarts, dokter Robinson, en mijn psychiater, dokter Armstrong; de politie nam mijn dossiers bij het maatschappelijk werk door en trok mijn beschuldigingen na, met inbegrip van de verkrachting door mijn vader toen ik de confrontatie met hem aanging. De politie verwierf verklaringen van de mensen met wie ik in mijn leven te maken had gehad, zoals Louise Lloyd-Jones, dokter Graham Sutton en de psychiater dokter Simpson, alsmede Rebecca Wallington en de beroepskrachten die met mij te maken hadden gehad toen ik in Huddersfield zat. Ze gingen zelfs zo ver terug dat ze de aantekeningen van dokter Purvis, de kinderpsychiater, bekeken.

Mijn vader werd gearresteerd en moest zes lange weken wachten voordat de Crown Prosecution Service (CPS) besloot de aanklacht niet door te zetten.

De CPS was tot dit besluit gekomen na een aantal factoren te hebben gewogen:

• De hoeveelheid tijd die verstreken was tussen het 'vermeende' misbruik en mijn aangifte bij de politie ('vermeend' was een wettelijk voorvoegsel dat voortaan als een schaduw aan 'misbruik' kleefde).

- Het feit dat ik voordat ik verslag deed onder de hoede van diverse beroepsbeoefenaren in de psychische gezondheidszorg was geweest.
- Ik zou in mijn kwetsbare psychische gezondheidstoestand waarschijnlijk niet opgewassen zijn tegen het kruisverhoor van de verdediging.

Het was een ontstellende beslissing, die alleen verlicht werd door de troost die ik voelde vanwege iets dat de rechercheur die met mijn zaak belast was op een notitieblaadje schreef. Namelijk dat zij geloofde dat ik een waarheidsgetrouw verslag had gegeven van het misbruik dat mijn vader tegenover mij had begaan. Het feit dat ik sinds mijn vierde herhaaldelijk een blaasontsteking had gehad, kreeg ineens een nieuwe betekenis. Blaasontsteking is een ontsteking van de blaaswand, veroorzaakt door een infectie, irritatie of beschadiging. Het komt voor bij mannen, maar vaker bij vrouwen, vooral tijdens de zwangerschap en de menopauze, en wanneer ze seksueel actief zijn. De kans dat vrouwen een blaasontsteking krijgen is groter dan bij mannen, omdat de urethra, de urinebuis, die de urine uit de blaas afvoert, bij hen korter is en de opening ervan dichter bij de anus ligt, en daardoor gemakkelijk geïnfecteerd kan raken.

Blaasontsteking is iets wat kleine meisjes normaal gesproken niet gauw zullen krijgen. Maar ik heb vanwege deze kwaal zoveel tijd in de wachtkamer van de dokter doorgebracht dat ik voor mijn vijfde verjaardag mezelf had geleerd een auto van Lego te maken met bewegende onderdelen, terwijl mama een expert werd op het gebied van haarproducten en make-up doordat ze zoveel vrouwenbladen las. Aanhoudende blaasontsteking kan leiden tot beschadiging van de nieren. Het duurde ongeveer zes jaar – de molens van de NHS malen langzaam – tot ik uiteindelijk voor onderzoek naar het kinderziekenhuis in Birmingham werd doorverwezen. Mama bracht me er meer dan een jaar lang elke maand naartoe, en een stroom artsen en studenten in witte jassen stond naar me te staren alsof een kind met een blaasontsteking een van de wereldwonderen was. Voor zover ik weet heeft nooit iemand geopperd dat mijn toestand het gevolg kon zijn van irritatie die werd veroorzaakt door scheurtjes of infecties in het gebied dat aan het uiteinde van mijn urinebuis grensde. Uiteindelijk werden de resultaten van de onderzoeken bekend. De nieren waren niet beschadigd. Ik was een speling van de natuur. Er was nog een intrigerend bewijs. Op tweejarige leeftijd had ik zo'n last van verstopping dat ik er in het ziekenhuis voor behandeld moest worden. Toen ze me onderzochten, werd ontdekt dat ik een scheur in mijn anus had. Die aantekening was een herinnering aan wat ik had doorstaan. Het kwam in het dossier en zou een grote rol gaan spelen toen enkele jaren later de mogelijkheid werd geopperd om de zaak tegen mijn vader te heropenen.

Alleen moest ik eerst door de hel gaan.

Na het fiasco van de klap die Megan had gekregen, ging ik lange tijd niet meer naar het inloopcentrum. Toen ik er uiteindelijk terugkwam, bracht de directeur me in contact met Mike Haydock, een ervaren psychotherapeut. Mike stelde strenge grenzen aan de therapie: ik moest de hele tijd in een stoel blijven zitten en er zou buiten de therapie om geen sociaal contact zijn – het tegendeel van mijn relatie met Jo Lewin. In het begin viel het me zwaar aan dit regime te wennen, maar na een tijdje merkte ik dat er positieve veranderingen plaatsvonden.

Ik zag Mike eenmaal per week. Zijn aanpak was meer psychoanalytisch. Met zijn afstandelijkheid en overredende stem kon hij, zelfs als ik me ertegen verzette, me gemakkelijk in regressie krijgen. Hij begon de onbewuste elementen die in mijn geest werkzaam waren tevoorschijn te halen en hun interactie met de bewuste elementen te onderzoeken. Hoewel hij zich bijvoorbeeld niet speciaal richtte op zelfverminking, moedigde hij me aan erover na te denken wat voor doel daarmee werd gediend en welke onbewuste krachten me ertoe aanzetten. Hij was ook anders dan de andere therapeuten in die zin dat hij de alters niet bij naam noemde. Hij legde minder nadruk op het feit dat de kinderen waren afgescheiden, en meer op de functie en de reden van hun afsplitsing. Op deze manier kon de gerichtheid op integratie, oftewel heel worden, als doel van de therapie, beschouwd worden als een aanhoudend, geleidelijk, voorzichtig proces van ontwikkeling van persoonlijk inzicht en groei.

Door de subtiele methoden van Mike ging ik in de loop van weken en maanden meer moeite doen om de alters te leren kennen, om te beseffen welke trauma's ze hadden doorgemaakt en in mijn volwassen leven hadden meegebracht. Door dichter bij Shirley en Kato te komen, zou ik hen vanuit een betere positie kunnen proberen over te halen om hun psychisch lijden niet te verlichten door de fysieke handeling van het snijden in mijn armen.

Het is een ingewikkeld en langdurig proces om gedachten tot rust te brengen die als ballen bij het poolen naar verschillende delen van de hersenen schieten, van links naar rechts, van de subcortex, waar de emoties zetelen, naar de neocortex, de rationele kant, waar volgens Mike weinig ruimte is voor depressies. Hij leerde me een eenvoudige techniek: als je je gedeprimeerd voelt, denk dan aan iets waar je vrolijk van wordt – meneer Happy die op zijn kop staat, of de vriendelijke ogen van mijn oude vriendin Esther in de keuken van de kibboets Neve Eitan. Daardoor verander je van mentale activiteit en verdwijnt je somberheid. Dat is de gedachte erachter. Denk aan fijne dingen, wees positief, wees dankbaar. Ik deed mijn best.

Het uiteindelijke doel van MPD/DID-therapie is integratie. Mike Haydock vond de weg ernaartoe even belangrijk, dat ik het gevoel had dat ik beter werd, alleen al door die te bewandelen, door te accepteren dat het misbruik had plaatsgevonden, te rouwen om wat ik had verloren, en de diverse emoties te voelen die bij het misbruik hoorden, zodat de pijn minder hevig werd. Ten gevolge van deze therapie integreerden sommige alters, maar het belangrijkste was dat ik beter ging functioneren en me als volwassene, geïntegreerd of niet, meer bij mezelf op mijn gemak voelde.

Ik begon meer met Jacob om te gaan en was in staat me op hem en op zijn behoeften te richten in plaats van alleen maar met mezelf bezig te zijn wanneer we bij elkaar waren. Hij was altijd geduldig geweest wanneer een van de alters tevoorschijn was gekomen. Nu ik door de psychoanalyse sterker werd, probeerde ik er voor hem te zijn wanneer hij tijdens zijn ziekteperiodes een ondoordringbare muur om zich heen bouwde.

Jacob wilde graag de publieke en professionele kijk op psychische gezondheid veranderen en was betrokken geraakt bij nieuwe wetgeving op dat gebied. Daardoor kreeg ik er ook weer belangstelling voor. In die tijd was de plaatselijke eerstelijnsgezondheidszorg bezig een nieuwe opzet te maken voor psychische gezondheidszorg. Ik trad als cliënt tot de commissie toe en kon op basis van mijn eigen ervaringen een bijdrage leveren. Als ik mijn promotie had afgerond, had ik natuurlijk heel goed in een andere hoedanigheid inbreng kunnen hebben in een dergelijke commissie.

Jacob en ik gingen verder als paar door het leven, maar door de medicijnen die we allebei gebruikten liepen alle pogingen tot seksuele omgang op niets uit, een verdriet dat ons verlamde.

Dat jaar kreeg ik op 14 februari mijn eerste en enige Valentijnskaart, een net zo dierbaar bezit als opa's *Wuivende palmen op een tropisch eiland*.

Lieve Alice,

Nooit heb ik een relatie gehad die me zoveel hoop gaf op een blijvende verbintenis.
Mijn liefde voor jou is zo groot dat alle weerstand die ik vroeger had om mezelf kwetsbaar op te stellen daarbij in het niets verdwijnt.

Je moet weten dat ik altijd met jou samen wil leven en dat ik er echt altijd voor jou wil zijn.

Liefs,

Jacob xxx

Hoewel Jacob en ik een verbintenis waren aangegaan en Jacob had geschreven dat zijn weerstand om zich kwetsbaar op te stellen was verdwenen, was hij natuurlijk nog steeds kwetsbaar. Net als ik. Ik vertrouwde Jacob meer dan welke man ook, maar ik was doodsbang en niet in staat om mezelf helemaal te laten gaan en een normale relatie te hebben. Het is de angst van beschadigde mensen. Je stelt je terughoudend op. Je verbergt jezelf. Beschermt jezelf. Het is alsof je uit een ton met teer bent gekomen. Geen wasbeurt of therapie lijkt dat van je af te kunnen wassen. Je blijft breekbaar en beschadigt anderen, of je dat nu beseft of niet.

Toen ik een paar uur per dag als vrijwilliger ging werken bij het pas opgezette plaatselijke team voor psychische hulpverlening, werd ik daardoor zo in beslag genomen dat ik niet merkte dat Jacob stiller was geworden, meer teruggetrokken. We zagen elkaar steeds minder, zonder dat ik dat besefte. Elke ochtend had ik een teambespreking met psychiatrisch verpleegkundigen, sociaal werkers en andere beroepskrachten in de psychische gezondheidszorg, zodat we over een passende aanpak konden beslissen voor cliënten in de psychische gezondheidszorg die naar ieder van hen waren doorverwezen. Het was het zinvolste werk dat ik sinds mijn baan in Swansea had gedaan.

In die tijd had ik voor het eerst een mobiele telefoon, een groot onhandig ding met een antenne aan de zijkant. Op een ochtend, toen hij tijdens een bijeenkomst overging, klonk dat zo dringend dat ik de gang op rende om op te nemen. Het was Oliver, die ooit met Jacob had samengewoond.

'Het spijt me vreselijk, Alice. Het gaat om Jacob,' zei hij aarzelend.

Ik weet niet hoe het kwam, maar ik wist het meteen. Ik begon daar in die gang hartverscheurend te snikken. Jacob had zelfmoord gepleegd.

Hoofdstuk 19

Charlie

Cocaïne, m'n schat –
het kostte maar één lijntje
om verslaafd te raken.
Sindsdien
heb ik nooit teruggekeken
om te zien,
cocaïne,
hoe je me in je macht kreeg.

Je kunt in een paar maanden door je spaargeld heen raken wanneer je een gewoonte hebt die je vierhonderd pond per week kost. Ik was dol op het witte spul. Ik schreef gedichten voor het witte spul. Als je er verliefd op bent, doe je alles voor het witte spul.

Alles.

Jacob had invulling aan mijn leven gegeven en me weer leeg achtergelaten. We waren twee mensen geweest die verbonden door een touw aan een rotswand hingen en elkaar nodig hadden om naar de wolken te klimmen. Jacob had zich laten vallen. Dat kon ik begrijpen. Ik begreep het beter dan wie ook, maar toch voelde ik me schuldig. Als ik geen last van bindingsangst had gehad, of niet bang geweest was voor seks, misschien hadden we dan onze droom waar kunnen maken en beter kunnen worden. Zo is het leven: je droomt, je wordt wakker – en dan is er niets.

Ik dacht aan Jacob toen ik mijn flat uit ging en schrok toen ik de voordeur opendeed en voor mijn etage op de eerste verdieping een jongen zonder benen aantrof. Misschien had hij ook wel benen, maar functioneerden die niet. Hij was verlamd, invalide. Hij was ongevaarlijk. Maar wat deed hij daar?

Ik ging naar boven om het mijn buurman te vertellen, een vriendelijke oudere man die ik oom Joe noemde en die viool speelde. We praatten eindeloos lang met elkaar, ik heb geen idee waarover. Hij ging naar binnen, ik stond een tijdje uit het raam naar de wolken te staren en me af te vragen of Jacob daar was, en merkte toen dat er twee ambulancebroeders de trap op kwamen rennen, naar mij toe. Het waren opgewekte knullen in glanzende overalls, ze hijgden toen ze boven waren.

'Oké. Oké. Het komt allemaal goed.'

'Wat? Het gaat niet om mij. Waar hebben jullie het over? Het gaat om hem.'

Ik kon mijn voordeur zien; de jongen zonder benen lag nog steeds opgekruld op de deurmat.

'Kijk daar, hij heeft hulp nodig,' riep ik uit.

Een van de broeders legde zijn arm zachtjes om mijn middel. Het was een knappe vent. Ik keek hem aan en hij glimlachte.

'Hoor eens, die man heeft hulp nodig,' zei ik tegen hem.

'Er is niemand.'

'Er is wel iemand, kijk, hij kan niet lopen, hij is verlamd.'

'Laat ons even kijken of het wel goed met jou gaat.'

'Het gaat niet om mij, maar om hem,' zei ik weer.

Zo ging het een tijdje over en weer. Ik bleef volhouden dat er beneden een jongen zonder benen was, maar na binnen in mijn flat te hebben gekeken, in de kasten en de kapotte ijskast, trokken we uiteindelijk de voordeur achter ons dicht. De knappe broeder hield mijn arm vast toen we de trap af liepen naar de parkeerplaats en we stapten in de ambulance.

'Jullie moeten die jongen gaan zoeken, hij heeft echt hulp nodig,' zei ik.

'We zullen ervoor zorgen dat dat in orde komt, maak je maar niet ongerust.'

Ik vertrouwde hem. Om een of andere reden heb je eerder vertrouwen in knappe mensen. Ik ging achter in de ambulance zitten en hoorde dat de deur op slot werd gedaan. Waar kwam die jongen zonder benen vandaan? Waar was hij heen gegaan?

Het volgende dat tot me doordrong, was dat ik in bed naar de spinnenwebben lag te staren aan het plafond van de psychiatrische afdeling van de Josiah Jennins-kliniek. Ze hadden een naald in mijn kont gestoken. Dat doen ze altijd.

Ik had een 'korte psychose' gehad en zat weer vijf weken vast in het gesticht. Mijn bovenbuurman moet hebben gemerkt dat ik psychotisch was en had een ambulance gebeld. Ze waren razendsnel gekomen.

In het ziekenhuis kreeg ik een nieuw antipsychoticum voorgeschreven, dat Olanzapine (Zyprexa) heette – twee witte tabletten van tien milligram per dag – naast de gebruikelijke Prozac en Valium. Ik kan me niet herinneren dat ik van de grijze prut heb gegeten die ze met etenstijd op je bord kwakken, maar dat moet haast wel. Ik kwam zo'n twintig kilo aan en ging van kledingmaat 36/38 naar 40/42. Het voelde alsof Kato zich in mijn kleren wrong. Ik zag eruit als een walvis, een olifant, een zeppelin. Ik had er nooit als mezelf uitgezien, maar nu leek ik op niemand.

Er was op de afdeling een meisje met brede heupen, Sam genaamd, dat niet at. Ze zat onder de piercings en had lege ogen, zoals een boeddha. Op een dag raakten we in de televisieruimte aan de praat over supermodellen die slank bleven en toen zei ze dat die allemaal cocaïne snoven.

'Daar zou ik wel wat van kunnen gebruiken,' zei ik.

'Geen probleem,' antwoordde ze.

Ik had geen drugs meer gebruikt sinds ik hasj had gerookt in de Sinaï, en een paar keer xtc had geslikt om erbij te horen. Die avond kwam Sams vriendje, Andy, langs. Hij gaf me zijn mobiele nummer en ik belde hem toen ik tien dagen later, zo vet als een varken, werd ontslagen. We hadden afgesproken in de Wylde Green Pub aan Birmingham Road. Sam was er ook. Ze was een week eerder ontslagen dan ik. Ik geloofde niet dat er veel mis met haar was. Ze was gewoon een mager kind met brede heupen dat veel drugs gebruikte. We namen een paar drankjes en keken naar voetbal op tv. Toen we de kroeg uit kwamen, goot het pijpenstelen, en Andy bracht me thuis. Voor mijn flat, terwijl de regen als pijlen tegen de autoraampjes kletterde, pakte Andrew een cd-doosje uit het handschoenenkastje, een creditcard uit zijn portemonnee en haalde hij een plastic zakje tevoorschijn, zo eentje waarin reserveknopen verpakt zitten wanneer je een nieuwe jas koopt. Hij schudde er een hoopje wit poeder uit op het cd-doosje en hakte het fijn als toverstof met de rand van zijn creditcard. Het was een fascinerend ritueel.

'Wil je ook?' vroeg hij.

Ik had gezien hoe er cocaïne werd gesnoven in televisieseries als *Miami Vice*, dus ik wist waar het om ging. Andy verdeelde het witte poeder in drie lijntjes met een lengte van ongeveer drie centimeter en maakte toen een kokertje van een tienpondsbiljet. Hij boog zich naar het cd-doosje toe, drukte met een vinger zijn linkerneusgat dicht en snoof met het rechter het lijntje op door het kokertje. Hij inhaleerde diep om de hele dosis binnen te krijgen.

Hij gaf het cd-doosje aan Sam. Zij deed hetzelfde. Er was nog een lijntje over. Het was een mogelijkheid om erbij te horen, bij nieuwe vrienden, een nieuw leven, om een doel te hebben. Ik voelde me cool.

Toen ik de coke opsnoof prikte mijn neusgat eerst, alsof er chilipoeder in was gekomen. Daarna voelde ik me ongelooflijk opgewonden en helder. Ik had het gevoel dat ik voor het eerst van mijn leven helemaal wakker was. De stemmen verdwenen.

Mijn problemen verdwenen. Het was de meest stimulerende ervaring die ik ooit had gehad en ik vond het geweldig. Ik wilde het. Meervoudig persoonlijkheidssyndroom. Incest. Dode vriendjes. Niets doet er meer toe als je Charlie hebt.

Andy gaf me het restje coke om te proberen en de volgende dag bestelde ik telefonisch een zakje van een gram, dat vijftig pond kostte. Ik had meer dan tienduizend pond op de bank staan. Ik was rijk. Door de Olanzapine voelde ik me opgeblazen en depressief. Cocaïne gaf me het gevoel dat ik leefde, en niet alleen maar als een rat gevangenzat in het draaideursysteem van de psychische gezondheidszorg.

Ik plakte sterren aan het plafond die licht gaven in het donker, en overdag hing ik rond met Andy, Sam en Matt, een vriend van Jacob die ik nog van school kende. Andy droeg designkleding, was pienter, vol zelfvertrouwen door de cocaïne, een Manchester United-fan die gezeten had wegens dealen. We zaten uren in de kroeg voetbalwedstrijden te analyseren, in een flat lijntjes te snuiven en naar muziek te luisteren met een halfnaakte Sam, bij wie de getatoeëerde slangen op haar armen tot leven kwamen en over haar witte vlees wriemelden. Ik staarde naar de dansende slangen en herinnerde me dat er ooit een meisje met de naam Alice was geweest dat een slangenbezweerder had gezien in Petra, en gesluierde vrouwen, ezelwagens met lankmoedige ezels, en proefde weer de peperige smaak van het eten op straat waarvan ze nooit ziek was geworden. Matt speelde gitaar. Hij was lief en verdwaasd, een eenling, mooi, had een olijfkleurige huid, bruine ogen en schouderlang, golvend bruin haar. Ik vond hem echt leuk, maar dat wist hij niet.

Met de recepten van dokter Robinson kon je een boodschappentas vullen. Maar je kunt nooit te veel medicijnen hebben. Ik zat op zestig mg Prozac (de hoogste dosering), vijftien mg Valium in drie doses van vijf mg per dag, Zopiclone om te slapen, Olanzapine, een antipsychoticum van twintig mg, en Gaviscon tegen brandend maagzuur.

Ik wisselde die graag af met de drugs. Van xtc ga je dansen, zelfs als je alleen bent. Van speed word je alert en paranoïde. Dat is een prettige tweedeling, net als meedoen aan een triotje, zo stel ik me voor, dat schoot althans door me heen toen ik dat meisje van school in de kroeg zag. Ze liep op stilettohakken van vijftien centimeter, en droeg een jurkje ter grootte van een zakdoek. Ik dacht: wat een toestand. Ik kon nog praten.

Het punt met amfetaminen is dat je dagenlang wakker kunt blijven; je raakt de tijd kwijt, je remmingen, je praat met wildvreemden. Het ontgoochelende van speed is dat er niets meer overblijft om voor te leven, dus je drinkt een paar pilsjes, rookt een joint. Je doet er wat mee. Ik probeerde heroïne. Ik bedoel, je moet wel. Je legt een beetje bruin kristal op een stukje aluminiumfolie. Je verhit het met een aansteker en wanneer het kristal een wazige damp wordt, snuif je de staart van de draak op met je neus. Je vliegt. Je gaat dood. H maakt een eind aan de pijn. H legde de stemmen het zwijgen op. H bracht de kinderen in de war. H maakte Alice bang. H is alsof je terugkeert naar de moederschoot. Het is warm en veilig. Ik lijk nooit op mezelf, ik voel me nooit mezelf, maar met heroïne voelde ik me ook niet iemand anders. Het lijkt eigenlijk een beetje alsof je op een vliegend tapijt zweeft.

Daar gaat het om bij drugs. Je wilt loskomen van jezelf. Van je lichaam. Je wilt loskomen van wie je bent, en als er twintig mensjes en een koor van agressieve buitenaardse wezens in je hoofd zitten, dan is het: hoe verder weg, hoe beter. Het maakt niet uit welke soort drug je krijgt aangeboden. Als je voorstelling van de werkelijkheid er maar door verandert, wil je het in je mond stoppen of opsnuiven, het in je aderen spuiten, de trip maken en erover praten. Van drugs ga je veel praten. Het is raar, maar daarbij kun je je keel smeren met zoveel alcohol als je wilt zonder dronken te worden. Alcohol laat de roes doorsudderen zoals een zacht vuurtje een pan water aan de kook houdt. En, wat het beste eraan is: je hebt vrienden.

Op een avond verscheen Matt met wat ketamine, dat hij in

dunne, glinsterend witte lijntjes fijnhakte. K is een kalmeringsmiddel voor paarden dat de membranen in je neusgaten aan-
tast. De meeste drugs worden gesnoven. Na ketamine druipt
er, ook al ben je nog zo uitgedroogd, altijd een druppel snot uit
je neus. Je snuift je lijntje op en doet je ogen dicht. Een speer
doorbreekt de werkelijkheidsbarrière tussen je oren en je wordt
binnengezogen in wat ze het K-gat noemen. Het lijkt alsof je
doodgaat wanneer je voelt dat je wezen je lichaam verlaat en
erboven begint te zweven; voor sommigen een spirituele ervaring, voor mij een die inzicht gaf in dissociatie.

Ik probeerde na dat heerlijke lijntje K door de kamer te
lopen, maar de vloer was sponsachtig geworden en zoog aan
mijn benen. Ik dacht dat Matt gitaar zou gaan spelen, maar
zijn handen waren verstijfd, zijn vingers langer geworden. Ik
voelde me gewichtloos en gleed neer op de vloer. Matt zat naar
me te staren. Toen ik terugstaarde, begon het in mijn mond te
tintelen van paniek. Het was niet Matt die daar zat, maar de
professor. Ik herinnerde me zijn gezicht van mijn computerscherm in Huddersfield: oud, verwrongen, vol haat en woede.
Er schoot een gil uit mijn keel. Ik probeerde op te staan, te vliegen, maar mijn gewichtloze lichaam kon zich niet bewegen. Ik
baadde in het zweet. Ik kon mijn blik niet scherpstellen, maar
mijn ogen leken te zijn uitgerust met de passende lenzen van
een verrekijker. Toen ze weer scherp werden, besefte ik dat ik
een idiote vergissing had begaan. Het was de professor helemaal niet. Ik begon paranoïde te worden.

Het was opa.

Hij glimlachte. Zijn gezicht straalde zoveel liefde uit dat ik
het ineens begreep. Ik begreep alles. Ik was niet alleen. Hij was
er altijd. Ergens. Nu kon ik loslaten. Ik keek naar mezelf terwijl ik in de lucht zweefde. Ik zag er gelukkig uit. Ik was blij.
Ik bevond me boven bij het plafond, niet daar beneden in de
greep van de werkelijkheid.

Matt was mooi, zachtaardig, net als opa. Met Matt had ik
mijn paranoia ten opzichte van seks kunnen overwinnen, maar

onder invloed van drugs verdwijnt seks uit je gedachten en denk je alleen nog maar aan drugs. We hingen rond. We waren samen, verbonden door onze zucht naar aanhoudende zelfmedicatie, onze permanente paranoïde behoefte om eruit te zijn.

Op een avond gingen we op bezoek bij Kevin, een homoseksuele jongen met wie Matt bevriend was, die als steward werkte vanaf Birmingham Airport, en die opgevrolijkt moest worden omdat zijn vriend hem had laten zitten. Kevin had een garage achter in zijn tuin waar onze dealer, Andy, zijn voorraad bewaarde in de kofferbak van een oude auto zonder wielen. We namen een paar lijntjes en gingen naar de garage om wat van Andy's lekkernijen te halen: coke, wiet, xtc, GHB. Die kofferbak was een apotheek voor verslaafden en toen niemand keek, liet ik een vijfgramszakje Charlie ter waarde van tweehonderd pond in mijn zak glijden.

De adrenalinestoot van het stelen gaf me zo'n kick dat ik een week later, toen Kevin werkte en Andy naar Londen was om nieuwe voorraden te halen, Matt voorstelde om met wat gereedschap terug te gaan naar de garage en daar in te breken. Als je stoned bent denk je niet na over de gevolgen, en de misdaad bleek erg gemakkelijk uitvoerbaar. Andy wist niet dat wij ervan op de hoogte waren dat hij zijn voorraad in de garage verborgen hield. Kevin zou het hem niet vertellen, en bovendien werd daar in de buurt voortdurend ingebroken in garages. We gingen ervandoor met drugs ter waarde van duizend pond en vierden veertien dagen lang feest. Het zou de laatste keer zijn dat ik zulke grote hoeveelheden drugs gebruikte.

Mijn therapie ging de mist in. Het lukte me zelden om naar Mike Haydock toe te gaan. Ik had nauwelijks contact met mama en Stephen. Ik had hen niet nodig. Ik had niemand nodig. Ik had een minnaar.

Cocaïne –
een rijkeluisspelletje.

Een enkel lijntje
brengt je in een ongelooflijke roes.
Nu ben ik eraan verslaafd.

Kato hield niet van drugs. Hij vond het geen punt dat Shirley dronk, maar hij vond het maar niks als Alice high werd. Hij had een hekel aan het gevoel dat hij nergens meer controle over had en verweerde zich op de enige manier die hij kende: met scheermesjes en andere messen, door aderen door te snijden en in spierweefsel te kerven. Dan kwam ik weer op de EHBO binnen met een infuus boven mijn hoofd en van die magnetische plakkertjes op mijn lijf waaraan draden zaten die verbonden waren met een elektrocardiogram. BLIEP. BLIEP. BLIEP.

Andy en Sam kwamen me afhalen. Ze hadden een tas voor mij bij zich en ik ging naar de bank. Het is geweldig om rijk te zijn. Je hoeft je niet te bekommeren om zoiets onbetekenends en burgerlijks als geld.

Toen raakte het op.

Erger nog, ik stond bij Andy in het krijt. Niet verstandig als je dealer gezeten heeft. Vrienden geven je soms een lijntje, of twee, maar coke is hun grote liefde. Niet jij. Je bent iemand met wie je coke gebruikt, van wie je coke leent, geld leent. Geen geld, geen coke; je bestaat niet.

Sam zou zich prostitueren als dat nodig was. Een berooid meisje heeft altijd dat nog; er is altijd wel een vent die je een lijntje coke geeft in ruil voor een wip. Ik deed rode lippenstift op en bestudeerde mezelf in de spiegel. Wat een grap. Ik had het met Matt niet eens gekund. Ik herinnerde me dat eerste lijntje coke die keer in de auto toen de regen tegen de ruiten kletterde, het gevoel van euforie. Het was altijd fijn na die eerste keer, maar nooit meer net zo fijn. Dat is Charlies valkuil. Hij pakt je, omarmt je en houdt je steeds strakker vast.

De alters roerden zich hevig, het duizelde me, mijn lijf deed pijn, de muren kwamen op me af, de professor gluurde door het keukenraam, de jongen zonder benen zat weer voor de deur, ik werd misselijk van de Olanzapine. Laten we iets anders proberen.

En weer iets anders.

En weer iets anders.

Er stond een lange, magere Aziatische man met twinkelende donkere ogen op me neer te kijken. O ja, dat is dokter Thandma. Ik had hem gezien op de psychiatrische afdeling van de Josiah Jennins-kliniek toen hij zijn ronde deed. Het schoot door mijn hoofd: hoe kan het dat u een krijtstreeppak draagt, en niet een wegwerpschort, dat toch geschikter is op een plaats die onder staat met mensenbloed?

Hij wachtte tot ik iets zou zeggen. Ik zweeg.

'Dus jij denkt dat de duivel die japen in je armen heeft gemaakt?'

Ik had geen idee waar hij het over had. 'Nee,' antwoordde ik. 'Zeer waarschijnlijk heeft een van de ánderen dat gedaan.'

'Wie ben je nu?'

'Wat?'

'En wie zijn die anderen?'

'Ik ben Alice Jamieson. Ik heb DID. De anderen zijn andere persoonlijkheden, oftewel alters, zoals jullie medici ze noemen,' antwoordde ik.

'Een verpleegster heeft me verteld dat je vaak hier bent nadat je je armen hebt opengehaald. Waardoor is het deze keer gekomen dat je jezelf hebt gesneden?'

Hij suggereerde dat er sprake was van opzettelijke zelfverminking, wat naar mijn ervaring een onderwerp is dat door dokters gewoonlijk verkeerd wordt begrepen en meestal gebruikt wordt om je te stigmatiseren en een etiket op te plakken. Het was ook duidelijk dat hij weinig of niets wist van DID.

Ik zuchtte. Het effect van de lignocaïne, die ter verdoving in mijn snijwonden was gespoten voor het hechten, begon uitgewerkt te raken. Mijn armen deden pijn, mijn hoofd bonkte en ik had echt geen zin om mijn diagnose voor een psychiater te gaan uitspellen.

Dokter Thandma ging over op risicoanalyse; dat had ik al verwacht.

'Ben je suïcidaal?' vroeg hij.

'Absoluut niet.'

'Waarom heb je dan weer je armen opengesneden?'

'Ik stel voor dat u mijn dossier leest,' antwoordde ik.

'Ik heb al een korte geschiedenis gelezen. Ik denk dat je, nu dokter Armstrong met zwangerschapsverlof is, een tijdje in de kliniek opgenomen moet worden, zodat we een oogje op je kunnen houden.'

Terug naar het gesticht – in geen geval. Ik haalde diep adem en zorgde dat ik rustig bleef. De vorige dag waren de hechtingen verwijderd, en het verband dat de sneden had bedekt die Kato nog geen twee weken geleden ook al had toegebracht. Ik probeerde te glimlachen.

'Ik denk niet dat dat nodig is, dokter, echt niet.'

Hij bleef doodstil staan, met zijn vingers tegen zijn kin, en dacht na. 'Zolang je me je woord geeft dat je niet van plan bent het weer te doen, ben je vrij om te gaan,' zei hij ten slotte.

'Dank u, dokter.'

Ik belde Matt en hij kwam me met Andy ophalen. Ik bleef een paar dagen alleen in mijn flat en het was alsof iemand de klok had teruggezet, geen uren, geen dagen, maar jaren. Ik had in 1993 de diagnose meervoudige persoonlijkheidsstoornis gekregen. Er was ruim tien jaar voorbijgegaan. In rook opgegaan. Verspild. Verbruikt.

Het meeste van het mysterieuze geld van mijn vader had ik door de jaren heen bewaard door zuinig te doen, door tweedehandsspullen te kopen, door alleen in gedachten met vakantie te gaan. Toen Jacob stierf, bracht ik al mijn liefde over op het witte spul, *marching powder*, cocaïne. Nu was het geld verdwenen. Alles. Tot op de laatste cent. Ik moest van het ene moment op het andere afkicken, er zat niets anders op dan cold turkey. Dat kon ik. Ik ben zowel sterk als zwak. Ik moest de cocaïne uit mijn lichaam krijgen, maar ik werd me er al snel van bewust dat zelfs als dat je lukt, Charlie nooit uit je geest verdwijnt. Je houdt altijd de herinnering aan het gevoel van vrijheid, van McDonald's binnensluipen om rietjes te pikken, even vlug in te breken in een garage om de voorraad van een drugsdealer te jatten of aan de zelfkant van de maatschappij te leven onder de uitgestotenen. Ik weet nog dat muziek beter klonk. Ik weet nog dat ik danste alsof ik zweefde. Ik weet nog dat ik achter in Andy's auto zat met het raampje open, en de nachtlucht in mijn gezicht voelde.

Hoe is het om cold turkey af te kicken?

Het is alsof je een koude kalkoen bent die zo uit de ijskast de oven in gaat. Je bent kaal, hersenloos en vleugellam. Je zweet en je hebt het ijskoud. Je trilt en huilt. De stemmen komen terug.

Je bent niets. Je zult nooit iets zijn. Je bent een mislukking. Je zou jezelf van kant moeten maken, Alice. Doe de wereld een plezier. Doe het vandaag nog.

Dat zat er niet in, niet met de schulden die ik had. Ik liep met alles achter: de huur, gemeentebelastingen, de rekeningen voor gas, water en elektriciteit, creditcards en de rente daarvoor, mijn dealer. Mijn televisie had de geest gegeven. Mijn fiets was verdwenen. Ik kreeg 95 pond per week aan arbeidsongeschikt-heidsuitkering en 315 pond toeslag per maand – genoeg om me te bedruipen en de antipsychotica in evenwicht te houden.

Het klinkt misschien tegenstrijdig, maar ook al ben je zon-der hulp afgekickt, ook al ben je met drugs gestopt, dan ben je er nog niet vanaf. Zo werkt het niet.

Ik ging weer naar de dagopvang, deze keer naar een psycho-loog, iemand bij wie ik, zo had ik gemerkt, niet te dichtbij moest komen. Ik ging af en toe naar huis, naar mama en Stephen, zo-dat ik over mezelf kon praten, maar ik had het nooit over mijn drugsgebruik of mijn schulden.

Jaren van drugsverslaving, zelfverminking, nu en dan weken

en maanden in het gekkenhuis. In mijn leven heb ik de binnenhuisarchitectuur van diverse psychiatrische inrichtingen bestudeerd: hightech postmodern, vergankelijk victoriaans – ik zou er een boek over kunnen schrijven, met de titel *Laten we gek worden*.

Je kijkt naar me, je kijkt naar mijn medische dossier, en je vraagt je af: wat mankeert dat meisje? Wat mij mankeert is dat ik van baby tot tiener voortdurend ben verkracht en misbruikt. Daar kom je niet overheen. Dat lukt gewoon niet. En het was niet iets wat ik zelf had gedaan. Mijn vader had me dat aangedaan.

Hoofdstuk 20

Gene zijde

Drugs zijn als een warm bad, een goede nachtrust, een zonnige dag, een glimlach. Drugs betekenen plezier. Daarom gebruiken mensen ze. Ze gebruiken ze niet omdat ze verslaafd zijn; verslaving is een bijwerking. Mensen gebruiken drugs omdat ze hun hoofd uit willen. Drugs maken de werkelijkheid anders. En als jouw werkelijkheid klote is, maakt het niet uit hoe vaak je besluit ermee op te houden, de verleiding blijft altijd bestaan, die lokt je zoals de Sirenen zeelui verleiden om hun schip op de klippen te laten lopen.

Nadat ik de cold turkey had gehad en het witte spul had opgegeven, gaf ik tot mijn schande gehoor aan de lokroep van de Sirenen en begon er weer mee. Mijn schulden liepen op en om te bezuinigen ging ik van cocaïne over op het slikken van 'base', dat wil zeggen dat je een beetje amfetaminepasta in een vloeitje wikkelt en het met wat water naar binnen klokt. Je krijgt er een zere keel van, je neus gaat druipen en je hebt het gevoel dat je in drie uur een marathon kunt lopen. Maar in werkelijkheid kun je nog geen driehonderd meter lopen zonder om te vallen.

Het duurde niet lang of mijn psychiater zorgde ervoor dat ik weer in de Josiah Jennins zat om af te kicken, wat twee weken duurde. Toen ik daar was, besloten de psychiaters me weer andere antipsychotica te geven. Het nieuwe medicijn was lichtblauw met groen, als de veren van een dwergpapegaai. Ik lag volkomen leeg in speciale observatie, waarbij Jacob als een geest boven me zweefde. Ik gaf mezelf er de schuld van dat hij daarboven was, en niet hierbeneden bij mij tussen de lakens.

Had het anders kunnen lopen?

We zijn allemaal stuurman op ons eigen schip, en Jacob Williams was uitgevaren toen het zijn tijd was. De laatste keer dat ik hem zag, was hij heel rustig geweest, stiller dan anders. Hij leek een innerlijke rust te hebben, vrede, een leegte misschien. Hij had zijn plan al getrokken. Toen ik die avond bij hem wegging, omhelsde hij me stevig, en die omhelzing betekende vaarwel.

Matt kwam me van de Josiah Jennins afhalen en we zaten boven in de bus speed te snuiven en onzin uit te kramen. Van de nieuwe antipsychotica werd ik tenminste niet dik. Ik kon mijn oude kleren weer aan. Ik was weer mezelf, de Alice die rondhing en niet las, de Alice die afspraken voor therapie misliep en op de vloer keer op keer naar *The Dark Side of the Moon* van Pink Floyd lag te luisteren.

Ik was de gek die de weg kwijt was. De tijd ontglipte me; geen maanden maar jaren. Ik was geen meisje meer. Ineens was ik zesendertig. Mijn verjaardag vloog voorbij op een gram coke – het was immers mijn verjaardag – met een slapeloze nacht erachteraan. Ik liep 's ochtends over straat en keek naar de kinderen die naar school gingen, de meisjes in blauwe blazers met een insigne met daarop St. Mildred in een lichtcirkel. Het was een raar gevoel groot te zijn, niet klein, en ook niet zo'n schooluniform aan te hebben.

Tijd vergaat tot stof en stof verdwijnt met de wind. Eén keer blazen en het is weg. Met dertig zit je nog dicht bij negenentwintig, met al die jaren van hoop en optimisme die teruggaan op je jeugd. Met zesendertig is je lot bezegeld. Je bent wat je bent. Ik wist niet echt wie ik was toen ik merkte dat ik in de St. Mildredkerk zat te beven en te trillen terwijl het licht door de smalle ramen naar binnen scheen en een zilverachtige glans op de oude granieten vloer wierp.

Ik keek om me heen. Het was eigenaardig genoeg allemaal vreemd en toch vertrouwd, als een vaag déjà vu. De laatste keer dat ik in een kerk was geweest, was in Florence, op mijn reis door Italië. Ik had geen idee wat ik in de St. Mildred deed of hoe ik daar terecht was gekomen. Ik hield een buisje Smarties vast en de kolf van Billy's pistool stak uit mijn rugzak. Ik keek op mijn horloge en herinnerde me toen dat ik geen horloge meer had.

Jezus hing met een verloren blik aan het kruis te staren en ik tuurde naar het bloed dat onder zijn doornenkroon vandaan droop. Ik was gedoopt in deze oude, vervallen kerk, waar de data op de grafstenen langzaam erodeerden alsof ze ons eraan wilden herinneren dat tijd eeuwig is. De zoete geur van wierook riep de herinnering op aan de *christingle*-diensten uit mijn jeugd. De tijd dat ik dacht dat ik het gelukkige meisje was uit het grote huis met die aardige mama en papa. Een christingle is een sinaasappel met een lint eromheen waarin cocktailprikkers zijn gestoken met kruidnagel, krenten en rozijnen eraan, als symbool van de aarde en haar vruchten. Er zit ook een kaarsje in, dat als het brandt Christus als het licht van de wereld vertegenwoordigt.

Na mijn cocaïneverjaardagsfeestje met Matt voelde ik me opmerkzaam en paranoïde; mijn zintuigen waren aangenaam verdoofd, herinneringen kwamen op als plaatjes in een animatieboekje. De stemmen fluisterden vanaf het gewelfde plafond.

Je bent waardeloos. Je bent niets. Je zult nooit iets waard zijn. De mensen hebben de pest aan je.

Een oude vrouw doemde boven me op vanonder een heleboel woeste witte krullen, met een vragend gezicht dat op een uitgeknepen citroen leek.

'Gaat het wel goed met je, liefje?' vroeg ze

'Hebt u het tegen mij? Mij mankeert niks,' snauwde ik, en ik rammelde met de Smarties in haar richting.

Ze liep met een zure blik weg. Ik zag haar in haar groene

vest en lange Schotse rok op degelijke schoenen over het middenpad wegschommelen naar een kleine deur achter het orgel. Ze kwam terug met een man die een donkerblauwe trui met ronde hals droeg over een wit overhemd op een grijze broek met een scherpe vouw, die me meteen aan opa deed denken.

'Kan ik je ergens mee helpen?' vroeg hij.

'Jazeker,' antwoordde ik. 'U zou een glaasje water voor me kunnen halen.'

Hij glimlachte naar mij, en toen naar de vrouw, om te laten zien dat hij het allemaal in de hand had.

'Ik ben zo terug,' zei hij, en hij verdween weer door de deur achter het orgel. Toen hij met het water terugkwam, dronk ik het achter elkaar op.

'Je bent uitgedroogd,' constateerde hij.

'Ik weet niet hoe dat komt,' zei ik, maar dat wist ik natuurlijk wel. Het kwam door de drugs.

Hij ging op de stoel voor me zitten en draaide zich naar me toe terwijl hij sprak. Hij vertelde over de geschiedenis van St. Mildred, iets wat ik me vaag herinnerde van school. Het droeg bij tot mijn gevoel dat de tijd achteruitliep. Ik was high van een beetje base dat ik had geslikt om me te helpen over de ontwenningsverschijnselen van de coke heen te komen. Ik liep in een waas door het oude gebouw toen hij me een rondleiding aanbood. Ik volgde hem een smal trapje af naar de kapel, en daarna naar de sacristie vol met zilver en schilderijen met afbeeldingen van wanhoop en verdriet.

'Waarom schilderen ze niet iets... opbeurenders?' vroeg ik.

De man haalde zijn schouders op en draaide zich glimlachend naar me om. 'Dat heb ik me nou ook altijd afgevraagd,' antwoordde hij.

We keken naar het laatste schilderij en keken elkaar even aan. Er viel niets meer te zeggen. Het licht dat door de gebrandschilderde ramen naar binnen viel, begon te vervagen tegen de tijd dat we weer over het middenpad naar de hoofduitgang liepen.

'Kom nog eens langs,' zei hij bij het afscheid. 'Ik ben hier altijd op maandag en donderdag.'

Ik was niet van plan hem weer op te zoeken, maar de week erop raakte de tijd ontwricht, verloor ik alle gevoel voor richting en merkte ik dat ik op de vlucht voor een stortbui door de open deur de St. Mildred binnenrende. Hij stond op het middenpad alsof hij me al verwacht had, met rechte rug en hemelsblauwe ogen en lichtblond haar met een zijscheiding. Hij leek te glimmen van blijdschap toen hij me zag. In zijn tweedpak met een groen vest eronder deed hij me aan een grasparkiet denken.

Ik had aangenomen dat hij een van die geestelijken was die niet de moeite nemen een priestergewaad te dragen, maar hij bleek koster te zijn; hij heette Alec Menzies. Hij had een licht Schots accent. Edinburghs, zei hij. Hij kon goed praten en goed luisteren, maar ik heb geen idee wat we gemeen hadden en waarover we die week praatten, of de volgende week of de week daarna. Soms droeg Alec een bril met een gouden montuur, net als Gerald Brennan, mijn studiecoördinator in Huddersfield. Hij had mooie handen. Ik let altijd op handen, en wanneer we samen zaten te praten, legde ik vaak mijn handen in de zijne, alsof ik een vogeltje was en zijn handen een nestje.

Een maand later vroeg ik Alec dertig pond te leen en deelde ik een dosis speed met Matt. Ik vroeg om twintig pond, waarvan Shirley een liter gin kocht. Ik leende tweehonderd pond om een schuld aan Andy, de dealer, af te betalen. Ik vroeg Alec ik weet niet hoe vaak om kleine bedragen.

'Kun je me twintig pond lenen, Alec?'

'Waarvoor is het deze keer?'

'Ik betaal het je terug,' zei ik, maar dat deed ik nooit. Dat doen verslaafden nooit.

Het moet twee of drie maanden later zijn geweest dat Kato door de naweeën van een speedtrip een paranoïde en gewelddadige bui kreeg. Hij was in de greep van de herinneringen van

336

een zestienjarige die verstrengeld was met zijn vader, mijn vader, die op en neer pompte tussen zijn benen, mijn benen, met de slaapverwekkende geur van Brylcreem, het lichaam van mijn vader dat verstijfde tijdens de climax. Mijn gedissocieerde zelf zag de gelaatstrekken van dat meisje in Kato's gezicht veranderen toen het van wanhoop en zelfhaat verwrong.

Kato had visioenen dat hij een mes meenam naar bed, het onder de matras verstopte en die man, mijn vader, neerstak wanneer hij zijn smerige zaad in een condoom loosde. Kato stelde zich voor dat hij het mes optilde en steeds weer toestak, terwijl het bloed in stralen rond spoot en zijn bleke vlees bedekte, en het bed en de muren. Kato haatte zichzelf omdat hij nooit de moed had gevonden om het mes van het magnetische rek te halen en zijn droom te verwezenlijken. Hij lag daar als een meisje en vader neukte hem.

Kato wilde dat God zijn pijn begreep. Hij stormde op een donderdagochtend de St. Mildred binnen, sprong op het altaar, greep de bijna één meter lange zilveren crucifix en bedreigde daarmee iedereen die in de buurt kwam. Een groepje mensen verzamelde zich net buiten zijn bereik: vader Roger kwam op zijn kleine voeten aan rennen, wat dames met parelkettinkjes die voor de dienst gekomen waren, kerkgidsen, toeristen.

'Blijf bij me uit de buurt, etters. Ik maak jullie allemaal dood.'

Alec Menzies verscheen en ging zo dichtbij staan dat Kato hem kon verpulveren.

'Kom eraf, Alice,' zei hij.

'Ik ben Alice niet. Ik ben ik. Ik. Ik maak je dood.'

'Nee, dat doe je niet. Kom eraf om met me te praten.'

'Klootzak, ik haat je. Ik maak je dood.'

Kato zwaaide met de crucifix naar Alec en deze pakte het kruis zonder een spier te vertrekken beet en hield het vast. De mensen hapten naar adem en ik barstte in tranen uit.

Kato was verdwenen. Ik voelde me zwak, moe, slap en leeg, en opgelucht in de linkerhersenhelftpersona Alice dat ik niet mezelf of iemand anders had verwond. Alec hielp me van het altaar af en nam me mee naar de achterkamer, waar ik bleef snikken. Hij kalmeerde me, zoals hij eerder had gedaan en nog vaker zou doen. Vele keren. Zonder enige opzet en zonder te weten wat ik deed, stelde ik Alec Menzies op de proef, zoals helden in Griekse mythen of in de Bijbel op de proef worden gesteld.

Ook de kerk stelde hem op de proef. De geestelijkheid had lucht gekregen van de vriendschap tussen het zesendertigjarige getikte meisje – of vrouw, wat ik ook mocht zijn – en de koster, een getrouwd man met drie volwassen kinderen. Er waren mensen in de kerkgemeenschap die dachten dat ik absoluut geen hulp nodig had maar duivelsgebroed was dat uitgedreven moest worden, uit de kerk verbannen, op de brandstapel gezet. Ik was de reiziger op weg van Jeruzalem naar Jericho en Alec Menzies was de goede Samaritaan die niet voorbijliep.

Alec was niet analytisch ingesteld, maar hij had het geduld en het inzicht om de juiste vragen te stellen. Op de dag dat Kato het altaar op was gevlucht, begon ik hem te vertellen over het misbruik, het mislopen van mijn promotie, mijn MPD/DID, mijn verslaving aan drugs en medicijnen.

'Waarom neem je zoveel drugs?' vroeg hij.

'Om te vergeten.'

'Het misbruik?'

En de schulden, dacht ik, maar dat zei ik niet. Ik stond rood bij de bank, mijn ijskast was nog steeds kapot, ik had de gewoonte om honderd pond per week aan speed uit te geven om de mogelijke gewenning aan vierhonderd pond aan coke per week op afstand te houden.

'Een heleboel dingen,' antwoordde ik. 'De pijn. Het verleden. De herinneringen. Er zijn altijd dingen te vergeten.'

'Je hebt nieuwe herinneringen nodig om de oude te vervangen,' zei hij, en hij nam mijn handen tussen de zijne.

Mensen zijn zelden geïnteresseerd in de details van andermans leven, de in de soep gelopen reizen, dramatische ziekenhuiservaringen, de onverschillige bank. Alec toonde belangstelling voor mij, mij, Alice, en mij, Jimbo, Kato en Shirley, welke ik ook maar opdook om hem te beproeven met een nieuwe gril, en nieuwe eis. Hij bracht me thuis en op de parkeerplaats voor mijn flat, waar Andy me dat eerste lijntje coke had gegeven, boog ik me door Alecs open raampje heen en kuste hem op zijn wang.

Niet lang daarna verzamelde ik op een avond moed en belde Alec bij hem thuis. Zijn vrouw zat in Zuid-Frankrijk, waar ze een huisje hadden. We spraken af bij een pizzeria in de stad. We namen een fles wijn en voor het eerst luisterde ik naar Alec terwijl hij over zijn leven vertelde, hoe hij op zijn achttiende bij het leger was gegaan, in de hiërarchie was opgeklommen en op drieënvijftigjarige leeftijd als majoor met pensioen was gegaan.

Ik salueerde; hij grijnsde.

Hij dacht erover een bedrijf te beginnen als veiligheidsadviseur en had zich op vrijwillige basis aangemeld als koster. Zijn vrouw sprak vloeiend Frans en nu de kinderen volwassen waren, ging ze wanneer het maar even kon naar het huisje in de Provence, dat hij eigenhandig had gebouwd. Hij leek te suggereren dat er spanningen in hun relatie waren en veranderde toen van onderwerp.

'Het lijkt idioot,' zei hij, 'maar toen jij de eerste keer in de kerk kwam, was het alsof ik je mijn hele leven al kende.'

Hij pauzeerde even. Ik wilde dit niet horen. Ik zat in de problemen. Ik wilde niet nog meer problemen krijgen.

Hij glimlachte. 'Je leek een verloren schaap,' voegde hij eraan toe, 'en ik voelde me ineens een herder.'

In tegenstelling tot Alec ben ik niet gezegend met een geloof. Daarvoor was ik te veel in psychologieboeken gedoken. Maar die avond, toen we wijn dronken bij kaarslicht, besefte ik dat ik iets voelde wat ik nog nooit had gevoeld. Het was miniem, kwetsbaar, als een jong vogeltje. Het leek alsof Alec echt van me hield. En er was iets anders, iets wat me beangstigde en in verwarring bracht: dat gevoel was wederzijds. Het maakte me bang. Ik voelde me ineens moe. Ik durfde geen hoop te koesteren. Ik zag geen kans op blijvend geluk; mijn lot veranderen was onmogelijk.

Die avond lag ik in bed naar de lichtgevende manen en sterren aan het plafond te staren en zei tegen mezelf dat ik een idioot was. Alec hield niet van me, dat kon niet. Niet op die manier. Hij volgde het christelijke gebod: je naaste liefhebben als jezelf. Alec Menzies zou me in de steek laten. Dat doen mannen altijd. Opa was doodgegaan. Jacob had zelfmoord gepleegd. Matt was een junkie. Mijn vader had me verkracht.

Ik had beloofd Alec de volgende dag te bellen, zodat hij zou weten dat het goed met me ging. Ik belde niet en beantwoordde ook niet zijn telefoontjes en sms'jes. Ik bleef bij de kerk uit de buurt. Ik meed Matt. Ik was vastbesloten om eens en voor altijd clean te worden, ik wilde niet meer afhankelijk zijn. Van niets of niemand. Ik had mijn geld erdoorheen gejaagd. Ik had de therapie bij Mike Haydock opgegeven en de gelegenheid om de alters verder te integreren en vrede voor mezelf te vinden verspeeld. MPD is een lachspiegeltent; waar je ook kijkt zie je je eigen vervormde spiegelbeeld. Alleen door aan mezelf te werken zou ik normale vriendschappen kunnen hebben zonder onrealistische aanspraken op mensen te maken, zoals ik bij Jo Lewin had gedaan, en nu bij Alec Menzies.

Ik moest mijn mentale instelling veranderen. Ik koos voor lezen als drug. Ik vond het heerlijk om boeken te kopen, aantekeningen te maken, boeken cadeau te geven. Daar had ik geen geld voor, dus ging ik in de bibliotheek zitten, opgaand in de romans van Ian McEwan, Martin Amis, Bret Easton Ellis. Ik las *American psycho* in één ruk uit. Ik was me er vanaf de eerste bladzijde van bewust dat de auteur een studie had gemaakt van dissociatie voor hij zijn antiheld Patrick Bateman creëerde. Door het boek begon ik te beseffen dat er mensen bestonden die nog veel gekker waren dan ik. Wanneer je je aan die gedachte vastklampt, ben je nog niet bepaald op weg naar herstel, maar je kunt de weg tenminste zien.

Om niet in aanraking met drugs te komen, moest ik elke seconde van mijn leven invulling geven. Ik haalde al mijn oude cd's tevoorschijn en wanneer ik niet las, lag ik op de bank naar muziek te luisteren; steeds naar dezelfde albums, dezelfde nummers, met mijn permanente dwangneurose, die nooit overgaat. Ik moet miljoenen keren naar Eric Clapton hebben geluisterd die over 'smerige cocaïne' zingt. Je hebt gelijk, Eric, het is smerig. Ik wilde clean worden.

Ik nam mijn Prozac en antipsychotica in. Ik hield bijna, bíjna op genotmiddelen te gebruiken. Ik spoelde de gin door de gootsteen wanneer ik die vond op de plek waar Shirley hem had verstopt, in de kast of achter meneer Happy in een hoek van de slaapkamer. De knuffels zaten op de plank en de stemmen pruttelden. Ik blies het stof van mijn laptop. Toen ik onderzoek deed naar DID, was ik op psychiater Joan Coleman gestuit, die aan het hoofd staat van RAINS – Ritual Abuse Information Network and Support – een tegenhanger van de British False Memory Society, die in 1993 was opgericht. Deze organisatie, ik citeer, 'staat in dienst van mensen en beroepskrachten bij omstreden beschuldigingen van misbruik'. Die trekt de betrouwbaarheid van hervonden verdrongen herinneringen in twijfel en strijdt tegen wat zij beschrijven als 'valse herinneringen'.

Dokter Coleman belde me nadat ik een bericht op haar antwoordapparaat had ingesproken. Ze verzekerde me dat pedofielen gewoonlijk satanische scenario's bedenken als dekmantel voor hun ware bedoelingen. Het ritueel, het gevoel dat ze zijn uitverkoren om deel uit te maken van die plechtigheden voor volwassenen, is voor kinderen zowel verwarrend als overtuigend. Ik was niet gek. Ik had het niet allemaal verzonnen; mijn medische geschiedenis toonde dat aan. Al die jaren nadat mijn vader me had verkracht en in mijn gezicht had geëjaculeerd, dacht ik nog steeds: Waarom ik? Het is niet eerlijk. Hoe kan er zoiets zijn gebeurd? *Het kan niet gebeurd zijn.* Je kunt die gedachten niet stopzetten. Je kunt de plaat die in je hoofd wordt afgespeeld niet afzetten.

Aan het einde van het gesprek praatten we over Alec Menzies. Dokter Coleman gaf me niet het advies om weer met hem af te spreken. Dat was haar taak niet. Maar ze zei wel dat het onverstandig was mezelf af te sluiten voor iedereen die me, zoals zij het stelde, 'een vriendschappelijke hand toestak'.

Na mijn gesprek met Joan bleef ik nog steeds uit de buurt van Matt. Ik bleef uit de buurt van drugs en deed een cursus om fitnessinstructeur te worden voor mensen met psychische problemen. De ene gek die de andere leidt, dat weet ik, maar ik deed mijn best.

Ik bleef vooral uit de buurt van de St. Mildred. Ik bleef daar bijna een jaar uit de buurt en toen, op een dag, toen ik me monter voelde en een felgeel trainingspak droeg, merkte ik dat ik door de stad rende, waarbij de spits van de kerktoren als een kompasnaald fungeerde en me als een magneet door de open deuren naar binnen trok. Ik versnelde mijn tempo alsof het een wedstrijd was en rende recht op Alec Menzies af, die bezig was de kerkgidsen en literatuur op de planken naast de ingang te rangschikken.

'Alice...'

'Waarom ben je me niet komen opzoeken?' vroeg ik dwingend.

'Ik wachtte tot jij naar mij toe zou komen.'

'En als ik nou niet was gekomen? Wat dan?'

Hij fronste een wenkbrauw op zoek naar een excuus. 'Ik wist dat je zou komen als je er klaar voor was,' zei hij.

'Onzin.'

'Het is waar. Ik heb gebeden.'

Zijn ogen schitterden in het diffuse licht en ik zag dat het wit ervan heel erg wit was. Hij glimlachte, en dat vreemde, bijzondere gevoel schoot als een stroomstoot door me heen; ineens was ik blij, blij dat ik daar stond in het gouden licht dat door de gebrandschilderde ramen viel, blij, zo durf ik te zeggen, dat ik leefde.

We gingen weer naar dezelfde pizzeria en luidden de toekomst in met een fles wijn – een zeldzaam genoegen. Alec bracht me terug naar mijn flat en de volgende dag kwam er een bestelwagen langs met een nieuwe televisie. Alec kocht een nieuwe ijskast voor me en een wasmachine. Hij maakte verbazingwekkende vrachtwagens van Lego toen Billy tevoorschijn kwam en praatte op volwassen toon tegen Jimbo, die dat waardeerde. Jimbo was spraakzaam en zelfverzekerd. Hij had geen drank en drugs nodig om gelukkig te worden. Hij had alleen maar iemand nodig om mee te praten.

Er waren uitglijders. Heel wat uitglijders. Nachten waarin ik cocaïne gebruikte met Matt en me lam zoop met Shirley. De arme Kato bleef mijn armen nog steeds met scheermesjes bewerken en het zorgzame personeel van de EHBO hechtte dan weer mijn wonden. Ook al waren de psychiaters niet altijd op de hoogte van mijn situatie, het ziekenhuispersoneel wist dat ik mezelf niet verminkte om aandacht te krijgen. Ze belden de koster; die kwam, bracht me naar huis, vulde de nieuwe ijskast met eten en wipte de volgende ochtend langs om te kijken of het wel goed ging.

Wanneer Alecs vrouw in Frankrijk was, bleef hij in mijn flat slapen; we werden geliefden. We werden geliefden in die zin dat we van elkaar waren gaan houden. Ik wist dat het liefde was omdat ik tot mijn verbazing merkte dat het woord 'wij' me net zo voor op de tong lag als 'ik'. Seks zou nooit gemakkelijk zijn, maar ik vond het heerlijk om vastgehouden te worden. Ik vond het heerlijk Alecs handen te voelen op mijn armen, mijn rug, en zijn sterke arm om mijn smalle middel. Ik wist dat hij me nooit in de steek zou laten. Ik was uit zijn buurt gebleven. Ik had hem op de proef gesteld. Hij had op me gewacht. Hij was er voor me. Hij had mijn vader kunnen zijn. Ik was me bewust van de complexiteit, de oedipale psychologie, het geroddel. Maar liefde is geen cellenverzameling die onder een microscoop kan worden bestudeerd. Liefde bestáát. Het overkomt je. Of niet. Voor het eerst in mijn leven was ik normaal, vol hoop, tevreden.

Alec hielp me; hij leerde mijn alterfamilie kennen. Hij maakte me op mijn ergst mee en ik probeerde hem me van mijn beste kant te laten zien. Elke keer dat Alec een dreigbrief van de nutsbedrijven, de bank, de gemeente ontdekte, betaalde hij de schuld af. Het probleem met schulden is alleen dat wanneer je ze betaalt, er meer rekeningen op de deurmat vallen. Alec betaalde die ook. Hij geloofde niet in het oppotten van geld, alleen maar om er meer geld van te maken. Geld, zo zei hij, was een geschenk dat je moest gebruiken en delen. 'Je moet geven om te krijgen,' zei hij. 'Het is rond, omdat het rond moet gaan.'

Onze vriendschap, onze pseudorelatie, duurde lange tijd; het leek wel jarenlang, alsof we altijd samen waren geweest. Stukje bij beetje, naarmate Alec meer tijd met mij doorbracht en minder thuis was, knapte ik op, werd ik beter. Ik hielp andere psychiatrische patiënten om hun problemen het hoofd te bieden door regelmatig aan fitness te doen. Ik had het gevoel dat ik de helft van een paar was en tegelijkertijd voelde ik me heel. Ik voelde me ook vrij. Alec had langzaam maar zeker al mijn schulden afbetaald.

We maakten wandeltochten. Ik moest lachen toen Alec als een soldaat over de Malvern Hills marcheerde. We overnachtten in leuke hotelletjes die me altijd herinnerden aan het pension waar ik met Patrick O'Hay heen was gegaan voor die hopeloze onvervulde liefdesnacht. Alec leerde me autorijden. En toen ik was geslaagd voor het examen – natuurlijk met Shirley aan het stuur – gingen we naar het beste restaurant in Birmingham en besteedden meer dan honderd pond per persoon.

Toen barstte de bom en stortten de muren in.

Wat Alec me niet had verteld, was dat hij met het geld dat hij zo vrijelijk had laten stromen, had ingeteerd op de erfenis van de overleden vader van zijn vrouw en dat het nu ten koste van zijn legerpensioen ging. In september 2007 ontdekte Alecs vrouw wat er aan de hand was; ze pakte haar spullen en verhuisde naar het huisje in de Provence. Ze wilde scheiden.

Alec besloot me te blijven steunen. Het was een zware belasting. Hij deed zijn best. Hij kwam nog steeds, bleef nog steeds slapen in mijn kleine gemeenteflat boven aan de steile trap. We gingen nog steeds naar de pizzeria. Hij speelde met Lego wanneer Billy opdook. Alles was hetzelfde en toch ook weer niet helemaal. Er was een subtiel, onmerkbaar gevoel van verandering, zoals wanneer de herfst in de winter overgaat.

Kerstmis kwam eraan. We kochten een boom en ik versierde de flat met slingers die de kinderen hadden gemaakt. Alec kocht een grote kalkoen. Hij deed nooit iets half. De legermajoor en het geschifte meisje leken in veel opzichten op elkaar. Het gelijke trekt, naar mijn ervaring, het gelijke aan, niet andersom. Op een middag zocht ik drie uur lang in het winkelcentrum naar het volmaakte cadeau voor Alec en kocht een gele kasjmier v-halstrui die naar mijn idee heel mooi paste bij zijn tweedpak. Alec droeg nooit een overjas, hoe koud het ook was. Dat is mijn Schotse bloed, meissie, ik heb tot mijn twaalfde een kilt gedragen.

Ik kwam thuis met mijn geschenk in vloeipapier verpakt. Alec zat met een grimmige uitdrukking op zijn gezicht op de bank. Ik wist wat hij zou gaan zeggen. Met een meervoudige persoonlijkheid heb je een meervoudige intuïtie.

Hij ging terug naar zijn vrouw. Het was Kerstmis. Zijn kinderen waren in Zuid-Frankrijk. Hij kon niet anders. Natuurlijk niet. Hij moest het wel doen voor zijn gezin, maar ik voelde me verraden, versmaad, hopeloos en eenzaam bij de met teddybeertjes volgehangen kerstboom en de zelfgemaakte slingers aan het plafond. Alec stopte zijn bril in zijn versleten brillenkoker en ik zag de tranen over zijn wangen lopen toen hij de deur dichtdeed.

Onmiddellijk werd ik, als een echo, baby Alice. Ik kroop in een hoekje met meneer Happy dicht tegen me aan en huilde twee etmalen aan één stuk door. Ik hield op met huilen toen er geen tranen meer over waren. Ik was uitgeput en leeg, en de stemmen, die zich maar af en toe op de achtergrond hadden laten horen, waren weer terug, luidkeels en venijnig.

Niemand vindt je aardig. Ze haten je allemaal. Je bent niets.
Doe de wereld een plezier en knoop jezelf op.
Rot op!

Ik trok de versiering van de muren en sleepte de kerstboom de trap af naar de vuilnisbakken aan de achterkant van de flat. Ik zag de tijd van goede wil door de bodem van een ginfles voorbijgaan en troostte mezelf met een triest gevoel van trots dat ik Andy niet had gebeld voor een paar gram coke. Ik stond weer positief, nu mijn schulden waren afbetaald.

Elke dag werd ik na een nachtrust op slaappillen wakker terwijl ik de zwarte plek uit mijn jeugd weer in me voelde groeien. Ik had alle vormen van seksueel misbruik overleefd. Ik had diepgaande onzekerheid, depressies en schijnbaar onverschillige psychiaters en vreselijke psychiatrische afdelingen overleefd.

En nu dit.

Maak jezelf van kant, Alice. Maak jezelf van kant. Er zit niets anders op.

'In godsnaam, rot op.'

Maak jezelf van kant. Maak jezelf van kant.

Altijd weer die verdomde stemmen.

Op 20 januari kreeg ik een brief van Alec met een adreswijziging. Zijn vrouw en hij hadden hun huis verkocht en verhuisden naar een meer bescheiden flat. Hij schreef dat hij contact wilde blijven houden.

De brief maakte Kato razend. Hij timmerde met zijn vuisten op de muren. Hij trapte tegen de bank. Hij smeet de lege ginfles kapot. Hij kropte dagenlang zijn woede op, en op 25 januari kwam het tot een uitbarsting. Hij boog zich over het bad en zette een glasscherf op mijn armen.

Maak jezelf van kant. Maak jezelf van kant.

'Rot op.'

Kijk eens, wat een bloed. Eindelijk doe je wat je moet doen.

'Rot op, laat me met rust.'

Het bloed gutste uit mijn armen, drupte van mijn vingers in het bad, en de druppels vloeiden samen tot een plas.

Nu heb je het gedaan. Eindelijk heb je het gedaan.
Ik schudde mijn hoofd om de stemmen weg te krijgen. En terwijl ik naar de rode poel in het witte porselein keek, zag ik Kato's gezicht in mijn eigen gezicht veranderen en besefte ik wat er was gebeurd. Ik pakte een handdoek om die om de wonden te wikkelen, maar het bloed gutste eruit. Ik wist niet wat ik moest doen. Met de seconde voelde ik me slapper worden. Uiteindelijk rende ik mijn flat uit, de betonnen trap op naar oom Joe. Hij was viool aan het spelen. Ik hoorde het door de dunne muren heen. Ik bonkte op zijn deur en stortte in zijn armen in elkaar toen hij opendeed.

Ik kende oom Joe al jaren, maar pas nu hij een ambulance belde en mijn armen probeerde te verbinden, zag ik hem goed. Nu zag ik hem pas echt: oud, versleten, zorgzaam, een Oost-Europese vluchteling. Ik wist niet eens precies waar hij vandaan kwam. Een medemens die er was toen ik iemand nodig had, zoals we er allemaal zouden moeten proberen te zijn voor mensen die ons nodig hebben. Je kunt de wereld niet veranderen, heeft iemand ooit gezegd, alleen jezelf.
Het waren diepe wonden en het bloed bleef door het verband heen sijpelen en droop op het linoleum in de kleine keuken.
'Waarom doe je dit, Alice?'
'Ik weet het niet. Het spijt me.'
De ambulance kwam. Ik werd op een brancard de trap af gedragen, hoorde de sirene loeien en stelde me voor hoe het verkeer met piepende remmen tot stilstand kwam terwijl we in vliegende vaart naar de EHBO reden. Ik werd meteen in een kamertje gelegd, maar de verpleegsters konden het bloed dat uit mijn armen gutste niet stelpen.
Wat er vervolgens gebeurde, is onduidelijk.
Wat ik me wél herinner, en het is een levendige herinnering, was dat ik oog in oog met opa stond. Ik kon het niet geloven. Hij glimlachte. Ik lachte terug. Hij zag er precies zo uit als ik me herinnerde van die laatste zomer, toen we samen toffee

zaten te zuigen in zijn kas. Afgezien van zijn visuele aanwezigheid voelde ik echt dat opa me omhelsde, teder en liefdevol. Ik voelde zijn armen om me heen en hoorde hem zeggen: 'Nog niet. Het is je tijd niet. GA.'

Ik werd gereanimeerd en toen ik bij bewustzijn kwam, galmden die woorden nog na in mijn hoofd. Er stonden zes mensen om mijn bed in de reanimatieruimte: dokters, verpleegkundigen en een man in een tweedpak met een groen vest die een zak zoutoplossing uitperste en mijn tenen masseerde. Alec was teruggekomen.

Mij werd verteld dat ik bijna vijftig procent van de totale hoeveelheid bloed in mijn lichaam had verloren en in een hypovolemische shock was geraakt.

'We zijn je een tijdje kwijt geweest,' zei de jonge verpleegster die me naar de wc bracht nadat ze me gestabiliseerd hadden. Even had ik geen hartactiviteit gehad: mijn hart had stilgestaan. Als er geen hersenactiviteit was geweest, was ik klinisch dood verklaard. Een deel van mij wilde opa niet loslaten, mijn geliefde boezemvriend uit mijn jeugd, en naar gene zijde gaan, maar ik kon me herinneren dat Alec in mijn voeten kneep en opgelucht keek toen ik weer bijkwam.

Toen mijn hart was opgehouden te kloppen, leek het alsof ik door een witte wolk naar een andere plaats ging. Zodra ik oog in oog met opa kwam te staan, wilde ik hem niet weer kwijtraken. Ik had echt dood kunnen gaan. Ik wás doodgegaan. Maar ik vertrouwde opa toen hij me toeriep dat ik moest gaan, en ik wist wat hij bedoelde. Het was mijn tijd nog niet.

Alec bracht me thuis. Hij hield me stevig vast. En hij snikte. 'Ik was echt bang dat ik je kwijt was.'

Alec had nog steeds de sleutel van mijn flat. Hij was kort nadat de ambulance was vertrokken aangekomen en toen hij het kapotte glas en het bloed in het bad vond, was hij meteen achter me aan gegaan naar de EHBO. Hij was gekomen om me te zeggen, zo vertelde hij me, dat hij had geprobeerd zijn huwelijk op te lappen, maar dat het een schijnvertoning was geweest.

'Ik laat je nooit meer in de steek. Nooit, nooit meer,' zei hij. Het einde was echt bijna het einde geweest, maar eigenlijk was die dag in januari voor ons allebei een nieuw begin. Alec trok bij me in en liet zijn vrouw de nieuwe flat en het huisje in Frankrijk houden.

Het werd algauw voorjaar en ik was gelukkig. Er werd van me gehouden. Ik was clean. Ik had het overleefd.

Was ik beter? Zou ik ooit beter worden? Het uiteindelijke doel van MPD/DID-therapie is integratie van de alterpersoonlijkheden. Dat heeft in zekere mate bij mij gewerkt, maar niet helemaal. Er zijn goede en slechte dagen, maar meest goede dagen. Ik gebruik geen drugs. Ik drink alleen bij gelegenheden. Ik ga naar mijn psychiater. Ondanks alle psychotherapie zal ik de alters nooit helemaal integreren. Dat wil ik ook niet. Ik zou Jimbo's stem in mijn hoofd missen. Soms, als ik 's nachts in bed lig, vertelt hij me dat alles goed zal komen. Ik vertrouw op hem – een tien jaar oud kind. Hij heeft me tot dusver geholpen. Omdat Jimbo zingt dat alles goed zal komen, zal alles ook goed komen. Soms ben ik baby Alice en zingt Alec een slaapliedje voor me. Andere keren kan ik Samuel, of Billy, Kato of Shirley zijn. Maar vandaag ben ik Alice.

Nawoord

In september 2006 nam ik contact op met het plaatselijke Criminal Investigation Department (CID) om te vragen of ik een bevestiging op officieel politiepapier kon krijgen van het handgeschreven briefje dat de vrouwelijke rechercheur die mijn aanklacht tegen mijn vader in 1999 had behandeld me had gegeven.

Ik sprak met een inspecteur, die begreep dat ik de kwestie wilde afsluiten. Hij beloofde me terug te bellen. Kindermisbruik, kindermoord, kinderontvoering en -slavernij waren openlijker in de publiciteit gekomen, en de politie had speciale afdelingen die zich daarmee bezighielden.

Toen ik merkte dat mijn zaak niet was vergeten, was dat een hele verrassing. De inspecteur hield woord en belde me later op de dag.

'Dat lijkt een erg nare zaak te zijn geweest,' merkte hij op.

'Ja, dat was het. Is het – nog steeds,' vertelde ik hem.

Er viel een stilte. 'Hebt u er ooit over gedacht de zaak te heropenen?' vroeg hij.

'Nou, nee, maar als dat mogelijk is, zou ik dat graag willen.'

We spraken een tijd af waarop hij me thuis zou komen ondervragen. Hij kwam met een vrouwelijke rechercheur, iemand van mijn leeftijd, die serieus en meevoelend was en duidelijk ervaring had met dergelijke aanklachten. Nadat we uitvoerig hadden gepraat, benadrukte de inspecteur dat de mogelijkheid nog steeds bestond dat mijn vader niet voor het gerecht zou worden gedaagd. Maar de CID stelde een onderzoek in, dat nog drie maanden zou duren.

In december kwam de inspecteur me weer opzoeken met het nieuws dat de Crown Prosecution Service had beslist dat de zaak niet tot vervolging kon leiden als er geen nieuw bewijsmateriaal was. Dat was de tweede keer dat ik zulk nieuws kreeg en ik was diep teleurgesteld.

Ik herinnerde de inspecteur eraan dat ik om een document met het briefhoofd van de politie had gevraagd met de verklaring dat het onderzoeksteam ervan overtuigd was dat ik de waarheid had verteld. Dat zou ik als houvast kunnen gebruiken wanneer ik gefrustreerd was omdat ik mijn vader niet voor het gerecht had kunnen slepen. Het bewees dat iemand met gezag in me geloofde.

Voordat hij wegging, vroeg de inspecteur: 'Hebt u er ooit over gedacht een civiele procedure tegen uw vader te beginnen?'

'Nee,' zei ik.

'Het is een mogelijkheid, mevrouw Jamieson. En u kunt bij de Criminal Injuries Compensation Authority (CICA) een eis tot schadevergoeding indienen,' voegde hij eraan toe.

De beloofde brief op officieel politiebriefpapier kwam; ik stopte hem in mijn dossier en beraadde me op mijn volgende stap. Nu had ik Alec om me te steunen. Hij was tot mijn team toegetreden en we hadden een grotere gemeenteflat aangevraagd.

We – 'we' – hebben een civiele procedure tegen mijn vader echt overwogen, maar Alec wilde niet dat ik eronder zou lijden dat ik voor het gerecht moest verschijnen. De politie wilde evenmin dat ik voor het gerecht zou verschijnen, maar ik vond dat daarmee het recht slecht gediend was.

Maar zoals de politie had voorgesteld, diende ik wel een eis tot schadevergoeding in bij de CICA, een overheidsinstantie die is opgezet om slachtoffers van geweld, inclusief seksueel misbruik, schadevergoeding toe te kennen.

Mijn zaak loopt sinds 12 december 2006. Ik heb uiteindelijk een groot bedrag aan schadevergoeding ontvangen, een bevestiging dat ik een 'waarheidsgetrouwe en eerlijke verklaring' had afgelegd, zoals de politie officieel opschreef.